Uwe Britten

—

Balzacs Blick

Uwe Britten

Balzacs Blick

Die Geburt des modernen Individuums
und seiner psychischen Verfasstheit

Königshausen & Neumann

Bibliografische Information der Deutschen Nationalbibliothek

Die Deutsche Nationalbibliothek verzeichnet diese Publikation in der Deutschen
Nationalbibliografie; detaillierte bibliografische Daten sind im Internet
über http://dnb.d-nb.de abrufbar.

Printed in Germany

ISBN 978-3-8260-8465-2
eISBN 978-3-8260-8466-9

www.koenigshausen-neumann.de
www.ebook.de
www.buchhandel.de
www.buchkatalog.de

Inhalt

Honoré de Balzac als frührealistischer Psychologe

Mit der Französischen Revolution begann im Sommer 1789 das, was wir heute die ›Moderne‹ nennen. Und sie begann blutig. Diesen Umwandlungsprozess bezahlten viele Mächtige und auch weniger Mächtige mit dem Leben. Sosehr solche politischen Ereignisse immer auch von einzelnen Personen forciert sein mögen, systemisch betrachtet formierte sich eine neue Gesellschaftsform, die wohl unter den damaligen historisch-politischen Bedingungen ohne Opfer nicht möglich gewesen wäre. Das Feudalsystem war an sein Ende geraten. Es setzte ein Prozess ein, der keinen gesellschaftlichen Bereich und schließlich keine europäische Gesellschaft unverändert ließ. Mehr noch, diese Umformierung der gesamten Gesellschaftsstruktur machte es nötig, dass jeder Einzelne sehr weitgehend seine Verhaltensweisen ändern musste (oder auch: durfte) und in veränderten Handlungsvollzügen seinen Alltag und sein Leben ganz neu zu organisieren hatte. Diese Umstrukturierungen hatten auch eine Umbildung der Identität jedes Individuums zur Folge sowie strukturelle Veränderungen in der Persönlichkeitsbildung.

Die innere, also psychische Struktur von Individuen transformierte sich in den ersten Jahrzehnten nach der Revolution sukzessive, und es entstanden jener Individualismus und jene Identitäts- und Persönlichkeitsbildung, wie sie bis heute für europäische Kulturen gelten, wenn auch fortgeschritten. Diese Dynamik ist mit Begriffen wie etwa ›autonomes Individuum‹, ›freies Subjekt‹, aber auch mit ›Vereinzelung des Einzelnen‹ oder ›Hyperindividualismus‹ umschrieben worden. Das einzelne Subjekt darf jetzt nicht nur eigenverantwortlich handeln, es *muss* es. Dies fand und findet statt unter den gesellschaftlichen Bedingungen eines zunehmend ausufernden Wirtschaftsliberalismus mit enormen Flexibilitätserwartungen an jeden Einzelnen, verbunden mit dem Nimbus, Kapitalismus führe stets zu persönlicher ›Freiheit‹. Die Führung dieser wirtschaftlich starken Machtelite institutionalisierte sich im 19. Jahrhundert schließlich mittels politischer Parteien. Ich möchte die heutige Gesellschaftsform deshalb eine ›kapitalistisch strukturierte Parteiendemokratie‹ nennen. Diese mit Beginn des 19. Jahrhunderts endgültig nicht mehr zu stoppende gesellschaftliche Umbildung ist die Geburtsstunde unserer heutigen Form des Zusammenlebens sowie auch unserer sozialpsychologischen und psychodynamischen Verfasstheit als Individuen. Hierin liegt der Grund, warum es so reizvoll ist, auf die französische belletristische Literatur der ersten Hälfte des 19. Jahrhunderts zurückzublicken, allen voran auf die Balzac'schen Texte. Man findet hier die *Frühformen* vieler individueller Verhaltensweisen und ihre Geburtswehen zu Beginn der Moderne sowie ihre *Funktionen* im neu entstehenden sozialen Zusammenleben, die bis heute unseren Individualismus und unser Sozialverhalten aufrechterhalten. Der frühe Ausdruck dieser Dynamiken lässt manches deshalb so deutlich hervortreten, weil er es in seinem Entstehen zeigt. Die Grundkonstituenten und Grundkonflikte unserer Gesellschaftsform zu Beginn des 21. Jahrhunderts finden wir bereits in dieser Literatur vorgezeichnet, nämlich von ihrem initiativen historischen Movens ausgehend.

Warum Balzac?

Das blutige Jahrzehnt von 1789 bis 1799 ging am 9. November 1799 (das ist der berühmte 18. Brumaire des Jahres VIII im Revolutionskalender) mit einem Staatsstreich zu Ende. Angeführt wurde dieser Umsturz von einem General, der dafür eigens den langen Weg von Ägypten nach Paris angetreten hatte, nachdem ihm die Nachricht überbracht worden war, dass dort eine Konterrevolution bevorstünde. Dieser General war Napoleon Bonaparte, der sich bereits zuvor mehrfach durch Mut und ein geschicktes militärisches Vorgehen ausgezeichnet hatte. Die Niederschlagung der gegenrevolutionären Kräfte in Paris machte ihn fortan zu einem mächtigen Mann, der zügig die weiteren Stufen der Macht erklomm: Er löste das Direktorium als oberste Regierungsmacht auf, setzte stattdessen drei Konsuln ein und ernannte sich selbst zum Ersten Konsul. Schon bald machte er sich zum einzigen Konsul auf Lebenszeit, bis er sich schließlich 1804 sogar zum Kaiser krönte.

Im Jahr 1799 wurde auch Honoré Balzac in der Stadt Tours geboren, er ist in diesem politisch folgenreichen November also ein halbes Jahr alt. Diese zufällige Parallelität Balzacs mit Napoleons Aufstieg (auch von der Körperstatur her werden sie sich ähnlich sein) wird für Balzac zeitlebens bedeutungsvoll bleiben. Von dieser lediglich äußerlichen, zeitlichen Symbolik abgesehen, gibt es mehrere Gründe, warum es ausgerechnet Honoré de Balzac sein wird, der die Geburtsstunde unserer Gesellschaftsform so differenziert beobachtet, durchschaut, gedeutet und ausgesprochen gekonnt literarisch wiedergegeben hat.

Seine ersten zwei Lebensjahrzehnte führen Bedingungen zusammen, die aus dem Jungen Honoré jenen machen, als der er sich als Literat zukünftig zeigen wird. Keine dieser Bedingungen gilt für ihn als Einzelwesen speziell, im Gegenteil, sie sind gesellschaftlich und kulturell weit verbreitet, aber kein Literat macht dieses Einflussbündel zu vergleichbaren Texten – auch Stendhal etwa mit seiner Figur des Julien Sorel in *Rot und Schwarz*, so differenziert sie psychologisch angelegt ist, reicht nicht an den Balzac'schen Tiefblick heran; erst recht nicht entspringen die Figuren von Victor Hugo etwa in *Die Elenden* einem solchen psychosozialen Blick. Erst Gustave Flauberts Figur der Emma Bovary in *Madame Bovary* wird an die Balzac'sche psychologische Analyse anschließen.

Honoré brachte seine Säuglings- und Kleinkindjahre nicht im elterlichen Haus zu, sondern wurde schon früh zu einer Amme gegeben und musste sogar zwischenzeitlich die Amme noch einmal wechseln. So wurde er bereits in den ersten Lebensjahren von drei verschiedenen sozialen Umgebungen geprägt. Als das Schulalter nahte, wurde er von den Eltern in ein klösterliches Pensionat in Vendôme gegeben, wo er viele Jahre blieb und offensichtlich nur sehr selten Kontakt zur Familie hatte. Im Pensionat eckte der Junge heftig an, zeigte wenig Interesse in den Schulstunden und kam häufig zur Bestrafung in einen Kellerraum. Dieses Eingesperrtwerden jedoch stellte für Honoré auch ein Schlupfloch dar, denn da Lesen zur Schulbildung gehörte, war ihm erlaubt, im Kerker Bücher aus der Bibliothek zu lesen. Das tat er sehr ausgiebig, und zwar hoch gefesselt sowohl von belletristischen als auch von fachspezifischen Büchern.

Als er als Jugendlicher jedoch 1814 (das Jahr von Napoleons erster Absetzung) schwer erkrankte und an Gewicht verlor, baten die Priester seine Eltern, ihn zurück zu sich zu holen. So war er zwischenzeitlich wieder bei der Familie, in der ihm allerdings vieles fremd war, denn das alltägliche Zusammenleben der Eltern mit seinem Bruder und den beiden Schwestern hatte er in den zurückliegenden Jahren kaum mal miterlebt. Darin musste er sich nun einfügen. Auch im elterlichen Haus wurde er schnell als eher schwieriges Kind erlebt. Er war immer ein bisschen aufgedreht, belustigte dabei die Erwachsenen zwar oft mit seinen vorlauten ›Auftritten‹, scheint ihnen dann aber auch auf die Nerven gegangen zu sein. Solche Verhaltensweisen wird er nie ganz ablegen. So ist er zwar später in Salons ein gern gesehener Gast, weil er immer ein hohes Maß an Unterhaltung beiträgt, insbesondere amüsiert er die Damen, so ganz ernst genommen aber wird er von vielen nicht.

In den Wirren der Jahre nach Napoleons zweiter Verbannung 1815 kam es aus verschiedenen Gründen zu einem Umzug der Familie Balzac von Tours nach Paris, wo Honoré erneut nacheinander in zwei verschiedene Pensionate gesteckt wurde, um die Schule abzuschließen. Wieder galt es, sich neu zurechtzufinden. Aber mehr noch: Der junge Mann befand sich plötzlich nicht nur in der Hauptstadt von Frankreich, er lebte fortan in *der* Metropole des europäischen Festlands. Hier fächerten sich das Leben und das soziale Miteinander so breit auf, dass es vor Balzac bereits Alain René Lesage *(Der hinkende Teufel)*, Restif de la Bretonne *(Die Nächte von Paris 1789 bis 1793)* und Louis-Sébastien Mercier *(Tableau de Paris)* zu intensiven Stadterkundungen motiviert hatte. Inzwischen älter geworden, war Balzac auch stark fasziniert vom Treiben im Vergnügungshof des Palais Royal, wo er hoch aufgeregt dem ganzen Treiben von Prostitution, Glücksspiel und Saufgelagen beigewohnt hat. Er stieß auf soziale Milieus, mit denen er noch nie Kontakt gehabt hatte.

Diese und andere soziale Beobachtungen werden in der Folge auf eine besondere Weise intensiviert, denn nach dem Schulabschluss drängten ihn die Eltern, sich an der juristischen Fakultät einzuschreiben und parallel in einer Kanzlei mitzuarbeiten, um schließlich Notar werden zu können. Sie hatten dies bereits eingefädelt, und auch ein zwischenzeitlicher Kanzlei-wechsel aufgrund von Unzufriedenheit tat dem Vorhaben kei-nen Abbruch. Bei diesen Notaren erlebte Balzac intensiv mit, wie sehr soziale, insbesondere familiäre Streitereien um Geld und Besitz eskalieren können und wie sehr Menschen bereit sind, für Geld über Leichen zu gehen.

Und doch, die Juristerei war nichts für den jungen Mann, das stellte sich schon bald heraus, zumal die Arbeit der Kommis im Abschreiben von Dokumenten und in Botengängen bestand. So konfrontierte er schließlich im Alter von neunzehn Jahren die Eltern mit seinem Wunsch, Schriftsteller zu werden. Allen voran die Mutter war entsetzt. Und doch: Honoré konnte die Eltern dazu bewegen, ihm zwei Jahre lang ein monatliches Budget zu geben, mit dem er sich ein Zimmer suchen und ein bescheidenes Leben führen konnte, um zu schreiben. Es wurde abgemacht, dass er nach dieser Zeit etwas Brauchbares vorzule-gen habe. Er kündigte ihnen ein Versepos über den englischen Politiker Oliver Cromwell an. Zwar ging das am Ende schief, aber von seinem Wunsch, fortan als Autor sein Auskommen zu verdienen, war Balzac nicht mehr abzubringen.

Diese zwei Jahre verbrachte er in einem im Winter bitter-kalten Mansardenzimmer in der Rue de Lesdiguières im Nord-osten von Paris, damals bereits Stadtrand. Nach Balzacs eigener Darstellung hatten diese beiden Jahre einen großen Einfluss auf sein späteres Schreiben – und auf seine Beobachtungsgabe. Die Erzählung *Facino Cane*, die er siebzehn Jahre später schreiben wird, lässt er so beginnen:

»Ich wohnte damals in einer kleinen Straße, die zwei-felsohne kaum jemand kennt, nämlich in der Rue de Lesdiguières: Sie führt von der Rue Saint-Antoine, ge-genüber einem Brunnen nächst dem Bastilleplatz, bis zur Rue de la Cerisaie. Meine Liebe zur Wissenschaft zwang mich in eine Mansarde, in der ich während der Nacht arbeitete, den Tag verbrachte ich in einer nahe-gelegenen Bibliothek [heutige Bibliothèque de l'Arsenal], in derjenigen von Monsieur [Bezeichnung für Louis VXIII.]. Ich lebte einfach und akzeptierte all die Bedingungen eines mönchischen Lebens, wie es für den geistigen Arbeiter notwendig ist. Bei schönem Wetter machte ich kaum mal einen Spaziergang auf dem Boulevard Bourdon. Nur eine Leidenschaft drohte mich diesem Forscherleben zu entreißen, aber gehört nicht auch sie zu meinem Studium? Ich studierte nämlich die Sitten des Faubourg, seine Bewohner und ihre Charaktere. Ebenso schlecht gekleidet wie die Arbeiter und gleichgültig gegenüber meinem Äußeren, widmeten sie mir keinerlei Aufmerksamkeit; ich konnte mich unter ihre Gruppen mischen und zusehen, wie sie ihre Geschäfte erledigten und abends nach Feierabend miteinander stritten. Das Beobachten war bei mir schon ganz intuitiv geworden, es drang bis in die Seele, ohne den Körper zu vernachlässigen; oder richtiger gesagt, es erfasste die äußerlichen Einzelheiten so deutlich, dass es auf der Stelle durch sie hindurchging; es verlieh mir die Fähigkeit, das Leben jenes Individuums, für das ich mich gerade interessierte, mitzuleben; ich konnte mich ganz genau in es hineinversetzen [...].«

All die Erfahrungen der ersten zwanzig Lebensjahre lassen sich anführen, um zu begründen, warum er einen so typischen Blick auf das soziale und psychosoziale Geschehen seiner Zeit einnehmen konnte. All die räumlichen und die damit verbundenen Wechsel im sozialen Zusammenleben sowie die Einblicke in die juristischen Streitereien zwischen Eheleuten, Familienmitgliedern oder Geschäftspartnern, wie sie bei den Notaren verhandelt wurden, schärften seinen Blick. Balzac nahm dabei häufig eine ambivalente soziale Position ein: Er hatte sich in seinem jungen Leben bereits auf viele soziale Umwelten einlassen und in ihnen ›überleben‹ müssen. Dass er das konnte und wie man das machte, hatte er inzwischen gelernt. Er hatte grundsätzlich keine Scheu, sich auf neue Umgebungen einzustellen, was man über seine gesamte Biografie hinweg sehen kann. Das zwang ihn aber auch dazu, auf die jeweils neuen Spielregeln des Miteinanders auf Distanz zu gehen, um sie zu erkennen, zu durchschauen und seinerseits möglichst erfolgreich anzuwenden. Dazu musste er aufmerksam und differenziert beobachten.

Verstärkt galt das für seinen Versuch mit Ende zwanzig, in Adelskreisen akzeptiert und aufgenommen zu werden, um sich perspektivisch mit einer Adligen verheiraten zu können. Insbesondere der Wunsch nach Aufnahme in die Kreise des alten

Adels war eine starke Motivation für ihn. Gleichzeitig blieb er in diesen Kreisen immer ein Außenseiter, und dieser Außenseiterblick prägt viele Texte der *Menschlichen Komödie*. Der von außen eine Handlung und ein Verhalten beobachtende Erzähler ist bei ihm sehr häufig zu finden und in der Figur des Arztes Horace Bianchon geradezu institutionalisiert.

Diese frühe Prägung und das Hineinwachsen in eine frühmoderne, sich erst entwickelnde Gesellschaft führten bei Balzac zu einer typisch modernen Haltung dem (eigenen) Leben gegenüber (psychologisch heute ›Metapläne‹ genannt): Alle Menschen, die in ihrem Leben unter Mühen, Widerständen und mit viel Arbeit etwas Herausragendes geschaffen hatten, titulierte er als ›Willensmenschen‹. Allen voran war Napoleon Bonaparte sein Lieblingsbeispiel für einen solchen Menschen, Bonaparte, der aus einem verarmten korsischen Adelshaus stammte und ab jenem November 1799 den epochalen Durchbruch vom Feudalismus hin zur Demokratie in (fast) ganz Europa entscheidend vorangebracht hatte.

Wenn es nur Willensmenschen waren, denen Bedeutendes gelang, dann konnte nur dieses Bild eine Vorlage für Balzac selbst sein. Es war eine Art Selbstsuggestion: Er selbst musste mit außerordentlichem Willen an Zielen festhalten und an ihnen arbeiten, um sie zu erreichen, gleichzeitig konnte die zu bewältigende Aufgabe nicht groß genug sein, um sich zu beweisen. Dies sind die Bedingungen dafür, dass Balzac nicht nur die Idee zu einem literarischen Zyklus hatte, sondern dass er auch der erste Autor der Weltliteratur wurde, der so etwas in einem solchen Umfang und in so kurzer Zeit, nämlich in etwas mehr als zwanzig Jahren, realisiert hat.

Als Honoré de Balzac im Jahr 1833 bei seiner Schwester hereinspazierte und den von ihr überlieferten Satz sagte: »Begrüße mich, denn ich bin auf dem besten Weg, ein Genie zu werden!«, da hatte er sein großes Ziel gefunden: einen Zyklus zu schreiben, den er später auch seine »Kathedrale« nennen wird. Die Idee zu diesem Zyklus wird er nie wieder infrage stellen und unermüdlich daran arbeiten, auch wenn ihm ab Mitte der 1840er-Jahre allmählich die Kräfte schwinden und er den 1845 aufgestellten Gesamtplan der *Menschlichen Komödie* nie wird abschließen können.

Einen Menschen erkennen wir nur, wenn wir ihn mit seinen Widersprüchen und Ambivalenzen wahrnehmen. Wir Menschen sind keine ›theoretisch‹ homogenen Gebilde. Honoré de Balzac war ein Mensch, der voller Widersprüche steckte. Er war ein Napoleon-Anhänger *und* vertrat die Position, es müsse der alte Adel sein, der wieder die gesellschaftliche Führung zu übernehmen habe; er war alles andere als ein praktizierender Katholik *und doch* nahm er in seinen Texten nicht so ganz selten ›Gott‹ als Hoffnung in Anspruch; er verhielt sich eher wirtschaftsliberal *und* schimpfte doch oft genug auf ›die Liberalen‹; er prangerte in seinen Texten die Geldversessenheit an *und* war gleichzeitig von kaum etwas so angetrieben wie von Geld und Besitz; er war einfühlsam für vieles, was Frauen sozial zugemutet wurde und worunter sie litten, *und* konnte doch in seinen Beziehungen zu Frauen brutal rücksichtslos sein. Schließlich war er auch literarisch-ästhetisch von einem damals aktuellen Konflikt geprägt.

Der literarische Umbruch mit dem Beginn der Moderne

Ab dem Ende des 18. Jahrhunderts veränderte sich das Literatursystem durchgreifend. Die Alphabetisierungsrate stieg sukzessive, neue Druckverfahren machten neue Formen des Publizierens (Zeitungen, Zeitschriften, Broschüren etc.) rentabel, die Zensurbeschränkungen fielen nach und nach, Lesekabinette schossen aus dem Boden und ein wachsender Teil der Bevölkerung verfügte über mehr Einnahmen, sodass sich nun auch belletristische Literatur über einen kapitalistischen Markt zu verbreiten begann, auf dem sich für Autoren und manchmal auch für Autorinnen die Möglichkeit bot, vom Schreiben leben zu können.

Innerhalb dieser Veränderungen vollzog sich auch ein Wechsel weg vom Drama hin zum Roman als leitender literarischer Form, auch wenn das Theater seine große sozialkulturelle Bedeutung behielt. War der Roman lange Zeit von gebildeten Kreisen abgewertet worden als leichte Gattung mit banalen Herz-Schmerz-Geschichten in ländlicher Idylle (›Roman‹ leitet sich von romantischen Geschichten ab, war also zunächst *inhaltlich* definiert), waren es nun bürgerliche Autoren, die diese Narrationsform nutzten und neue Themen aufgriffen, Themen, wie sie im sozialen Alltag auftauchten – den Alltag haben nicht die sogenannten Impressionisten für die Kunst entdeckt. Neue Genres entstanden. Die Folge war, dass der Roman eine dynamische ästhetische Entwicklung erfuhr und in seinen Strukturen komplexer wurde. Damit einher ging eine ästhetische und inhaltliche Diskussion um die Frage, welchen narrativen Prämissen gefolgt werden solle und was der neuen gesellschaftlichen wie sozialen Realität am angemessensten sei. Diese Diskussion wird bei Autoren und Autorinnen des beginnenden 19. Jahrhunderts gerne mit der Frage danach verknüpft, ob es sich um ›romantische‹ Literatur *oder* um ›realistische‹ handle. Solche Erörterungen sind so gut wie immer müßig, denn Schriftstellerinnen und Schriftsteller jener Jahrzehnte schrieben stets unter beiden Einflüssen – und das galt sogar für diejenigen, die sich selbst eindeutig auf einer der beiden Seiten positionierten. Das ist auch nicht weiter verwunderlich, denn solche kulturellen und oft genug unbewussten Einflussfaktoren lassen sich für einen Menschen kaum vermeiden oder abwehren. Wer hier strikte Gegensätzlichkeiten konstruiert, kann das bestenfalls auf theoretischer Ebene tun, denn das gelebte Leben ist stets viel komplexer. So bleibt oft nur die Diagnose übrig, dass sich in literarischen Texten *beide* Haltungen finden lassen, es also um Ambivalenzen der Autoren geht.

Ambivalenzen konstruieren wir allzu häufig als vermeintlich unverbundene Stränge, für die wir nur schwer eine Synthese finden, manchmal ergeben sich aus ihnen sogar Dilemmata, die nebeneinander bestehen, ohne ›gelöst‹ werden zu können. Texte von Honoré de Balzac können als Beispiele für diese Literaturauffassung angesehen werden. Er war stark von ›romantischen‹ Autoren begeistert und geprägt, gleichzeitig war er entschieden ein frührealistischer Autor. Oder ist es vielleicht noch komplizierter? Was, wenn es gerade der romantische Einfluss war, der für die realistischen Anteile den Weg ebnete, wenn nämlich erst der romantische Blick in die Innerlichkeit von Menschen einer realistischen Darstellung psychologischer, psychodynamischer und psychosozialer Dimensionen den Blick öffnete?

Es ist die außerordentliche Leistung von Balzac, diese Blickrichtung in die psychischen Tiefen des Individuums und dessen Zusammenspiel mit der sozialen Umgebung so früh zu Beginn der Moderne eingenommen zu haben – und das ist nicht zu verwechseln mit der weinerlichen Selbstbespiegelung eines

Adolphe in Benjamin Constants Roman *Adolphe,* aus der sich eben keine (selbstkritische) Erkenntnis entwickelt, sondern lediglich eine Egomanie, wie sie dann in der Moderne bis heute kennzeichnend bleibt. So ist es verblüffend, dass Balzac bis heute nicht von der Psychologie und Psychotherapie als Beispielgeber ›entdeckt‹ worden ist und dass selbst die frühen ›psychoanalytischen‹ Autoren wie Pierre Janet und Jean-Martin Charcot in Frankreich oder Sigmund Freud und Josef Breuer in Österreich nicht auf Balzacs Figuren und Geschichten zurückgegriffen haben – dabei hat er schon 1831 eine Erzählung geschrieben, in der er einen Blick ins Unbewusste tut und die später sogenannte Freud'sche Fehlleistung beschreibt (ich werde im Kapitel ›Beobachtungen des Unbewussten‹ darauf zurückkommen).

Eine erste literarische Würdigung aus der frühen ›psychoanalytischen‹ Zeit, nämlich aus den Jahren 1908/09, findet sich allerdings bei Marcel Proust. Er erkennt diese Balzac'sche Leistung, ohne für vieles davon schon Begriffe zu haben. In *Gegen Sainte-Beuve* schreibt er: ›[…] jedes Wort und jede Geste [hat] Untergründe, auf die Balzac den Leser nicht hinweist, die aber von einer wunderbaren Tiefe sind. Sie stammen aus einer so besonderen psychologischen Betrachtung – die außer von Balzac von niemand sonst je unternommen worden ist –, daß es ziemlich schwierig ist, sie anzugeben.‹

Dass es Marcel Proust ist, dem diese psychologische Tiefe auffällt, ist nicht verwunderlich, denn er selbst ist jener Autor, der in psychologischer Hinsicht unmittelbar an Balzac anschließt und in seinem Romanzyklus ebenfalls diese Dimension mit darstellt, und zwar nicht nur mit seinem Blick in die Innerlichkeit einer Person (sich selbst), sondern auch in die psychosozialen Dynamiken. Diese psychologische Tiefe hat Émile Zola als Zwischenglied zwischen Balzac und Proust in seinem Rougon-Macquart-Zyklus nie erreicht, seine vermeintlich ›naturwissenschaftliche‹ Arbeitshypothese hat ihm diesen Blick verstellt.

Erste Einblicke in die Tiefen der Psyche

Um einen ersten Einblick in die Balzac'sche Raffinesse psychologischer und psychosozialer Abläufe zu geben, möchte ich eine Stelle zitieren aus dem ältesten Text, den Balzac später noch in seinen Zyklus eingearbeitet hat. Es handelt sich um den heute unter dem Titel *Die Königstreuen* firmierenden Roman, der ursprünglich schon 1828 geschrieben und im März 1829 veröffentlicht worden war und der dann 1845 endgültig in den Zyklus aufgenommen wurde. Dieser Roman unterstreicht in mehrfacher Hinsicht jenen Einschnitt, an dem Balzacs allmähliche Orientierung hin zur psychologischen Tiefe verdeutlicht werden kann.

Der Text ist noch sehr vom Abenteuerroman geprägt, und doch möchte ich an einer Szene zeigen, wie schon hier sich Balzacs Blick auf das psychosoziale Geschehen zwischen den Figuren richtet. Wir lesen in dieser Szene eine Annäherung zwischen einem Mann und einer Frau, die von der Haltung und vom politischen Auftrag her ärgste Feinde sein würden – wüssten sie schon voneinander, wer sie sind –, die sich aber erotisch voneinander angezogen fühlen. Sie reisen gemeinsam in einer Kutsche der Post. Wir schreiben das Jahr 1799. Es ist Ende September. An einem steilen Hügelanstieg müssen die Passagiere aus der Kutsche steigen, um es den Pferden leichter zu machen, sodass die beiden Figuren nebeneinander den Hügel hinaufspazieren. Der Mann nutzt die Gelegenheit, um sich der Frau anzunähern:

»Der junge Seemann bemerkte eine langgedehnte Steigung, die sie hinaufmussten, und schlug Mademoiselle de Verneuil einen Spaziergang vor. Der feine Takt, die liebenswürdige Höflichkeit des jungen Mannes schienen die Pariserin einzunehmen, und ihre Einwilligung schmeichelte ihm.
[...]
Sie begannen damit, den schönen Tag zu rühmen; dann sprachen sie über ihr seltsames Zusammentreffen [...].
›Ist es Ihnen aufgefallen, Mademoiselle,‹ sagte er, ›wie die Gefühle in der schreckensvollen Zeit, in der wir

leben, selten den üblichen Wegen folgen? Zeigt nicht alles um uns herum eine unerklärliche Plötzlichkeit? Heutzutage lieben und hassen wir auf einen einzigen Blick hin. Man vereint sich fürs Leben oder verläßt einander mit der Schnelligkeit, mit der man dem Tod entgegengeht. Man beeilt sich mit allem wie das Volk mit seinen Tumulten. Inmitten der Gefahren müssen die Umarmungen fester sein als im alltäglichen Trott des Lebens. In Paris hat ein jeder, wie auf dem Schlachtfeld, noch kürzlich erfahren können, was eine Händdruck wert sein kann.‹

›Man fühlte eben die Notwendigkeit, rasch und viel zu leben‹, antwortete sie, ›vielleicht, weil man wenig Zeit zum Leben hatte.‹ Nachdem sie ihm bei diesen Worten einen Blick zugeworfen hatte, der ihm das Ende ihrer kurzen Reise anzudeuten schien, und fügte sie leicht boshaft hinzu: ›Sie sind recht gut mit den Dingen des Lebens vertraut für einen jungen Mann, der gerade erst die Schule verlassen hat.‹

›Was denken Sie von mir?‹, fragte er nach einem Augenblick des Schweigens. ›Sagen Sie mir ohne Umschweife ihre Meinung.‹

›Sie wollen sich ohne Zweifel das Recht herausnehmen, zu mir über mich zu sprechen,‹ erwiderte sie lachend.

›Sie antworten nicht?‹, fragte er nach einer leichten Pause. ›Nehmen Sie sich in Acht, Schweigen ist oft auch eine Antwort.‹

›Errate ich nicht schon alles, was Sie mir sagen möchten? Ach, mein Gott, Sie haben schon zu viel gesagt!‹

›Oh, wenn wir uns verstehen,‹ versetzte er lachend, ›so habe ich mehr erreicht, als ich zu hoffen wagte!‹

Sie lächelte so reizend, dass es schien, als nehme sie den höfischen Kampf an, mit dem der Mann gerne die Frau bedrängt. Nun überzeugten sie einander ernsthaft und im Scherz davon, dass es ihnen unmöglich sei, sich jemals mehr zu werden, als was sie sich im Augenblicke waren. Der junge Mann konnte sich einer zukunftslosen Liebe überlassen und Marie darüber lachen. Nachdem sie so eine imaginäre Schranke zwischen sich errichtet hatten, schienen sie beide es eilig zu haben, einen Nutzen aus der gefährlichen Freiheit zu ziehen, die sie sich zugestanden hatten.

Marie stieß an einen Stein und vertrat sich den Fuß.

›Nehmen Sie meinen Arm‹, sagte der Unbekannte.

›Das muss ich wohl, Sie Leichtfuß! Sie wären allzu stolz, wenn ich mich weigern würde. Hätte das nicht den Anschein, als fürchtete ich Sie?‹

›Ach, Mademoiselle,‹ sagte er und drückte ihren Arm an sich, sodass sie die Schläge seines Herzens spürte, ›Ihre Gunst macht mich stolz.‹

›Nun, meine Bereitwilligkeit wird Ihnen Ihre Illusionen nehmen.‹

›Wollen Sie mich schon gegen die Gefahr der Gefühle schützen, die Sie erregen?‹

›Ich bitte Sie, lassen Sie es‹, sagte sie, ›mich in diese Boudoireinfälle einzuwickeln, in diese Alkovenrätsel. Ich habe bei einem Mann Ihres Charakters nicht gern den Geist, den auch ein Narr haben kann. Sehen Sie, wir sind unter einem schönen Himmel auf dem freien Land! Vor uns und hinter uns ist alles groß. Sie wollen mir sagen, daß ich schön sei, nicht wahr, aber Ihre Augen beweisen es mir besser, und außerdem weiß ich es, aber ich gehöre nicht zu den Frauen, die Komplimente lieben. Sie möchten doch nicht etwa von Ihren *Gefühlen* zu mir sprechen?‹, fügte sie mit spöttischem Unterton hinzu. ›Vermuten Sie denn bei mir die Einfalt, an plötzliche Zuneigungen zu glauben, die stark genug wären, um ein ganzes Leben durch die Erinnerung an einen einzigen Morgen zu beherrschen?‹«

Bei aller historischen Distanz zu dieser Szenerie finden sich im Handlungsverlauf und im Dialog zahlreiche Merkmale eines Flirts, wie er auf einer Reise auch heute noch stattfindet. Man braucht sich nur vorzustellen, auf einer Busreise geschehe eine Panne, die der Busfahrer erst beheben muss, bevor es weitergehen kann, und die Reisenden nutzten die Zeit zu Spaziergängen in der unmittelbaren Umgebung. Die Szene ist an dieser Stelle des Romans bereits hoch dramatisch, weil die Lesenden deutlich mehr wissen als die Protagonisten. Doch die Darstellung lenkt hier den Blick auf etwas anderes und zeigt die vorsichtige und

Fougères mit seiner riesigen Festung im Zentrum – im Roman *Die Königstreuen* Schauplatz blutiger Kämpfe zwischen Königstreuen und Verteidigern der Revolution; im Hintergrund die Anhöhen des Tals.

nicht unriskante zwischenmenschliche Annäherung der beiden Figuren.

Alphonse, so heißt der vermeintliche junge Seemann, fädelt das Gespräch zunächst ein mit einer Betonung des sonnigen Tages – man redet also vom Wetter. Er erzeugt damit eine unbeschwerte Grundstimmung. Um das Gespräch zu vertiefen, führt er jetzt aber ein ernsteres Thema ein, nicht zuletzt deshalb, weil er herausfinden will, wo diese junge Frau politisch steht, denn im nachrevolutionären Frankreich führten der Adel und die sich mit ihnen solidarisierenden Bevölkerungskreise weiterhin einen erbitterten Kampf gegen das neue Regime, das nach wie vor gestürzt werden sollte. Mit einer Klage über die neuen gesellschaftlichen Umstände versucht Alphonse, die Dame auf die Probe zu stellen. Stimmt sie ihm zu oder nicht?

Mademoiselle de Verneuil jedoch gibt eine raffinierte Antwort zurück: »Sie sind recht gut mit den Dingen des Lebens vertraut für einen jungen Mann, der gerade erst die Schule verlassen hat.« Sie gibt damit einerseits zu erkennen, dass sie durchschaut hat, wie er die momentane gesellschaftliche Situation bewertet und dass er sich mit seiner Ausführung auch bereits klar politisch zu erkennen gegeben hat. Mehr noch aber: Indem sie ihn als gerade mal der Schülerrolle entwachsen bewertet, erhebt sie sich über ihn. Interessant zu wissen ist, dass dieser Satz erst ganz spät in den Text eingefügt worden ist, nämlich 1845. Doch schon in der Ausgabe von 1834 hatte Balzac den Text an dieser Stelle umfangreich verändert. Er strich Passagen von mehreren Sätzen, pointierte einige Sätze neu und nahm hier und da Hinzufügungen vor. Diese Dialogpassage wird durch diese Veränderungen zugespitzt, und zwar auf relativ kurze Aussagen beider, sodass die fünf folgenden Aussagen in ihrem Hinundher beinahe etwas von einem Fechtduell haben. Dies umso mehr, als der Dialog jetzt den Inhalt wechselt und im Grunde metakommunikativ wird, denn Mademoiselle de Verneuil lenkt das Gespräch weg von der inhaltlichen Aussage Alphonse' und versucht, sich über ihn zu erheben, also ihm eine Distanz zu signalisieren.

Dies verleitet ihn wiederum zu der naiven Frage, was sie von ihm denke. Erneut aber durchkreuzt sie seinen Plan und bleibt in der konventionell gebotenen Distanzierung. Sie kontert, er wolle sich mit dieser Frage lediglich herausnehmen, nun ihr unverhohlen etwas sagen zu dürfen. Jetzt geht er in die Offensive und versucht sie aus ihrer Defensive herauszuholen: Keine Antwort könne auch eine Antwort sein. Doch sie bleibt abermals in der souveränen Position und erwidert, sie habe längst alles erraten, was er ihr sagen möchte. Nun allerdings lässt Balzac ihn einen cleveren Schritt tun, indem Alphonse die kommunikative Situation und die Hierarchie zwischen den beiden ungewöhnlich deutet und sich in die Position des Siegers bringt, als er antwortet, wenn das Verstehen der beiden schon so weit gehe, dass sie sich selbst im Nichtexpliziten verstünden, dann habe er ja bereits mehr erreicht, als zu erreichen er habe hoffen können.

Balzac fährt mit dem Satz fort: »Sie lächelte so reizend, dass es schien, als nehme sie den höfischen Kampf an, mit dem der Mann gerne die Frau bedrängt. « Hier ist schon jener ›Kampf‹ angesprochen, der sich hinter der so häufig bei Balzac anzutreffenden Frage ›Kriegt er sie oder kriegt er sie nicht?‹ verbirgt. Der literarische Topos will es, dass in diesem Kampf die Frau die Hürden nur deshalb aufstellt, damit der Mann sich mutig beweisen kann und dadurch das Maß seiner Liebe ihr gegenüber auszudrücken in der Lage ist. Er muss also tapfer aushalten und bekommt dann den Lohn von ihr …

In dieser ersten direkten Begegnung von Marie-Nathalie de Verneuil (etwa siebenundzwanzig Jahre alt) und Alphonse Marquis de Montauran (etwa achtzehn Jahre alt) drückt Balzac, ausgehend zunächst von einer sachlich-inhaltlichen Konversation, die Verschiebung von der Inhalts- auf die Beziehungsebene aus. Es zeigt sich also schon in dieser für den Autor noch frühen Zeit, dass er ein Gespür für die psychosoziale Dynamik von uns Menschen hatte und diese auch literarisch zu gestalten wusste.

Zu sehen ist an der Szene, dass Balzac eine große Sensibilität für die verschiedenen *Funktionen* verbalen und nonverbalen Verhaltens hat. Er weiß grundsätzlich, dass sich hinter der inhaltlichen Oberfläche oft ein Bündel von Funktionen verbirgt, das erst auf die Komplexität intentionaler und nicht intentionaler Bestrebungen verweist – womit Balzac'sche Texte deutlich über das meist nur oberflächlich wahrgenommene Intrigenmuster hinausreichen.

Mademoiselle de Verneuil nimmt eine Sprechposition ein, mit der sie mehrere solcher Funktionen in Balance zu bringen versteht: Mit der Distanzgeste hält sie als Frau zunächst einmal den nassforschen Mann auf Abstand. Als die ältere der beiden bewahrt sie die Altershierarchie und wahrt die soziale Grenze, denn während sie sich in ihrer adligen Rolle weiß, muss sie ihn zuerst für einen Seefahrer halten, auch wenn seine Verhaltensattitüden schon auf ein anderes soziales Milieu verweisen mögen. Keinesfalls würde sie sich einem jüngeren Mann aus bürgerlichen Verhältnissen an den Hals werfen – jedenfalls nach der sozialen Konvention nicht, auch wenn sie im Text jene Adligen vertritt, die mit der neuen Gesellschaftsordnung nicht in Feindschaft stehen. Gleichwohl haben ihre Aussagen eine flirtende Komponente, auch wenn sie jederzeit den Rückzug antreten könnte. Zunächst lässt sie wenig Persönliches durchblicken. Sie provoziert den Mann zwar neckisch-distanziert, hält die Tür zu einem (sexuellen) Abenteuer aber offen.

Balzacs spätere Veränderungen dieser Textstelle haben zu einer Verdichtung geführt, die die Begegnung und die Kommunikation auf dieses psychosoziale Zusammenspiel fokussiert. Solche Szenen finden sich in der *Menschlichen Komödie* zuhauf. Diese Stelle aus den *Königstreuen* hat aber ein weiteres Merkmal, das ich herausstreichen möchte. Balzac macht das Thema nämlich zu einer *bewussten* Auseinandersetzung der Figuren. Marie-Nathalie de Verneuil thematisiert die Kommunikation selbst. Damit lässt der Autor die Funktionalität von Verhalten und Kommunikation den Lesenden vorführen. Und es handelt sich hier, darauf sei hingewiesen, eben nicht um einen Erzähler-kommentar, der die hintergründigen Interessen erklärt oder womöglich offen bewertet, sondern Balzac legt alles in die sparsame Beschreibung und in den Dialog. Es sind die Figuren selbst, die dieses kommunikative Spiel ausdrücken und den Blick öffnen für die funktionalen psychodynamischen und psychosozialen Elemente einer sozialen Begegnung. Das erklärt auch, warum in Balzac'schen Texten der Dialog eine so große Rolle spielt.

Balzac hatte schon Ende 1828 beim Schreiben des Romans den Eindruck, mit diesem Text etwas geschrieben zu haben, mit dem er sich auch weiterhin identifizieren konnte, denn erstmals verwendete er bei einer Romanveröffentlichung seinen wirklichen Namen – den Zusatz ›de‹ nutzte er noch nicht, der eine Erfindung seines Vaters war, dieser tat nämlich gerne so, als wäre er verwandt mit dem Adelsgeschlecht der Balzac d'Entragues, eigentlich lautete der Nachname der Familie ohnehin Balssa und war vom Vater bereits zuvor in ›Balzac‹ geändert worden.

Balzac'sche Figuren

Die Balzac'schen Figuren sind keine traditionellen Helden. Auch wenn ihr Autor viel Begeisterung für die abenteuerlichen Romane von Walter Scott und Lord Byron zeigte und insbesondere *Die Königstreuen* noch viel von einem Abenteuerroman haben, so gehören Balzacs Protagonisten in den meisten Fällen nicht zu jenen Helden, die ihre Herausforderungen, wenn auch oft ›verlustreich‹, großartig bestehen und meistern. Balzacs zentrale Figuren sind weit überwiegend ›gebrochene‹ Charaktere.

Zwar existiert der Erfolgstypus des klassischen draufgängerischen Helden in der *Menschlichen Komödie* sehr wohl, aber zwei Aspekte sind an ihnen bemerkenswert: Zum einen sind viele dieser Figuren über den gesamten Zyklus hinweg präsent, was sie hervorhebt, doch zum anderen sind sie fast nie die eigentlichen Protagonisten einer Handlung, sondern eher jene Antagonisten, die die Haupt- oder andere Nebenfiguren zu schädigen versuchen. Diese (männlichen) Figuren wie Eugène

25

de Rastignac, der Baron de Nucingen oder Jacques Collin (alias Vautrin und Carlos Herrera) sind jene rücksichtslosen Scheusale, die anderen Figuren das Leben schwermachen und an denen sie sich stets zu bereichern versuchen. Merkmale des Tragischen am menschlichen Überlebenskampf zeigen sie nicht. Sie sind Draufgänger ohne emotionale Tiefe, gleichwohl – oder gerade deshalb? – erlangen sie auf ihrem Weg Macht und Reichtum.

Auf der weiblichen Seite gehören die gefühllosen Matriarchinnen dazu, die all jenen die kalte Schulter zeigen, die ihnen, ihren Familien oder anderen von ihnen begünstigten Figuren nicht zum Vorteil gereichen. Madame de Beauséant ist eine dieser berechnenden Familienhäupter oder auch die Marquise d'Espard. Dass dieser einzig auf den eigenen Vorteil bedachte Frauentypus nicht nur in den Adelskreisen zu finden ist, zeigen Figuren wie Madame Vauquer oder die Ehefrau von Oberst Chabert, inzwischen verheiratete Gräfin de Ferraud, die ihren Mann nach seiner Rückkehr aus den Napoleonischen Kriegen verleugnet, um ihren längst erreichten Reichtum und ihren neuen sozialen Status nicht wieder zu verlieren.

Sie allesamt, Männer wie Frauen, arbeitet Balzac nicht nur nicht zu Sympathieträgern aus, er verleiht ihnen auch weniger psychologische Tiefe. Sie bleiben eher geld-, prestige- oder machtgierige Rollenträger, die in ihrem Denken und Verhalten eben eins nicht zeigen: das Menschlich-Warmherzige.

Die wirklichen Balzac'schen Protagonisten stehen in ihren Handlungsvollzügen vor großen Herausforderungen, an denen sie zwar nicht immer zerbrechen, von denen sie jedoch tief geprägt werden oder gebrochen aus ihnen hervorgehen. Selbst wenn sie in ihrem sozialen Dasein das Gesicht zu wahren versuchen, sind sie psychisch schwer gezeichnet, reagieren depressiv bis suizidal oder ziehen sich weitgehend ›aus der Gesellschaft‹ zurück. Selbst einer wie Jean-Esther van Gobseck, der sich rücksichtslos an ausnahmslos jedem und jeder zu bereichern versteht, erhält von Balzac schließlich eine psychodynamische Konstitution, die ihn als einen in wahnhafter Verkennung Lebenden zeigt. Entsprechend wird er auch Protagonist einer eigenen Erzählung *(Gobseck)*.

Für die innere Gebrochenheit von Menschen hat Balzac eine außerordentliche Sensibilität und vermag diese auch seinen Figuren zu verleihen. Es sind Figuren, die im Leben und Überleben vor großen Hürden stehen, egal, ob diese Hürden aufgrund der sich vollziehenden massiven gesellschaftlichen Veränderungen oder durch Schicksalsschläge von außen vor ihnen aufgetürmt werden oder ob sie sie nehmen müssen, weil sie nur so eigene Ziele realisieren können. Selbst da, wo eine Figur eigene Wünsche zu verwirklichen versucht und zunächst tatkräftig in der Handlung voranschreitet, also die Handlungsdynamik motiviert, bedeutet das nicht, dass nicht eine innere Gebrochenheit oder psychische Defizite sie antreiben.

In den Geschichten und fiktiven Biografien der *Menschlichen Komödie* besteht die Triebfeder der Figuren oft darin, dass sie ein inneres Defiziterleben zu kompensieren versuchen und dass sie sozial mehr darstellen wollen, als sie zunächst sind. Sie wollen soziale Grenzen – oft auch sozialräumliche Veränderung wie bessere Arbeit oder besseres Wohnen – überschreiten und jenseits der vor ihnen sich auftürmenden Hürden ein (erhofftes) zufriedeneres Leben führen. Diese Figurenkonstruktionen haben viele Gemeinsamkeiten mit ihrem Autor, denn auch Balzac selbst war, wie gesagt, immer bestrebt, aus dem Bürgertum in den (alten) Adel ›aufzusteigen‹, was ihm zwar lediglich durch Heirat möglich war, was aber durch seinen literarischen Arbeitseinsatz und seinen Erfolg gebahnt werden sollte.

Balzac'sche Figuren sind den Mustern real erlebter Menschen nachgebildet und weniger den literarisch tradierten Modellen, wie sie aus der rhetorischen Literaturkonzeption überkommen waren. Dadurch gelingt es dem Autor, ein rein auf intrigantes Verhalten reduziertes Erzählmuster zu überschreiten. Den Figuren wird eine psychische Tiefe beigegeben, durch die der Autor eine komplexere Funktionalität von Verhaltensweisen gewinnt. Er erkennt und gibt in seinen Figuren wieder, was innerlich in einem Menschen wirksam ist und warum er sich verhält, wie er sich verhält.

Sosehr Balzac von sogenannten Willensmenschen beeindruckt war und an die Macht des Willens glaubte, so sind seine in der psychischen Tiefe gestalteten Figuren eben nicht auf ein vom Willen geprägtes Verhalten und Handeln reduziert, sondern von etwas angetrieben, was auf den Willen zwar einwirkt, ihn zuweilen aber auch untergräbt – später ›das Unbewusste‹ genannt. Die reinen Willensmenschen in der *Menschlichen Komödie* bleiben hingegen sozialpsychologisch verengte Wesen, deren Bestrebung nach Reichtum und Aufstieg auf eine monomanische Reduzierung hinausläuft, die sie als soziale Wesen aufgrund ihrer mangelnden Empathie völlig unsympathisch erscheinen lassen. Scheusale bewirken aufseiten der Rezipierenden ästhetisch Ekel, innerlich verletzliche Figuren hingegen erzeugen empathisches Mitempfinden und eine Identifikation.

Ab den 1950er-Jahren ist vor allem in Frankreich der Roman Balzac'scher Provenienz mit einer massiven Infragestellung konfrontiert gewesen, wofür etwa Alain Robbe-Grillet und mit ihm die meisten Nouveaux Romanciers standen. Diese Kritik war und ist bis ins 21. Jahrhundert hinein völlig berechtigt, nicht nur was die nötige Weiterentwicklung ästhetischer und narrativer Verfahren betrifft, sie ist auch folgerichtig, wo sie ein allzu naives Festhalten am mimetischen Abbildungsverhältnis beklagt. Balzac'sche Texte allerdings müssen zum einen auf ihre historische Situation bezogen bleiben, weil sie in diesem Kontext eine Komplexität zeigen, die kein anderer Autor erreicht hat. Zum anderen wird vielfach die Modernität Balzac'scher Texte völlig verkannt. Gerade weil er seinen Figuren eine funktional hoch subtile psychodynamische und psychosoziale Tiefe gegeben hat und diese oft auch noch durch die Figur selbst auszudrücken in der Lage war, statt sie als Erklärung des (all-) wissenden Erzählers aufgesetzt zu servieren, lässt sich den Romanen und Erzählungen der *Menschlichen Komödie* mehr abgewinnen als so manchem heutigen Roman. In dieser Hinsicht scheint mir nicht einmal ein so prominent analysierter Text wie die Erzählung *Sarrasine* ausgedeutet zu sein.

Die wissenschaftliche Beobachtung

Der Balzac'sche Blick ist nicht zuletzt von einer kulturellen Veränderung geprägt worden, die sich mit der Aufklärung durchzusetzen begann. Es entstand eine Hinwendung zu wissenschaftlichen Beobachtungen und Beschreibungen, die weniger spekulativ waren, sondern sich stärker auf die tatsächlichen Realitäten des menschlichen Daseins bezogen (›Empirismus‹). Der Blick auf den Menschen änderte sich und damit auch die Beschreibungen des menschlichen Verhaltens. Sehr markant zeigt sich das darin, dass der Arzt Philippe Pinel bereits im Jahr nach der Revolution, also 1790, eine *Medizinisch-philosophische Abhandlung über das Verrücktsein* veröffentlichte, in der er die

Verrückten nicht beschrieb als welche, denen das Menschsein abgehe (also allem voran die Vernunftbegabung), sondern als Menschen, bei denen der ›Geist‹ (Verstand) als ein (lediglich) ›gestörter‹ erschien.

1795 wurde Pinel mit einer Reform der riesigen ›Irrenverwahranstalt‹ Salpêtrière beauftragt und spätestens mit seinem Nachfolger Jean Étienne Dominique Esquirol war eine moderne Psychiatrie geboren. Esquirol schrieb im Vorwort seines Buches *Über Geisteskrankheit* 1838: »Immer an den Tatsachen orientiert, habe ich versucht, diese Störungen zu ordnen und zu klassifizieren. Ich berichte das, was ich beobachten konnte, selten versuche ich, irgendwelche Erklärungen zu geben.« Warum blieb er bei der Beschreibung? Vielleicht auch deshalb, weil die angemessenen Erklärungen noch fehlten? Esquirol hätte aufmerksamer Balzac lesen sollen – ich komme im Kapitel über die psychotische Weltwahrnehmung darauf zurück, wo ich dann auch den Arzt Jean Marc Gaspard Itard erwähnen werde, der sich um das ›wilde‹ Kind (oder auch den ›Wolfsjungen‹) namens Victor de Aveyron bemühte.

Balzac hat sich durchaus als Wissenschaftler betrachtet, mindestens aber als ein Autor, der den Wissenschaftlern wichtige Beobachtungen über das menschliche Verhalten zur Verfügung stellte. Die Wissenschaften orientierten sich in jenen Jahrzehnten völlig neu, und Balzac sah sich als in dieser Entwicklung stehend. Es ist bemerkenswert, dass seine erste veröffentlichte Sammlung von Erzählungen Beobachtungen aus dem Privatleben *(Scènes de la vie privée)* enthielt und dass in diesem Buch (teilweise unter anderen Titeln) bereits die frühen Fassungen von *Gobseck, Der Ball von Sceaux, Das Haus zum ballspielenden Kater* und *Eine doppelte Familie* enthalten waren. In einer weiteren Sammlung nur ein Jahr später folgten bereits *Sarrasine, Das verstoßene Kind* und *Frauenstudie*.

Der wissenschaftliche Blick wurde realitätsbezogener und empirischer. Georges Cuvier stellte eine neue Zoologie auf, indem er von der Anatomie der Lebewesen ausging und diese in ihrer Abstammung neu zuordnete. Auch Étienne Geoffroy Saint-Hilaire hatte einen ordnungsgebenden ›Plan‹ aller Lebewesen aufgestellt. Balzac wird seine Figurentypen ebenfalls als eine Zoologie der Menschen betrachten, wie er in der später (1842) verfassten Vorrede zur *Menschlichen Komödie* schrieb. In

jener Zeit war es wissenschaftlich en vogue, ein ›System‹ aufzustellen – oder eben einen literarischen Zyklus zu schreiben.
Die Evolutionstheorie kündigte sich mithin bereits an, bald
schon wurde klar, dass der Mensch mit seiner ›Seele‹ eben nicht
von Gott auf die Erde gesetzt worden war, etwa um sich die
Welt untertan zu machen, sondern dass jedes menschliche Individuum lediglich in einer unendlichen Kette von Lebewesen
steht. Der atheistische Schock, dass jeder Einzelne letztlich
auch nur eine Handvoll Humus ist, erschütterte tief. Balzac hat
das in *Das Chagrinleder* (deutsch auch *Die tödlichen Wünsche*)
beschrieben. Das moderne Individuum wird sich seiner Nich-
tigkeit bewusst:

»Indem man Schicht um Schicht und Lage um Lage in
den Steinbrüchen des Montmartre oder den Schiefer-
brüchen des Urals die fossilen Hüllen all der Lebewesen aus vorsintflutlichen Zeitaltern entdeckt, schau-
dert die Seele im Ahnen der Milliarden von Jahre und
Millionen der Völker, die das schwache menschliche
Gedächtnis genauso wie die unzerstörbare göttliche
Überlieferung vergessen hatte und deren Asche nun
die zwei Fuß der Erde bilden, die uns Brot und Blüten
spendet. […] Wir fragen uns, niedergeworfen durch
diese Ruinentrümmer des Universums, wozu all unser
Ruhm, unser Hassen, unser Lieben denn sei, und ob
man die Pein des Lebens auf sich nehmen solle, um
dann in der Zukunft endlich nichts mehr zu sein als
ein unberührbarer Punkt. Entwurzelt in der Gegenwart, sind wir tot […].«

Und das Einzige, was uns bleibt, ist das Leben *in* der Gegenwart, damit das Leben spürbar und lebenswert bleibt; Balzac
fügt unmittelbar hinzu: »[…] bis unser Kammerdiener eintritt
und uns meldet: ›Die Frau Gräfin hat geantwortet, dass sie den
Herrn erwartet.‹«
Balzacs Figuren repräsentieren die Menschen auch an jenem Wendepunkt der beginnenden Moderne, an dem sich der
Einzelne seiner Vergänglichkeit, seines Vorübergehens bewusst
wird und die Hoffnung auf einen Gott in einem jenseitigen
Reich, in dem Frieden, Gerechtigkeit und ein himmliches Ver-
sorgtsein herrschen, als zumindest sehr unwahrscheinlich erkennen muss. All das sind die Koordinaten, an denen sich die

›philosophisch‹ aufgeklärten Menschen zu Beginn des 19. Jahrhunderts befinden. Diesem menschlichen Empfinden, diesen innerpsychischen Konflikten und Dynamiken sowie dem daraus resultierenden Sozialverhalten hat Balzac seine Figuren und ihre Lebensgeschichten nachgebildet.

I.

Balzacs sozialkulturelle Beobachtungen der im Entstehen begriffenen modernen Gesellschaft

Von Adelsattitüden und der allmählichen Verbürgerlichung sozialer Verhaltensweisen

Die Überwindung des Feudalsystems setzte in allen sozialen Milieus und in allen Gesellschaftsbereichen Dynamiken frei und bewirkte gewaltige Veränderungen in den Verhaltensweisen und im sozialen Miteinander. Es fielen viele von außen vorgegebene Gesetze und Regeln weg: von der Kleiderordnung bis hin zum begrenzten Zugang zu unternehmerischen Geschäften. Es änderte sich eine Zeit lang sogar die Form, wie man sich begrüßte (auch Grafen wurden mit ›Bürger‹ angesprochen): »Nicht selten nennt heute der Metzgerknecht sich Arthur, Alfred oder Alphonse und der Vicomte [...] sich Thomas, Pierre oder Jacques. Eine solche Verschiebung, die den ›eleganten‹ Namen auf den Plebejer überträgt und den ländlichen auf den Aristokraten, ist nichts anderes als eine Gegenströmung im Sinne der Gleichheit«, schreibt Victor Hugo in *Die Elenden*.

Diesen Umwandlungsprozessen konnten die Menschen sehr unterschiedlich begegnen. All jenen, die bis dahin kaum etwas besessen hatten und nur über wenig Einkommen verfügten, boten sich nun Möglichkeiten, das eigene Vermögen zu erhöhen, waren sie nur geschickt genug, um sich im Erwerbsleben neue Einnahmequellen zu erschließen. Wer zuvor viel Reichtum besessen hatte, konnte entweder mit dem Rest davon zu leben versuchen oder seine Mittel dafür einsetzen, das Vermögen unter den neuen gesellschaftlichen und wirtschaftlichen Bedingungen wieder zu erhöhen (dazu mehr im Kapitel ›Geld, Gier, sozialer Aufstieg‹).

Inmitten dieser Gemengelage waren viele Wege möglich, manche entstanden sogar ganz neu, wie beispielsweise durch die Ausweitung der Beamtentätigkeiten. Beamten boten sich Zugänge zu Einnahmen, die es zuvor gar nicht gegeben hatte. Von all diesen Geldflüssen ist in der *Menschlichen Komödie* oft die

Rede. Einige davon allerdings lagen Balzac besonders nahe, ihm, der ebenfalls versuchte, in die höheren Gesellschaftskreise vorzudringen. Ihm ist später vorgeworfen worden, den ›Arbeiter‹ zu wenig bis gar nicht berücksichtigt zu haben, anders als es dann Émile Zola getan hat, allerdings muss man sehen, dass zu Balzacs Zeit ein ›industrielles Proletariat‹ oder Arbeiterinnen und Arbeiter in Manufakturen nur in kleinen Ansätzen schon bestanden. Die Mehrzahl der armen Leute arbeitete in der Landwirtschaft, in der Heimarbeit oder lebte von Gelegenheitsjobs – und solche Vertreter und Vertreterinnen existieren durchaus im Zyklus.

Unter den adligen Familien interessierte sich Balzac vorrangig für zwei Richtungen: für jene, die sich auf ihren Restbesitz zurückgezogen hatten und sich fortan in einem resignativen, restaurativen oder dünkelhaften Milieu einrichteten, sowie jene, die im wirtschaftsliberalen Unternehmertum bis hin zu Bank- und Investortätigkeiten ihren Aufstieg und ihr Wiedererstarken forcierten. Über die einen machte er sich gerne lustig, an den anderen betonte er die Vornehmheit und Kultiviertheit, wenn auch nicht ohne die distinguierten Verhaltensweisen vorzuführen.

Rückzug

In der Erzählung *Der Ball von Sceaux* beschreibt Balzac eine Familie des alten Adels, die nicht aufgehört hat, auf ihre aristokratische Herkunft zu insistieren, und weiterhin eine feudale Lebensweise zu erhalten versucht. Besonders ist an dieser Erzählung, dass darin ein inter- und transgenerationales Fortbestehen dieser Haltung unter veränderten Gesellschaftsbedingungen gezeigt wird. Da sich die Großeltern und die Eltern der Familie de Fontaine dem Wandel nicht unterwerfen wollen (»Ein Adel ohne Privilegien ist ein Griff ohne Werkzeug«), behält auch die Tochter Emilie diese Haltung bei und betont sie sogar ganz demonstrativ; sie verhält sich spröde und arrogant, wo sie sozialen Abstand für erforderlich erachtet.

Ihr Vater möchte sie längst mit einem jungen Mann aus den besten Kreisen verheiratet haben, doch seine Tochter (das Nesthäkchen) hat bisher die ihr vorgestellten Männer abgelehnt, hatte an allen etwas auszusetzen und formuliert für den Mann, den sie heiraten werde, ein hohes Idealbild. Ihr Bewusstsein, zu einer gesellschaftlichen Elite zu gehören, die unrechtmäßig ihres Besitzes und ihrer Stellung beraubt worden sei und die zu wenig gesellschaftliche Herausgehobenheit erfahre, ist im Jahr 1815 (das Jahr von Napoleons kurzzeitiger Rückkehr und endgültiger Niederlage plus zweiter Verbannung) sehr stark. »Jung und von altem Adel«, hatte sie sich gesagt, »muss er [ihr zukünftiger Gatte] zudem Pair von Frankreich oder der älteste Sohn eines Pairs sein! Es wäre mir unerträglich, wenn ich nicht an meinem Wagenschlag mein Wappen inmitten der wehenden Falten eines himmelblauen Mantels sehen und nicht durch die große Allee der Champs-Elysées genauso wie die Prinzen fahren könnte, wenn Rennen in Longchamp stattfinden.« Weder einen bürgerlichen Menschen noch einen Bankier noch einen Kaufmann werde sie heiraten.

In dieser Lebenssituation gerät Emilie plötzlich vor eine Entscheidung, bei der ihr Adelsdünkel geradewegs ins soziale Abseits führt und bei der sie vor lauter Verblendung nicht erkennt, dass vor ihr jener steht, der ihrem Ideal entspricht. Bemerkenswert sind die Schlüsselszene und der Grund, warum sie sich von ihm wieder zurückzieht.

Im idyllischen, südlich vor Paris gelegenen Städtchen Sceaux finden regelmäßig Tanzbälle statt, die von den Pariserinnen und Parisern gern besucht werden. Emilie begleitet eines Sommertags ihre Freundin und einige junge Männer dorthin und verliebt sich in einen jungen Mann (Maximilian Longueville), der ihrem Ideal geradezu perfekt zu entsprechen scheint. Sie spürt, dass auch er sich um sie bemüht, und so kommt es zum ersten Flirten, als die beiden einmal im Park allein sind. Da sich Emilie über seine soziale Herkunft im Unklaren ist, kann sie die Frage nicht unterdrücken: »Sind Sie adlig?«

Der junge Mann, von vornehmem Verhalten und immer diskret, gibt ausweichende Antworten, was Emilie in ihrer Zuneigung nicht anders deuten kann denn als Zurückhaltung, um vor ihr nicht mit einem Adelstitel zu kokettieren. Unbewusst wünscht sie sich eine nähere Bekanntschaft mit ihm, sodass sie sein Verhalten im Sinn ihres eigenen Wunsches interpretiert. Doch es kommt anders.

Einige Tage später geht Emilie mit ihren beiden Schwägerinnen einkaufen, sie betreten ein Schneidereigeschäft. Und wen muss sie hinten im Laden sehen: Maximilian Longueville, »der hinter dem Ladentisch saß und damit beschäftigt war, mit kaufmännischer Gewandtheit einer Schneiderin, mit der er zu verhandeln schien, ein Goldstück zu wechseln. Der *schöne Unbekannte* hielt mehrere Muster in der Hand, die keinen Zweifel über seinen ehrenwerten Beruf aufkommen ließen. Ohne dass jemand es bemerkte, überlief Emilie ein eisiger Schauer. […]« Longueville bemerkt Emilie, schließt aber zunächst das Geschäft ab, um sich ihr gegenüber dann für die verspätete Aufmerksamkeit zu entschuldigen. »Haben Sie die Güte, die Tyrannei zu entschuldigen, die die Geschäfte ausüben.«

»›Mir scheint, mein Herr, dass mir das wohl sehr gleichgültig sein kann‹, erwiderte Mademoiselle de Fontaine […]. Emilie wandte ihm mit unglaublicher Verachtung den Rücken zu.«

Später vertritt sie die Haltung, mit der sie die Abschaffung der Kleiderordnung beklagt: »Wenn sie selbst [Emilie], wie ihr Vater, irgendeinen Einfluss in der Kammer hätte, sagte sie, so würde sie ein Gesetz beantragen, wonach die Kaufleute, insbesondere die Kalikohändler, mit einem Brandmal auf der Stirn, wie die Schafe im Berry, bis in die dritte Generation gezeichnet sein müssten.«

Balzac zeigt mit Maximilian Longueville einen Bürgerlichen, der sich neben seiner Zurückhaltung und seinen höflichen (!) Umgangsformen nicht ›zu schade‹ ist, selbst im Laden zu stehen und zu *arbeiten*. Sein Verhalten erhält jetzt den Geruch der kaufmännischen Geflissenheit, die womöglich schlicht auf Umsatz ausgerichtet ist. Zudem liegt in der Priorisierung des Geschäftlichen vor der Begrüßung eine narzisstische Kränkung von Emilie, jedenfalls sieht sie es so. Diesem Mann eine Bekanntschaft anzubieten, aus der vielleicht sogar eine Heirat resultieren könnte, ist der adligen Tochter völlig unmöglich. Wenige Jahre später – auch darin zeigen sich die schnellen gesellschaftlichen Veränderungen jener Jahrzehnte – wird sie feststellen, dass genau dieser Mann Stufe um Stufe aufsteigen und schließlich hohe politische Ämter bekleiden wird. Sein Ansehen steigt insbesondere dadurch, dass der Pairstitel, den sein Vater erhalten hatte und der in jener Zeit noch vererbbar war, nach dessen Tod auf den Sohn, nun »Vicomte de Longueville«, übergegangen ist: »[...] noch am Abend zuvor hatte seine junge, feurige Redegewandtheit in der Ersten Kammer gestrahlt«.

Emilie hingegen hat unterdessen einen Onkel mütterlicherseits geheiratet und lebt ein zwar luxuriöses, aber sinnentleertes Leben (sie fand »das Nichts«). Es sind das Tätig- und Aktivsein, aus denen Sinn und Zufriedenheit im Leben entstehen. Für das persönliche, intime Glückserleben ist hier von Balzac zudem eine Liebesheirat als Bedingung genannt. Emilie hätte ihrem Herzen folgen sollen.

In seiner eigenen Haltung zum Adel war Balzac sowohl ambivalent als auch entschieden: Es gab (alt-)adlige Tendenzen wie diesen gesellschaftlichen, politischen Rückzug und das Leben in resignativer Tatenlosigkeit, die er ebenso ablehnte wie die schlichte Verbrüderung mit den Wirtschaftsliberalen. Entschieden war er aber darin, dass einzig der alte Adel eine gesellschaftliche Führung übernehmen könne, die insbesondere die einfachen Bevölkerungsteile zur Führung bräuchten (siehe etwa *Die Herzogin von Langeais* und auch *Die Kehrseite der Geschichte unserer Zeit*). *Aktive* restaurative Kreise des alten Adels finden sich in der *Menschlichen Komödie* immer dort, wo Revolution oder Kaisertum bekämpft werden, indem die Emigranten aus den Nachbarländern heraus und mit Unterstützung der zurückgebliebenen Familienmitglieder mit ihrem verborgenen Netzwerk die Regierung zu stürzen versuchen *(Eine dunkle Geschichte, Der Requisitionär)*. Für Balzac war diese Haltung mit seiner Bewunderung für Napoleon offenbar bruchlos kombinierbar.

Der Adel verbürgerlicht

Die Verflüchtigung des alten Adels gehört mit Beginn der Moderne zur gesellschaftlichen Realität, auch die verliehene Pairswürde wird schließlich unvererbbar und wird lediglich zu einer Ehrung für eine gewisse Lebensleistung. Zwar existiert ein alter Adel auch heute noch, der auch weiterhin eine entsprechende

Lebensweise pflegt, aber viele Adelsgeschlechter mit nur geringem Reichtum gingen in die bürgerlichen Kreise ein, das ›de‹ wurde nur noch ein Namenspartikel. Wie unproblematisch es war, sich ein ›de‹ in den eigenen Namen zu mogeln, dafür sind Vater und Sohn Balzac ein gutes Beispiel. Zu Beginn von *Vater Goriot* spielt Balzac ebenfalls mit Hinzufügungen, wenn er bezüglich Madame Vauquer einfügt: »née de Conflans«, denn damit kann Madame Vauquer schlicht ausdrücken, in Conflans geboren zu sein, sie lässt aber immer auch mitklingen, es könne sich bei ihr um eine geborene ›de Conflans‹ handeln.

Gleichwohl bleibt ein kleiner Teil des Adels durchaus mächtig und vermögend. Ihm gelingt es in jener Zeit, im Rahmen der gesellschaftlichen Befriedung durch Napoleon und dann unter der Restauration einen Teil des ehemaligen Besitzes zurückzubekommen und das eigene Vermögen in den sich wandelnden gesellschaftlichen Prozessen gewinnbringend einzusetzen. Dabei entstehen neue Allianzen. Der neue Adel, das Großbürgertum und die politisch Mächtigen schaffen Strukturen, in denen sie die Geldflüsse lenken. Juristen, Beamte, Händler müssen diese sich aufbauenden Strukturen nur zu lesen verstehen und können dann jeder auf seine Weise profitieren, meistens wäscht dabei eine Hand die andere und alle zusammen waschen sie ihre Hände in Unschuld.

Nun sind selbst jene Beispiele des Aufstiegs möglich, wie sie gerne mit der Familie Rothschild verbunden werden. Der geschickter Frankfurter Rechner namens Mayer Amschel Rothschild (1744–1812) aus dem jüdischen Getto stieg sogar zum Fürstenberater auf, schickte seine Söhne in mehrere europäische Großstädte und baute nach und nach, aber mit enormem Tempo ein Finanz- und Handelsimperium auf. In Frankreich verdiente die Familie viel Geld auch damit, dass sie den Verkehr von Gold zugunsten des restaurativen Widerstands gegen Napoleon organisierte. In Paris leitete der Sohn James die Geschäfte, auch Balzac hat später von ihm Geld geliehen. Die Rothschilds werden am Ende Balzacs letztes Haus bzw. Grundstück übernehmen, das berühmte ›Folie Beaujon‹ in der heutigen Rue Balzac. Auf dem Gelände befindet sich heute die französische Rothschild-Stiftung. Die Balzac'sche Figur des Baron de Nucingen ist James Rothschild nachgebildet. So entstehen jene Kreise, die dann rasant nach der Juli-Revolution von 1830 und mit dem sogenannten Bürgerkönig Louis-Philippe die wirtschaftlichen Fäden in die Hände nehmen. Der inzwischen nur noch auf einem bürgerlichen Niveau lebende Adel erscheint bei Balzac ebenfalls oft. Hier wird die aristokratische Etikette zwar aufrechterhalten, gleichzeitig setzt sich das Gebot, von einer beruflichen Tätigkeit leben zu müssen, wobei es diesen Figuren gelingt, nicht zuletzt durch alte Netzwerke, gut dotierte Stellen einzunehmen. Entsprechend Balzacs persönlicher Orientierung ist die *Menschliche Komödie* voll von adligen Figuren. Vorrangig nehmen sie berufliche Positionen auf drei Gebieten ein: als Politiker, als Militärs, als Privatiers. Zuweilen aber tauchen sie auch als Juristen auf.

Der Graf de Granville (geboren 1779) beginnt – ohne großes Vermögen – nach der Revolution in einer Notarkanzlei zu arbeiten, wird Verteidiger in einem Konterrevolutionsprozess *(Eine dunkle Geschichte)*, erhält durch Protektion den Posten eines kaiserlichen Staatsanwalts und wird schließlich sogar Generalstaatsanwalt und Pairs *(Cousin Pons)*. Geheiratet hat er aus finanziellem Kalkül die Bürgerliche Angélique Bontems, deren Vater als Jakobiner auch Todesurteile gegen Adlige unterschrieben hatte. Sie ist eine nach außen frömmelnde, ansonsten aber kaltherzige, verbitterte Person.

Nach Napoleons Niederlage und Absetzung macht Granville auch unter der Restauration Karriere; die darauf folgende Regierung nach der Revolution von 1830 unter Louis-Philippe belässt ihm dennoch seine hohen Ämter, sodass er schließlich sogar zum Pair ernannt wird. Balzac betont allerdings, dass die Familie in einem kleinen Haus wohnt; anlässlich der Verheiratung einer der Töchter schreibt er: »Die Granvilles [...] hatten die Verbindung mit den de Vandenesse nur durch eine sehr hohe Mitgift erreicht. So hatte die Bank jene Bresche ausgefüllt, die der Adel in den Juristenstand geschlagen hatte.« Der Hauptteil seiner Klienten sind Adlige. Seine beiden ehelichen Söhne sind ebenfalls als Juristen im Staatsdienst tätig *(Eine doppelte Familie)*.

Natürlich waren die individuellen Anpassungserfordernisse jedes einzelnen Adligen – sofern er überlebt hatte – eine extreme psychische Herausforderung. Die existenzielle Bedrohung, die Entmachtung, das Zusammenbrechen ursprünglicher Lebenspläne, der Verlust von Besitz und Einkommen, die Abwertung durch bisher unterdrückte Bevölkerungsgruppen, die Gleichmachung als ›Bürger‹ bzw. ›Bürgerin‹ – all das musste erst einmal bewältigt, neue Lebensperspektiven mussten entwickelt werden. François-René de Chateaubriand hat in *René* einen solchen jungen Mann geschildert, der keinen Platz im Leben mehr findet. Dies nämlich gelang nicht allen. Der immer lächerlicher werdende Baron Hulot in *Tante Lisbeth* ist ein Beispiel dafür (siehe auch das Kapitel ›Entgrenzte Sexualität und neue Tabus‹), ebenso Raphaël Valentin in *Das Chagrinleder*.

Marquis de Valentins Eltern sind früh gestorben und haben ihrem Sohn nicht viel hinterlassen. Dieses Wenige bringt er haltlos in drei Jahren durch. Er studiert Jura, schreibt eine Komödie und eine nicht abgeschlossene ›Theorie des Willens‹ und will als Jurist später in den Staatsdienst eintreten. Aber er ist ein wankelmütiger Zeitgenosse, trinkt viel, prasst und verspielt schließlich im Palais Royal sein letztes Geld. Er streift durch Paris und denkt daran, sich in die Seine zu stürzen. Ein Antiquitätenladen weckt seine Aufmerksamkeit und er findet das Chagrinleder.

Das Bürgertum wird aristokratisch

Während der Adel allmählich verbürgerlicht, auch wenn er sich hohe Posten zu sichern versteht, nimmt nicht nur das gehobene Bürgertum Attitüden des Adels auf. Natürlich sind weite bürgerliche Kreise mit ihrem Blick ›nach oben‹ und ihrem Bestreben nach sozialem, politischem und wirtschaftlichem Aufstieg von alten adligen Merkmalen nach wie vor beeindruckt (noch in Prousts *Auf der Suche nach der verlorenen Zeit* ist das handlungsmotivierend). Ein ganz besonderes ›Schlachtfeld‹ dieser sozialen Markierungen war der ›Salon‹.

In den wohlhabenden Kreisen war es üblich, einmal pro Woche in der eigenen, selbstverständlich geräumigen Wohnung oder im Haus einen Salon zu geben (einen ›jour fixe‹ zu haben), zu dem man eingeladen werden musste und den zu besuchen man dann auch angehalten war. Ohnehin erfüllte der Salon so viele Funktionen, dass es für jeden Eingeladenen gute Gründe gab, regelmäßig an ihm teilzunehmen, um nicht womöglich ›Gelegenheiten‹ zu verpassen. Zuweilen fanden kleine künstlerische Darbietungen wie Konzerte, Darstellung von Theaterszenen und anderes statt. Da die Besucherzahl zum Teil groß war und weil es an diesen Abenden reichlich zu essen und zu trinken gab, waren die Salonabende für die Einladenden eine kostspielige Angelegenheit. Vorrangig waren sie deshalb im Adel und im Großbürgertum üblich, wo man etwas ›auf sich hielt‹. Die Bedeutung dieser Abende hing von der Wohnungsausstattung ab, vom Essen sowie davon, wer sich die Ehre gab bzw. üblicherweise erschien. Es war wichtig zu wissen, wen man in welchem Salon antreffen konnte.

Balzac hat diese Salonabende oft dargestellt. Eugène de Rastignac (in *Vater Goriot*) erlebt seinen gesellschaftlichen Durchbruch im Salon seiner (deutlich älteren) Kusine so:

> »Während dieses Festes erkannte der Student plötzlich die volle Tragweite seiner Stellung und begriff, dass er als anerkannter Cousin der Madame de Beauséant in der Gesellschaft etwas bedeute. Die Eroberung der Baronin de Nucingen, die man ihm bereits zuschrieb, gab ihm schon eine so klare Kontur, dass ihm alle jungen Herren neiderfüllte Blicke zuwarfen; als er einige dabei überraschte, genoss er die ersten Wonnen geschmeichelter Eitelkeit. Während er von Salon zu Salon an den einzelnen Gruppen vorbeiging, hörte er, wie sein Glück gepriesen wurde. Alle Frauen sagten ihm große Erfolge voraus. Delphine [de Nucingen], die ihn zu verlieren fürchtete, versprach ihm, ihm an diesem Abend den Kuss nicht zu verweigern, gegen den sie sich am Abend zuvor so hartnäckig gesträubt hatte. Auf diesem Ball erhielt Rastignac mehrere Einladungen. Er wurde durch seine Kusine einigen Damen vorgestellt, die alle Eleganz für sich in Anspruch nahmen und deren Häuser als liebenswürdig galten; er sah sich in die vornehmste und schönste Gesellschaft von Paris versetzt.«

In den Erzählungen *Der Ehefrieden* (*La paix du Ménage*, deutsch auch *Der Diamant*) und *Sarrasine* spielen die Handlungen weitenteils an einem solchen Salonabend. Der Erzähler von *Sarrasine* steht gedankenverloren und ein bisschen schwermütig in einer Fensternische und blickt zunächst in den Garten eines

Palais, in dem es dunkel zu werden beginnt und der ihn an einen Friedhof erinnert. Dann wendet er sich wieder in den Raum um:

>»Wenn ich mich nach der anderen Seite wandte, konnte ich den Tanz der Lebenden bewundern, einen glänzenden Salon mit Wänden, an denen Gold und Silber glitzerten, an schimmernden Kronleuchtern mit strahlenden Kerzen. Dort wimmelten, schwangen und flatterten schmetterlingshaft die hübschesten Pariser Frauen, die reichsten, die mit den höchsten Titeln: glanzvoll, prunkend und funkelnd von Diamanten, Blumen auf dem Kopf, auf dem Busen, im Haar, über die Kleider verteilt oder wie Girlanden um ihre Füße.«

Mit der Konsolidierung eines mittleren und unteren Bürgertums trat auch hier das Bedürfnis auf, den eigenen Wohlstand nach außen zu demonstrieren. Balzac beschreibt dieses Repräsentationsbedürfnis des neureichen Bürgertums mit all seiner Selbstdarstellungssucht, seinen Ritualen und auch mit seinen sozialen wie wirtschaftlichen Funktionen. Der Roman *Cäsar Birotteaus Größe und Niedergang* beginnt mit dem Traum vom eigenen Salon:

César Birotteau ist Produzent von und Gewerbetreibender mit Parfümartikeln und Haarwasser. Er besitzt einen gut gehenden Laden, beschäftigt einen Handelsreisenden für die Provinz und ist zudem inzwischen Handelsrichter, also ein angesehener und als seriös geltender Mann. Neuerdings vertreibt er auch ein Haarwasser, das das Haarwachstum anregen soll. Das ist deshalb ein umsatzstarkes Geschäft, weil nach dem weitgehenden Verzicht auf Perücken die Herren mit kahlem Schädel dastehen, was ihnen ganz und gar nicht gefällt. Außerdem befindet sich César kurz davor, das rote Band der Ehrenlegion verliehen zu bekommen.

Es ist mitten in der Nacht, als Madame Birotteau aufwacht und erschrickt, weil ihr Ehemann nicht mehr neben ihr im Bett liegt. Sie findet ihn im Nachthemd im Nebenzimmer stehend, eine Elle in der Hand. Er gibt sich kaum Mühe, ihr zu erklären, was er vorhat, aber er spricht vor sich hin: »Zweiundzwanzig mal achtzehn, wir können einen prachtvollen Salon haben.«

César Birotteau wird ein Beispiel dafür, wie sich ein kleinbürgerlich denkender Mensch hinreißen lässt, über seine eigenen Verhältnisse hinweg repräsentieren zu wollen, und dass er

bei seinen gleichzeitigen Versuchen, auch ins Immobilienge-
schäft einzusteigen, den Großinvestoren und Juristen nicht
gewachsen ist (ausführlicher dazu in ›Geld, Gier, sozialer Aufstieg‹).

Ein ähnlich gelagertes Beispiel zeigt Balzac in *Die Kleinbürger.* Hier verfügt der frühere Beamte Louis-Jérôme Thuillier
über ein ehemaliges Adelspalais in Quartier d'Enfer. Viele
Grundstücke und Gebäude hatten nach der Revolution aufgrund der Enteignungen die Besitzer gewechselt. Auch hier
wird der Salon besonders gepflegt, allerdings mit spartanischen
Speisen und billigem Wein. Geladen sind nur wenige Personen
und (fast) immer dieselben. Man kennt sich, pflegt die Sozial-
beziehungen und weiß sich in vertrauter Umgebung. »Dieser
Salon war eine Art Provinzsalon, aber von dem Reflex des dau-
ernden Pariser Leuchtfeuers überstrahlt: mit seiner Mittelmä-
ßigkeit und seinen Plattitüden folgte er dem Strom des Jahrhunderts.« Und kurz darauf: »Der Winter des Jahres 1839 war
gewissermaßen jene Zeitspanne, in der der Salon der Thuilliers
seinen höchsten Glanz erreichte.«

Nicht nur jene, die in ehemaligen Adelsgebäuden wohnten,
kamen auf die Idee, einen Salon zu haben, auch so mancher
kaufmännische Knauser entkam dem Reiz nicht ganz. In *Das
Haus zum ballspielenden Kater* heißt es über gelegentliche
Zusammenkünfte:

»Dann öffnete sich der große, im zweiten Stock gele-
gene Salon für Madame Roguin [...], die Diamanten
trug; für den jungen Rabourdin, der Unterabteilungs-
leiter im Finanzministerium war; für Monsieur
Birotteau, den reichen Parfümfabrikanten, und seine
Frau, genannt Madame César; für Herrn Camusot,
den reichsten Seidenhändler der Rue des Bourbonnais,
und seinen Schwiegervater, Monsieur Cardot; für zwei
oder drei alte Bankiers und einige tadellose Damen.
Die notwendigen Vorbereitungen des Tafelsilbers, des
Meißner-Porzellans, der Kerzen und Kristalle brachten
eine Abwechslung in das eintönige Leben der drei
Frauen; sie liefen hin und her und machten sich ebenso viel zu schaffen wie Nonnen vor dem Empfang ihres Bischofs.«

Und:

»Schließlich, einmal im Jahr, gab der ehrenwerte Tuchhändler ein Fest, bei dem er an nichts sparte. So reich und elegant die eingeladenen Persönlichkeiten sein mochten, sie hüteten sich, fernzubleiben; denn die angesehensten Häuser machten Gebrauch von dem ungeheuren Kredit, dem Vermögen oder der alten Erfahrenheit von Monsieur Guillaume.« Den beiden Töchtern fällt in der Selbstdarstellung der Eltern diese Rolle zu: »Stets bescheiden bekleidet, konnten die beiden Schwestern der angeborenen weiblichen Gefallsucht nicht anders genügen als durch eine übertriebene Sauberkeit, die ihnen vorzüglich stand und sie in Harmonie setzte mit den glänzenden Ladentischen und Regalen, auf denen der alte Diener kein Staubkorn duldete [...].«

Selbstverständlich trifft man sich auch in der Provinz im Salon. Über *Die Muse der Provinz* (in Sancerre im Berry) heißt es:

»Als man im Salon von La Baudraye einen Teppich bewunderte, der wie ein Kaschmirgewebe aussah, ein Möbel im Pompadourstil aus vergoldetem Holz, Brokatvorhänge vor den Fenstern und auf einem runden Tisch ein japanisches Horn voller Blumen inmitten einiger neu erschienener Bücher, als man die schöne Dinah sich ohne viele Umschweife an das Klavier setzte und vom Blatt spielen hörte, da nahm die Vorstellung von ihrer [Dinahs] Überlegenheit ungeheuerliche Dimensionen an. Um niemals der Nachlässigkeit und dem schlechten Geschmack zu verfallen, hatte Dinah beschlossen, sich über die Moden und die geringsten Neuheiten auf dem Gebiet des Luxus auf dem Laufenden zu halten, indem sie eine eifrige Korrespondenz [...] pflegte [...]. In dem Wunsch, ihre Intelligenz dem Niveau des Pariser Lebens zu halten, duldete Frau de la Baudraye bei niemandem leeres Geschwätz, rückständige Galanterie, bedeutungslose Phrasen; sie lehnte das Geplauder über kleine Neuigkeiten und allen Klatsch, der die Basis der Unterhaltung in der Provinz bildet, entschieden ab. Sie liebte es, von Entdeckungen auf dem Gebiet der Wissenschaften oder der

Künste, von neuen Werken des Theaters und der Dichtung zu sprechen, sie schien [tiefe] Gedanken zu wälzen, dabei die modischen Redensarten verwendend.«

Das bürgerliche Bestreben, durch die Wohlstand anzeigenden Äußerlichkeiten und sozialen Etiketten als erfolgreich und arriviert zu erscheinen, findet in der Nachahmung aristokratischer Traditionen seinen Anfang. Es ist weitgehend vorbei mit den streng rechnenden und teilweise asketisch lebenden Bürgern des Kleingewerbes, wie sie von Felix Grandet *(Eugénie Grandet)* oder den Geschwistern Cormon *(Die alte Jungfer)* in der *Menschlichen Komödie* repräsentiert werden. Das Bürgertum will fortan prunken oder zumindest zeigen, zu was man es gebracht hat und was man besitzt – und manchmal auch, wofür man erst noch die Schulden abtragen muss.

Das Bürgertum ist vom Selbstbewusstsein nicht mehr das deklassierte Gegenstück zum Adel, es hat die gesellschaftliche Führungsrolle übernommen und kultiviert fortan die (abgespeckte) Version adliger Attitüden wie den Salon, verbindet dies aber oft mit einer Art von Sparsamkeit, die mit dem kaufmännischen Rechnen in Einklang steht. Die häufig kolportierte bürgerliche Selbstdarstellung des ›durch eigene Kraft‹ Erreichten und des daraus resultierenden Wohlstands paart sich mit zumindest behaupteten Werten wie Rechtschaffenheit, Moral, Sparsamkeit, Ordnung und Sauberkeit. Die eigene Stellung ist nicht ererbt, sondern durch sich selbst erarbeitet, wenn auch oft nicht gerade mit moralisch einwandfreien Strategien bis hin zu einer kaufmännischen Raffiniertheit, die man auch ›kriminelle Energie‹ nennen könnte. Balzac zeigt in solchen Texten, wie die bürgerliche Marotte, nach außen ›etwas‹ darstellen zu wollen, mit der Übernahme adliger Attribute in der frühen Moderne beginnt.

Hinzu kommt ein neues Ideal von Bildung. Diese zielt jetzt stärker auf einen langjährigen Schulbesuch ab bis hin zur Akademisierung des Wissens. Immer mehr Mädchen besuchen eine Schule, auch wenn sie lange Zeit noch von den Hochschulen ausgeschlossen bleiben. Die Verbreitung der bürgerlichen Bildung unterhöhlt den vermeintlichen Vorsprung des Adels, bei dem Bildung viel mit dem Erlernen von Etikette und höfischen Verhaltensregeln zu tun hatte – in *Die Lilie im Tal* gibt

Balzac das Beispiel eines solch abgehängten Adligen im Grafen de Mortsauf (siehe das Kapitel ›Depressivität und die Selbstinszenierung als Opfer – psychisch überforderte Individuen‹).

Die Beamten

Mit der Neustrukturierung des Staatsgebildes zu Anfang des 19. Jahrhunderts, insbesondere unter Napoleon, dann aber auch unter der Restauration ab 1815, nahmen die Verwaltungsaufgaben in den neu entstehenden Behörden rapide zu. Es wurden dafür Arbeitskräfte benötigt, die eine gewisse Bildung mitbrachten, über solide Umgangsformen verfügten, sich in Hierarchien einzupassen verstanden und sich dem neuen Staatsgebilde gegenüber doch wenigstens nach außen hin loyal verhalten mussten. Paris wurde eine Beamtenstadt.

Den Typus des Beamten hatte es in dieser Weise im feudalen Staat nicht gegeben, er ist nicht vergleichbar mit den Bediensteten am königlichen Hof. Der Weg in den Staatsdienst erwies sich recht schnell als ausgesprochen attraktiv. Zwar waren Beamte anfangs nicht gut bezahlt, doch die Arbeit in Behörden versprach einen sicheren Arbeitsplatz, was subjektiv gerade in diesen gesellschaftlich turbulenten Zeiten als ein hoher Wert angesehen wurde, und war eine Form der Erwerbsarbeit, die schnell an Reiz gewann: Sie war sauber, fand in geheizten Räumen statt, bestand aus Funktionen in wichtigen staatlichen Bereichen, verlieh mithin persönliche Bedeutsamkeit, bot Aufstiegsmöglichkeiten und nach dem Ausscheiden zudem eine Pension. Darüber hinaus stellte sich diese Art von Anstellung auch deshalb als lukrativ heraus, weil der Beamte stets Einsichten in staatliche und wirtschaftliche Entwicklungen erhielt, die ihm sonst nicht zugänglich gewesen wären und ihm außerhalb seiner Beamtenarbeit Vorteile bot für Nebeneinnahmen – zuweilen auch Korruption. Noch waren derlei Beschäftigungsverhältnisse wenig reglementiert, sodass Beamte Netzwerke bildeten, um sich gegenseitig zu protegieren. Posten in Behörden wurden gerne auch an Personen vermittelt, die einem jetzt oder später selbst nützlich sein konnten oder auch: sollten.

Besonders interessant für Staatsbedienstete waren die Überschneidungen zu politischen Ämtern, zu Juristenkanzleien und zu Investoren. Gut besoldete politische Funktionen stellten eine Form des wirtschaftlichen und sozialen Aufstiegs dar; gute Kontakte zu Juristen ermöglichten es, sich an Geschäften zu beteiligen. Häufig hing auch hier das eine mit dem anderen zusammen. Es gab viele ›gute‹ Gründe, sich beispielsweise in Parlamente und Stadträte wählen zu lassen. Das galt besonders für Menschen, die bisher ihr Geld weder im Handel noch in produzierenden Gewerben verdient hatten oder daraus ausgeschieden waren.

Balzac hat das Treiben in staatlichen Strukturen mit *Die Beamten* in einem eigenen Roman dargestellt, er lässt Beamte aber auch sonst zahlreich auftreten. Allerdings muss bei der Begrifflichkeit beachtet werden, dass der Text im französischen Original ›Les employés‹ heißt, also eher öffentliche ›Angestellte‹ meint, auch wenn damit im heutigen Verständnis vorrangig Beamte gemeint sind. Balzac selbst spricht oft vom ›Bürokraten‹.

Die eher ›wilden‹ Strukturen von damals sind mit den heutigen Arbeitsbedingungen von Beamtinnen und Beamten nicht mehr vergleichbar, dennoch ist die Entstehungszeit dieser Strukturen in Behörden und innerhalb der politischen Arbeit aufschlussreich. So zeigt sich, dass das oft belächelte ›Beharrungsvermögen‹ des Beamten auf seinem ›Sessel‹ nicht aus bloßer Trägheit erwuchs, sondern dass die dauerhafte Einnahme einer bestimmten Position viele Vorteile beinhaltete (»Genie ist Geduld«, schreibt Balzac, eine Formulierung, die er vom Naturforscher Buffon übernahm). Wissen ist Macht, und Macht zieht Einkommen nach sich. Die Beamten in der *Menschlichen Komödie* sind neben ihren eigentlichen Aufgaben stets mit der Arbeit am eigenen Aufstieg beschäftigt. Sich nach ›oben‹ möglichst loyal und dezent verhaltend, ist das Handeln zugunsten der eigenen Aufstiegsmöglichkeiten stets etwas, was unter der sichtbaren Oberfläche mindestens mitläuft, wenn nicht sogar überwiegt.

Doch zu Anfang befanden sich die Beamten noch nicht in einer wirklich privilegierten Situation. Aus mehreren Gründen waren sie zunächst schlecht bezahlt und suchten deshalb stets nach Nebenverdiensten. Viele von Balzacs Beamten sind deshalb sehr umtriebig; und je höher sie aufsteigen, desto besser sind sie mit den einflussreichen Milieus vernetzt. Am besten lässt sich der eigene Aufstieg betreiben, wenn man genau zu beobachten versteht und das Treiben in der eigenen Abteilung zu deuten weiß: Wer strebt wonach, wer macht Fehler, wer will sich wegbewerben, wer macht einen Platz frei?

Auch damals schon wurden die Beamten allerdings oft verspottet. Balzac etwa führt sie in dieser Weise vor:

> »Wenn zufällig der Wagen des Ministers gerade ausfuhr oder zurückkehrte, dann zog Phellion, ob nun jemand im Wagen saß oder nicht, sehr achtungsvoll den Hut und behauptete, dass es in Frankreich besser stehen würde, wenn nur ein jeder der Regierung so viel Ehre erweise, dass er ihr in allen ihren Zeichen Achtung bezeugte. [...] Dieser Mann, der so beschlagen war in allem, was sich schickte, hatte ein Missgeschick in seiner Laufbahn als Schriftführer gehabt – und was für ein Desaster!! Trotz der außerordentlichen Sorgfalt, mit der er die Konzepte entwarf, war ihm einmal folgender Satz entschlüpft: ›Sie werden gebeten, sich zu der bezeichneten Örtlichkeit [*lieux*] mit den notwendigen Papieren zu begeben.‹ Die anderen Beamten, glücklich, auf Kosten dieses unschuldigen Wesens lachen zu können, waren ohne Phellions Wissen zu Rabourdin gegangen, um seine Meinung über den Charakter seines Schriftführers zu erfahren. Und selbst Rabourdin hatte lachen müssen und änderte den Satz am Rande in diese Worte: ›Sie werden gebeten, sich in den Raum [*terrain*] mit allen bezeichneten Schriftstücken zu begeben.‹ Phellion, dem sie die Verbesserung zeigten, studierte sie, wog die verschiedenen Ausdrücke gegeneinander ab und scheute sich nicht, zu gestehen, dass er zwei Stunden gebraucht haben würde, um diese Ausdrücke zu finden, und rief schließlich aus: ›Monsieur Rabourdin ist ein genialer Mensch!‹«

Die Hauptaufgabe der Beamten, so Balzac, sei ›der Bericht‹.

> »Früher unter der Monarchie existierten noch keine bürokratischen Armeen in Frankreich. [...] Da die laufenden Geschäfte ununterbrochen erledigt werden müssen, so schwimmt auf der Oberfläche der Beamtenschaft eine gewisse Anzahl von Leuten, die sich

unentbehrlich wissen, auch wenn ihnen jeden Tag ge-
kündigt werden könnte, die aber natürlich ihre Stellung behalten wollen. So übernahm die Bürokratie die
Herrschaft, eine gigantische Maschine, die von Zwer-
gen in Bewegung gesetzt wird. [...] Sie schufen eine
träge Macht, die man den ›Bericht‹ nennt. [...] Es
kann nichts von geringster Kleinigkeit in der Verwaltung vorkommen, ohne dass der Minister [...] erklärt:
›Ich habe einen Bericht angefordert.‹ [...] Die schöns-
ten Dinge sind in Frankreich zuzeiten vollbracht worden, da es noch keinen Bericht gab und alle Entscheidungen spontan getroffen wurden. [...] Allen schönen
Berichten zum Trotz war Frankreich vom Ruin bedroht, weil man alles erörterte, statt zu handeln. Eine
Million Berichte wurden in Frankreich geschrieben. So
herrschte die Bürokratie. Die Akten, die Mappen, die
Papiere als Nachweise, ohne die Frankreich verloren
gewesen wäre, vermehrten sich und wurden immer
schöner. Die Bürokratie schürte seither zu ihrem eigenen Vorteil das Misstrauen zwischen den Einnahmen
und den Ausgaben. Sie verleumdet die Verwaltung
zum Wohl der Verwalter.«

Die aufsteigenden Beamten – Beamtinnen waren noch undenkbar – steckten dennoch lange in einem Dilemma, denn einerseits wollten sie als jemand gelten, andererseits ließ ihr Verdienst gar keine großen Sprünge zu. Vielleicht gerade weil viele
von ihnen hierarchisch ganz unten hatten anfangen und sich in
rigide Strukturen eingliedern müssen und Außenstehende sich
dabei auch noch allzu oft über sie lustig machten, war der
Wunsch nach Anerkennung groß. Und abermals macht Balzac
den Salon zum Symbol sowohl des Aufstiegs als auch des Auf-
stiegswerkzeugs. Er lässt Madame Rabourdin in einem inneren
Monolog ihre Genugtuung ausdrücken, nun bald zwanzigtausend statt achttausend Francs Jahreseinkommen zur Verfügung
zu haben, nicht zuletzt um die für den Aufstieg gemachten
Schulden begleichen zu können:

»Und so wird sich zeigen, dass ich richtig gehandelt
habe, sagte sie sich. Ich habe ein bisschen zu viel Ausgaben gemacht, aber wir leben nun mal in einer Zeit,
in der man nach versteckten Verdienstmöglichkeiten

suchen muss, in der nur jemand aufsteigt, der sich ins Licht zu setzen weiß, der in Gesellschaft verkehrt, der seine Beziehungen pflegt und sich neue schafft. [...] Wenn ich nicht diese drei Abgeordneten eingewickelt hätte, so hätten sie vielleicht den Posten von Herrn de La Billardière für sich haben wollen. Jetzt, da ich sie bei mir empfange, schämen sie sich, das zu tun, und sind unsere Stützen statt unsere Gegner. Ich habe ein wenig kokettiert, aber nun bin ich glücklich, dass diese kleinen Albernheiten, mit denen man die Männer amüsiert, genügt haben.«

Auch mit dem Aufkommen der Beamtenwelt vollzieht sich also der Transformationsprozess hin zur Generalisierung der bürgerlichen Haltung und Weltanschauung. Die Beamten und ihre Familien sind zunächst nicht einkommensstark, allerdings sichern ihnen die Aufstiegswege mehr und mehr Einnahmen, sodass ihre Orientierung ebenfalls eine Mischung aus vom Adel und vom Großbürgertum übernommenen Statussymbolen wie dem Salon sowie der typisch bürgerlichen ›Tugenden‹ wie Sparsamkeit wird. Vielfach bleibt die Lebensweise kleinbürgerlich, was Balzac auch darin ausdrückt, dass der Roman *Die Beamten* verknüpft ist mit den Handlungen von *Die Kleinbürger* und *Cäsar Birotteaus Größe und Niedergang*. Auch Louis-Jérôme Thuillier aus *Die Kleinbürger* ist ein Verwaltungsangestellter gewesen. Sowohl Rabourdin als auch Thuillier werden schließlich in die unmittelbare Nähe der Madeleine-Kirche umziehen, womit ein sozialräumlicher Aufstieg signalisiert wird: »Dort wird in zehn Jahren der Mittelpunkt von Paris sein!«, heißt es in *Die Kleinbürger*. César Birotteau allerdings wird an einer Grundstücksspekulation in genau diesem Viertel Bankrott gehen, denn er hat das ›Spiel‹ der Investoren nicht durchschaut und wird ihr Opfer.

Die Nachahmung aristokratischer Verhaltensweisen unter gleichzeitig finanziell eingeschränkten Möglichkeiten führt zu jener bürgerlichen Haltung, die Sparsamkeit mit einer Selbstdarstellung kombiniert, die über Statussymbole zu erreichen versucht wird. Der Salon, die eigene Kutsche, das eigene Haus werden zu sozial sichtbaren Symbolen des Aufstiegs. Der soziale Vergleich spielt dabei eine große Rolle.

Es gilt nun, ›tüchtig‹ zu arbeiten, um ›etwas‹ aus sich zu machen (man ist es nicht mehr von Geburt an), und man muss dazu auch die entsprechenden Tugenden verinnerlichen: berufliche wie private Zuverlässigkeit, Ordnung, Strebsamkeit. Gleichzeitig braucht es neben einer Stetigkeit auch eine gewisse Flexibilität, um sich individuell an berufliche, wirtschaftliche oder auch politische Veränderungen möglichst schnell anpassen zu können. Immer gilt es, Chancen zu nutzen. Dabei ist auch ein hohes Maß an Frustrationstoleranz nötig, wenn mal etwas nicht klappt. Auf den persönlichen Lebenswegen ist es keine Schande, zu fallen, wohl aber, liegen zu bleiben.

Das ›bürokratische‹ Denken von Beamten oder Angestellten im öffentlichen Dienst, aber auch von Büroangestellten allgemein hat sich im Verlauf des 20. Jahrhunderts generalisiert auf jede Einzelperson. Nicht nur, dass heute zu jedem Haushalt auch Aktenordner, Papierlocher, Klarsichthüllen und auch die nötige Software gehören, wie sie in früheren Zeiten nur in Büros zu finden waren, jeder Einzelne hat heute eine Vielzahl von Verwaltungsaufgaben gegenüber Steuerbehörden, Versicherungen oder Kommunikationskonzernen zu erfüllen. Das steigert sich noch einmal für all jene, die Haus, Grundstück oder Mietwohnungen besitzen; die eigene Finanzverwaltung etwa bei Aktienbesitz oder anderen Geldgeschäften beschäftigt längst viele Menschen auch privat. Das Ziel ist immer: Das eigene Vermögen soll mehr werden. Das Renditedenken hat die privaten Kalküle durchdrungen.

Trotz Balzacs innerer Allianz mit dem alten Adel zeigen seine Beschreibungen der aristokratischen Verhaltensweisen, wie hohl diese nach der Abschaffung des Feudalsystems geworden sind. Übernommen werden viele dieser Attitüden vom aufsteigenden Bürgertum, das sich damit nach und nach als die gesellschaftlich dominierende Schicht zeigt. Hier allerdings wirken diese Verhaltensweisen als aufgesetzt und manchmal auch als kleinbürgerlich lächerlich. Was sich in der Übernahme des Verhaltens zeigt, ist der Wunsch, nach außen hin ›etwas‹ sein oder darstellen zu wollen – etwas, was man (noch) nicht ist, oder bei dem man zumindest noch ›eins draufsetzen‹ möchte. Über Geld zu verfügen hat erst dann einen Wert, wenn man den Geldbesitz auch sichtbar machen kann, selbst wenn gilt, dass man über Geld nicht spricht.

Während es in der feststehenden feudalen Ordnung den Mächtigen vorrangig darum ging, den Besitz zu sichern und stabil zu halten, tritt unter dem rasanten gesellschaftlichen Wandeln nach den Revolutionen von 1789 und 1830 die Haltung ein, das eigene Vermögen stetig zu erhöhen, was unter diesen Bedingungen vergleichsweise einfach war. Die Wachstumsideologie durchdrang nun alles. Die gesellschaftlichen Veränderungen stellten sich als Verdienstmöglichkeiten dar. Die Theorie des Wirtschaftsliberalismus rechtfertigte dies, überhaupt war der Liberalismus immer allem voran ein *Wirtschafts*liberalismus. Die volle persönliche Freiheit des Einzelnen war für die Ärmsten der Armen nie gemeint. Sowohl das aktive als auch das passive Wahlrecht etwa waren in jenen Jahrzehnten an Besitz und Steuerleistung gebunden – und natürlich noch viele Jahrzehnte lang ans männliche Geschlecht.

Zur entscheidenden Machtkomponente wird die Teilhabe an Geldflüssen. Politische Entscheidungen sollen dies sichern. Die Mächtigen im Wirtschaftssystem erwarten von staatlichen Institutionen, in Ruhe gelassen zu werden bei ihren Geschäften oder besser noch jene Rahmenbedingungen zu schaffen, die für ihren wirtschaftlichen Erfolg notwendig erscheinen: Einschränkungen von Arbeitnehmerrechten oder günstige Zugänge zu Märkten und Rohstoffen bis hin zum entsprechenden Besitz von Landflächen in unterworfenen Ländern (Kolonialisierng). Auch der ›Investor‹ wird in jener Zeit erfunden. Allein das Verschieben von Geldsummen in egal welches Geschäft sorgt für enorme Gewinne. Eine direkte *produktive* Leistung findet hier gar nicht mehr statt. Im Gegenteil: Nun wird erkannt, dass eine Insolvenz sogar zum eigenen Reichtum beitragen kann.

Balzac führt in dem Baron de Nucingen eine solche Figur vor *(Das Bankhaus Nucingen)*. Nach einem seiner Schachzüge sagt er über eine geschädigte und verarmte Figur, die er auf einem Spaziergang mit einem Minister von Weitem sieht: »Das sind Leute, bei denen es mir unmöglich war, ihnen ein Vermögen zu beschaffen.« Und weil die Gerüchte an der Börse sehr geschickt vom juristischen System gedeckt werden, fügt in der Erzählung eine der Figuren hinzu: »Die Gesetze sind Spinngewebe, durch die die großen Fliegen hindurchschweben, während die kleinen hängen bleiben.« Der Geldverkehr wird zum zynischen Spiel mit den Mitmenschen.

Im Rocher de Cancale in Paris (Rue Montorgeuil) wird in der *Menschlichen Komödie* so manches moralisches Vergehen ausgeplaudert.

Zum Geltungsbedürfnis der Bürgerlichen gehörten dann auch die Übernahme des Titels der Pairswürde, wenn auch schließlich nicht mehr an den (ersten) Sohn vererbbar. Dazu kam das Bemühen der Männer, sich das Band der Ehrenlegion (vergleichbar dem Bundesverdienstkreuz) zu verschaffen, eine Erfindung Napoleons. Es wurde am Revers getragen, was wiederum die Übernahme einer militärischen Tradition ins Zivilleben bedeutete. Der Bürger und die Bürgerin sind endgültig das zivile Heer der neuen Ordnung.

Geld, Gier, sozialer Aufstieg –
die neue Funktionalisierung
des Mitmenschen

Die Auflösung der Feudalstrukturen hob standesrechtliche Beschränkungen auf, lockerte die Bedingungen für handwerkliche und gewerbetreibende Betriebe, erweiterte so die Möglichkeiten der Erwerbstätigkeit und bot damit jeder Familie und jeder einzelnen Person völlig neue Gelegenheiten dafür, das eigene Einkommen zu erhöhen – wenn auch nicht für Frauen (siehe dazu das Kapitel ›Rigide Geschlechterstereotype und ihre allmähliche Aufweichung‹). Es entstand eine Goldgräberstimmung auf den Gräbern jener, die das Gold zuvor besessen hatten. Aber wenn jeder seines eigenen Glückes Schmied ist, dann wird der Mitmensch zum Eisen, das geschlagen werden muss.

Nach der Befreiung aus der jahrhundertelangen Ausbeutung und Knechtung durch die Besitzenden und ihre festgeschriebenen Privilegien wurden so Besitz und Vermögen umverteilt. Allerdings heißt das natürlich nicht, dass nun jeder und jede etwas abbekam. Im täglichen Kampf ums Überleben und um Einkünfte galt es für die meisten immer noch, den Kopf über Wasser halten zu müssen, auch wenn ihr Blick zum Ufer von Eldorado gerichtet blieb. »Was haben wir davon, dass wir die Herrschaft des Adels zerstört haben, wenn sie durch die Herrschaft der Reichen ersetzt wird?«, hat der Revolutionär Jean Paul Marat geschrieben. Weiterhin gab es die Starken und die Schwachen. Insbesondere das bereits besitzende Bürgertum verstand es, sich sehr erfolgreich in die neuen Geldflüsse zu stürzen und durchaus auch schon mal aktiv nachzuhelfen, wenn es darum ging, einen anderen auszustechen, wenngleich das nicht ungefährlich war in jenen Jahrzehnten, in denen die neue, moderne europäische Gesellschaftsform in den Geburtswehen lag.

War es schon unmittelbar in den Jahren nach 1789 riskant gewesen, allzu offensiv und eindeutig Partei zu ergreifen und sich aktiv in politische Kontroversen zu begeben, um eigene Vorteile zu erreichen, weil man schnell zur jeweiligen, vermeintlich die innere Sicherheit gefährdenden Opposition gerechnet werden und damit sogar unter dem Fallbeil enden konnte, so konnten auch in den anderthalb Jahrzehnten unter Napoleon die mal offenen, mal unterschwelligen Konkurrenzen und Intrigen Existenzen ruinieren. Bei den eigenen Bemühungen um Einnahmequellen gab es schnell einen Konkurrenten, der wusste, dass man selbst noch vor wenigen Jahren, vielleicht sogar erst vor Monaten zu der nun in Ungnade gefallenen politischen Richtung gehalten hatte.

Die *Menschliche Komödie* ist voll von Figuren mit solchen Biografien. Aber nicht nur das, die Familie Balzac selbst war ebenfalls davon betroffen gewesen, denn nach der Revolution hatte man in Tours ein enteignetes Haus und das entsprechende Grundstück erwerben können, nicht zuletzt mit Unterstützung jenes Generals de Pommereul, den Honoré im Herbst 1828 für seine Recherchen zu dem Roman *Die Königstreuen* nutzte. Als de Pommereul jedoch in Tours seine Macht verlor und nach Fougères umsiedelte, erlebten auch die Balzacs heftigen Gegenwind, sodass sie sich gezwungen sahen, das Haus wieder zu verkaufen. In jenen Jahrzehnten wechselten Besitz und Vermögen schnell mal den Eigentürmer.

Kriminelle Energien in der Geschäftswelt

Der Baron de Nucingen ist ein Meister darin, sich anderer Leute Geld anzueignen, auch indem er bis in die Insolvenz geht, um dabei Gewinne zu machen. Da die Banker und Investoren ganz besonders auf ihn schauen, weil sie ihn im Erkennen von Gewinnmöglichkeiten für so raffiniert halten, fallen sie gelegentlich auch auf ihn herein. Er deutet ein Desinteresse an einem Geschäft an, wodurch auch die Konkurrenz zurückhaltend bleibt. Dadurch bleibt der Preis für ein Spekulationsobjekt niedrig oder sinkt sogar, sodass er dann schließlich zuschlägt. Er kauft zu Tiefstpreisen. Eine andere Strategie ist, so zu tun, als ob er selbst in wirtschaftlichen Schwierigkeiten wäre, wodurch sich Konkurrenten in Position bringen, um die entsprechenden Vermögensanteile günstig zu erwerben. Dieses Interesse wiederum lässt beispielsweise Aktienwerte, die er besitzt, wegen der neuen Nachfrage steigen. Solche Spiele treibt er bis zu Insolvenzen, bei denen er Vermögenswerte sinken lässt, um sie mittels Strohmännern wieder aufzukaufen – die anschließenden Gewinnmargen sind umso höher. Davor wird auch schon mal rechtzeitig eine Gütertrennung mit seiner Gattin Delphine vereinbart, damit nicht der falsche Besitz in die Insolvenzmasse gerät.

Balzac hat diese Wirtschaftsspiele, bei denen es stets darum geht, andere Menschen zu übervorteilen und hinters Licht zu führen, sehr genau erkannt, also bereits in dieser Frühzeit des Kapitalismus. Das ganze Schlussstück von *Cäsar Birotteaus Größe und Niedergang* ist die Beschreibung des Ruins einer Figur, die diese Machenschaften eben nicht durchschaut hat und allzu naiv an die Ehrlichkeit der beteiligten Geschäftsleute glaubt.

Dass hinter vielen wirtschaftlichen Erfolgen nicht zuletzt Betrügereien stecken, ist heute nur allzu offensichtlich. Manchmal handelt es sich um eine Vorteilsnahme oder zumindest um eine Art kaufmännisches Mimikry, wenn ein Geschäftsmann so tut ›als ob‹, etwa um Preise hochzutreiben oder auf hohem Niveau zu halten. Preisentwicklungen sind bekanntlich keine Naturgesetze, sondern von Interessenlagen bestimmt. Balzac situiert eine solche Kaufmannsfigur durchaus auch mal in der Provinz, in *Eugénie Grandet* etwa in Saumur:

»Monsieur Grandet flößte also jene ehrerbietige Hochachtung ein, auf die ein Mann Anspruch hat, der niemandem jemals irgendetwas schuldig geblieben war und der als alter Böttcher und alter Winzer mit der Genauigkeit eines Astronomen präzise vorausberechnete, ob er für seine Ernte tausend Ohmfässer oder nur fünfhundert anfertigen lassen musste; dem nicht eine einzige Spekulation fehlschlug; der immer Fässer zu verkaufen hatte, wenn das Fass mehr wert war als die zu lesende Ernte, der seine Ernte in den Weinkellern lagern lassen und bis zu dem Moment warten konnte, bis sich sein Ohmfass für zweihundert Francs

verkaufen ließ, während die kleineren Weinbauern ihre
für fünf Louis [hundert Francs] hergegeben hatten.«

Und es heißt über ihn:

>»Was sein Kapital betraf, so konnten lediglich zwei
Personen dessen Größe ungefähr abschätzen: die eine
war Monsieur Cruchot, der mit Monsieur Grandets
wucherischen Geldanlagen beauftragter Notar; die andere war Monsieur des Grassins, der reichste Bankier
von Saumur, an dessen Spekulationen sich der Winzer
nach seinem Gutdünken heimlich beteiligte.«

Häuser aus der Zeit Balzacs in Saumur, gleich am Place Saint-Pierre, hier situiert
Balzac *Eugénie Grandet.*

Auch César Birotteau ist keineswegs nur ein Opfer kapitalistischer Hintertriebenheit. Nicht nur, dass er von seinem Haarwasser behauptet, es verhindere den fortschreitenden Haarausfall, er und sein Schwiegersohn haben auch erkannt, dass es sich lohnt, Werbung in Zeitungen zu platzieren. In einer sich in so rasantem Wachstum befindenden Stadt wie Paris wurde es förderlich, Produkte sehr weiträumig zu bewerben. Das Firmenschild über der Ladentür reichte nicht dafür aus, die potenziellen Umsätze einer riesigen Stadtbevölkerung zu realisieren. Längst war das Verkaufen eine aktive Tätigkeit geworden. Émile Zola wird in *Ein feines Haus* und insbesondere in *Das Paradies der Damen* die anschließenden Schritte des kapitalistischen Verdrängungswettbewerbs darstellen – heute hat der Internethandel dies auf ein weltweites Niveau gehievt. Auch diese Dynamik hat Balzac vorausgesehen, denn in *Verlorene Illusionen* nutzt er seine Erfahrungen als (gescheiterter) Unternehmer mit einer Druckerei und Schriftgießerei zu der Beschreibung, wie die kleine Druckerei von David Séchard in Angoulême nach und nach ihre lokalen Druckaufträge verliert, weil eine Großdruckerei mit neuen Produktionsmöglichkeiten sie ständig unterbietet.

Birotteau und Anselme Popinot (zunächst lediglich sein Gehilfe, dann sein Schwiegersohn) haben die Macht erkannt, die die Zeitungen als Werbemedium besitzen. Popinot zeigt sich in dieser Sache als äußerst raffiniert – Balzac wird ihn bis zum Minister mit Pairswürde aufsteigen lassen. Popinot setzt zunächst alles daran, dass die Zeitungen über das berühmte Haaröl ›Huile Céphalique‹ berichten, und bezahlt auch einen Journalisten (Andoche Finot) dafür, der sich sogar in eine Zeitung einkauft, um die entsprechende Macht über die Berichterstattung zu bekommen. Vom lancieren Bericht war es dann nur noch ein kleiner Schritt zur bezahlten Zeitungsannonce, sobald den Zeitungen bewusst wurde, welche Umsatzmöglichkeiten darin schlummerten. Irgendwann werden für Zeitungen und Zeitschriften die Werbeerlöse wichtiger als der Absatz ihrer Druckauflage.

Doch Birotteau und vor allem Popinot haben noch mehr erkannt. Jedes einzelne Marketinginstrument wird noch wirkungsvoller, wenn es mit anderen Instrumenten kombiniert wird. Eine Mischung aus Werbung und Verkauf ermöglicht zum Beispiel die neu entstehende Berufsgruppe der Handelsreisenden. Diesen Typus hat Balzac mit der Figur des Gaudissart *(Der berühmte Gaudissart)* beschrieben. Handelsreisende werden zum verlängerten Arm der städtischen Firmen hinein in die Provinz. Aktives Verkaufen versteht sich dabei nicht als etwas, womit ein Produkt lediglich vorgestellt wird, nein, es bedeutet, den Kundinnen und Kunden zu vermitteln, dass sie das Produkt *brauchen.*

Gaudissart verkauft Haarwasser, Hüte, aber auch Zeitungsabonnements und würde auch sonst alles in seinem ›Koffer‹ mitnehmen, was zum ›Artikel Paris‹ gehört, vielleicht sogar Feuerversicherungen. Vorrangig reist er von der Hauptstadt bis in die Touraine.

> »Geht es nicht darum, durch rein intellektuelle Operationen das in der Provinz vergrabene Gold aus den Verstecken herauszuholen, schmerzlos herauszuholen? [...] Sprechen, sich Gehör verschaffen, heißt das nicht verführen? [...] Er [Gaudissart] konnte als Verwaltungsexperte beim Unterpräfekten, als Kapitalist beim Bankier, als gläubiger, monarchistischer Mann beim Royalisten, als Bürger beim Bürger auftreten; kurz, er war überall das, was er sein musste, er ließ Gaudissart vor der Tür stehen und nahm ihn beim Weggehen wieder mit. [...] Da die verschiedenen Branchen sich an den größeren Teil der menschlichen Wünsche wendeten, war ihm die Möglichkeit gegeben, alle Faltungen des Herzens zu beobachten; das hatte ihm die Geheimnisse seiner verlockenden Redegewandtheit gelehrt, die Art, auch die verschlossensten Schnüre der Geldbeutel zu öffnen, die Launen der Frauen, der Ehemänner, der Kinder, der Dienstboten zu wecken und sie dazu zu bringen, sie sich zu erfüllen.«

Balzac macht den ›Gaudissart‹ schließlich zur Bezeichnung eines jeden Handelsverkäufers und sieht die beruflichen Eigenschaften im Handel sich zunehmend generalisieren. In der Erzählung *Gaudissart II* (deutsch auch *Noch ein Gaudissart*) führt er die Strategien von Einzelhändlern vor. Zum Beispiel diese Argumentation, mit der ein Verkäufer einer wählerischen englischen Kundin einen Schal zu verkaufen versucht:

»Es ist einer der sieben Schals, die Selim [Selim III., 1761–1808, türkischer Sultan und zwischenzeitlich Verbündeter von Frankreich] vor seinem Untergang Kaiser Napoleon schickte. Die Kaiserin Josephine, eine Kreolin, wie Mylady wissen, und sehr launenhaft, hat ihn getauscht gegen einen vom türkischen Botschafter mitgebrachten Schal, und mein Vorgänger hat ihn gekauft; aber es gelangt mir nie, einen angemessenen Preis dafür zu erlangen, denn unsere Damen in Frankreich sind nicht reich genug, es ist nicht wie in England [...]. Dieser Schal kostet siebentausend Francs, die gewiss infolge der angesammelten Zinsen [!] vierzehn- oder fünfzehntausend wert sind [...].« Oder auch diese Strategie für Waren, die sich nur schwer verkaufen lassen: »Dieser hier, Madame, ist sehr vorteilhaft, er ist apfelgrün, die Modefarbe, aber die Mode wechselt, während dieser hier [der schwarze oder weiße, der dringend verkauft werden muss], an dem kein Vergehen ist, zu allem passt.«

Dass die potenzielle Verzinsung eines ursprünglich eingesetzten Kapitals auf den Verlaufspreis durchschlägt ausgerechnet bei Ladenhütern, das ist schon eine ›pointierte‹ Argumentation.

Diebstahl unter Familienmitgliedern, Erbschaften und andere familiäre Kriege

Selbstverständlich haben eheliche und weitere familiäre Verbindungen fast immer auch wirtschaftliche Funktionen. Hatte sich der Adel im Feudalsystem über Verheiratungen – bei denen die Verheirateten selten wirklich mitentschieden – wechselseitig stets in seiner gesellschaftlichen Macht stabilisiert, folgte sowohl im besitzenden Bürgertum als auch in den bäuerlichen oder ärmeren Kreisen die Wahl der Ehepartner ebenfalls wirtschaftlichen Überlegungen, und sei es auch nur, um durch die Heirat eine zusätzliche Arbeitskraft hinzuzugewinnen oder um eine Esserin weniger zu haben.

Mit der zunehmenden Individualisierung setzt allerdings auch ein Prozess ein, durch den der Einzelne zu einer isolierten

Wirtschaftseinheit wird. Jeder rechnet für sich. Das kann in Familien mit harmonischen Beziehungen zum klugen Win-win-Denken führen. Wo allerdings irgendwann Ehekämpfe beginnen und gegenseitige Antipathie große Gegensätze zutage treten lässt, bildet die egoistische Interessendurchsetzung den Krieg ›Jeder gegen jeden‹ auch in Familien. Jetzt beginnen Ehepartner eigenes Vermögen vor dem anderen geheim zu halten oder versuchen, ihm eine zustehende Beteiligung an Werten vorzuenthalten.

Auch bei diesem Thema dürfte Balzac die Zeit in den Notarbüros wichtige Einsichten vermittelt haben. Dieser hoch verrechtlichte Bereich, die Ehe, führte die Ehepartner jedenfalls schnell in die Kanzleien der Juristen. Zwar finden sich in der *Menschlichen Komödie* durchaus Juristen, die noch versuchen, so etwas wie Gerechtigkeit walten zu lassen, schon bald aber wird es im juristischen System nicht mehr um Wahrheit, Gerechtigkeit oder auch nur Fairness gehen, sondern um Machenschaften in einer eigenen Sprache und mit eigener Argumentationslogik, die nur noch von diesen Spezialisten untereinander beherrscht werden. Nicht nur mit ihrem eigenen Geschäft wollen Juristen nun aber Geld verdienen, Balzac zeigt an so manchen dieser Figuren in juristischen Positionen, dass sie an zusätzliche Gewinne zu kommen versuchen. Die Teilhabe an Investitionsgeschäften, am Aktienhandel oder auch nur die Funktion, als Strohmänner für Geschäftsleute zu dienen, lässt sie stets mitverdienen sowie wirtschaftlich und im sozialen Ansehen aufsteigen.

Am tragischsten hat Balzac einen solch ehelichen Kampf in *Oberst Chabert* dargestellt. Chabert kommt nach einer schweren Verwundung körperlich zwar halbwegs genesen, aber erst sehr spät und mit bleibenden Beeinträchtigungen aus einem der Napoleonischen Kriege zurück, nachdem er bereits in einem Massengrab verscharrt gewesen war. Chabert, schwer gezeichnet von seiner Verletzung, muss feststellen, dass ihn seine Frau nicht nur verleugnet und behauptet, diesen Mann nicht zu kennen, sondern dass sie sich längst auch mit dem gemeinsamen Vermögen neu verheiratet hat. Sie ist inzwischen Gräfin de Ferraud, eine soziale Position, die sie auf gar keinen Fall wieder verlieren will, schon gar nicht mit der Konsequenz, fortan mit einem so unattraktiven und deplatziert wirkenden Ehemann an ihrer Seite zu leben – er ist ein Vorläufer des Beckmann in Wolfgang Bocherts Text *Draußen vor der Tür*.

Was Balzac in diesem Text als Ausnahmesituation schildert, ist lediglich ein Extrempunkt in einer langen Reihe familiärer Wirtschafts- und Prestigekriege, in denen die geschilderten Verhaltensweisen nicht weit davon entfernt sind, gegebenenfalls auch ›über eine Leiche‹ zu gehen. Balzac hat sich für alle Arten dieser privaten ›Kriege‹ interessiert. In *Die Entmündigung* verdichtet er das Thema ›Das Geld der anderen‹ in besonderer Weise. In dem Dialog, mit dem die Erzählung beginnt, geht es um das Heiraten, die Liebe und die damit verbundenen wirtschaftlichen Interessen. Im Zentrum der Erzählung steht, dass die Marquise Jeanne-Clementine d'Espard ihren Ehemann zu entmündigen versucht, indem sie ein juristisches Verfahren anstrengt und darin erklärt, er sei nicht mehr im Vollbesitz seiner geistigen Kräfte. Die Marquise gehört zu den häufig in der *Menschlichen Komödie* auftretenden Figuren. Sie ist eine geborene de Blamont-Chauvry, vermögend und sehr auf eine repräsentative Selbstdarstellung bedacht. Zudem ist sie sehr attraktiv und in der Konkurrenz mit anderen schönen Frauen skrupellos.

Eine große Kränkung hat sie erlebt, als ihr Ehemann eine fatale Entdeckung machte, nämlich dass sein eigener familiärer Reichtum einer unrechtmäßigen Enteignung einer anderen Familie entsprang. Mit diesem Makel kann er nicht leben und beschließt, das Geld nach und nach zurückzuzahlen. Er bittet seine Frau, mit ihm fortan eine einfache Lebensweise zu führen, um den Sohn der enteigneten Familie unterstützen zu können. Das lehnt die Marquise entschieden ab, woraufhin ihr Mann sie verlässt und gemeinsam mit den Kindern in eine Wohnung umzieht (statt in einem Haus zu leben). Diese Kränkung und der Verlust eines Teils ihres gemeinsamen Reichtums treibt sie so um, dass sie schließlich ihren Mann für geistig verwirrt erklären lassen will, um sein Vermögen wieder übernehmen zu können – unter anderem, so argumentiert sie, gefährde er die Zukunft der eigenen Kinder, nämlich durch den finanziellen Verzicht zugunsten fremder Kinder.

In gewisser Weise gekontert wird diese Haltung durch den Rahmendialog, in dem Eugène de Rastignac seinem Freund Horace Bianchon bekennt, sich aus zwei Gründen für die Marquise zu interessieren: zum einen weil sie ihm jünger erscheint als seine Geliebte Delphine de Nucingen, die inzwischen immerhin sechsunddreißig sei, zum anderen aber wegen ihres großen Vermögens, denn, so Rastignac:»Schließlich würde sie mich in die Lage versetzen, meine Schulden bezahlen zu können.«

Solche Ehe- und Familienkämpfe erhielten einen Teil ihrer Dynamik aus den damaligen gesetzlichen Ehebedingungen – *Die Entmündigung* spielt 1828 unter der Restauration –, die zwar den Ehefrauen eigenes Vermögen zubilligten, die ›Verwaltung‹ des ehelichen Vermögens lag aber allein in den Händen des Mannes. Frauen waren also stets auf der Hut und aufmerksam, wofür ihr Mann Geld ausgab, und da Frauen zudem viele Zugänge zu gesellschaftlich relevanten Bereichen wie Unternehmen oder auch Wissenschaft versperrt waren, speiste sich gerade in Adel und besitzendem Bürgertum das Selbstwertgefühl der meisten Frauen aus rein repräsentativen Aufgaben sowie aus dem äußerlichen Auftreten und Ansehen, wie auch aus dem damit verbundenen Konsumverhalten.

Immer wieder sind es in der *Menschlichen Komödie* Mütter mit ihren Töchtern, die versuchen, über die Verheiratung der Töchter an Geld zu gelangen, entweder um überhaupt wieder an Vermögen zu kommen oder um drückende Schulden ausgleichen zu können. Auch hier lagen rechtliche Bedingungen zugrunde, denn Männer konnten ihre Ehefrauen und Kinder viel leichter verlassen als Frauen ihre Männer. Auch verwitwete Frauen besaßen oft kein absicherndes Einkommen.

In *Der Ehekontrakt* sind es Mutter und Tochter Évangélista, die den naiven, aber vermögenden Paul de Manerville hinters Licht führen und ausnehmen. Er persönlich verliert nach und nach immer mehr Besitz, weil er Madame Évangélista seine Finanzverwaltung überlässt. Während er im Überseehandel mit Kolonialwaren wieder zu mehr Geld kommen will und dafür zu einer langen Reise nach Indien aufbricht, muss er durch einen Brief erkennen, dass es gerade seine Schwiegermutter ist, die sich, auch durch Strohmänner, einen großen Teil seines Besitzes gesichert hat. Ein Ruin ist eben stets auch nur ein Besitzerwechsel.

Während sich unter der ungleichen Rechtssituation von Mann und Frau die Männer sehr leicht bereichern konnten, waren die Frauen in vielen Konfliktfällen juristisch auf verlorenem Posten. Sie brauchten deshalb oft Hintertüren, um sich Vermögenswerte zu sichern. Wo die Finanzkraft mit den daraus resultierenden Konsummöglichkeiten so sehr das Prestige eines Menschen ausmacht, gleichzeitig jedoch so viele Rechtsungleichheiten existieren, da bleibt den Benachteiligten nicht viel anderes übrig, als nach Schlupflöchern zu suchen.

Anastasie de Restaud, geborene Goriot, lebt weit über ihre finanziellen Mittel hinaus ein auffälliges und aufwendiges Leben. Als sie sich auch noch auf Wechselgeschäfte zugunsten ihres Geliebten Maxime de Trailles einlässt, zieht sich die Schlinge um ihren Hals immer enger. Längst braucht sie einen Geldverleiher, den Wucherer van Gobseck, um flüssig zu bleiben und größeren Schaden abzuwenden. Mehrmals gibt sie Gobseck kostbaren Schmuck, auch Teile aus dem Familienschmuck ihres Mannes. Als dieser das Ausmaß der Verschwendung und der Verschuldung erkennt, setzt er – inzwischen schwer erkrankt – einen Vertrag auf, der seinem Sohn den verbliebenen Familienbesitz überschreibt. Doch aufgrund bestimmter Indizien ahnt die Mutter diese Regelung. Sie unternimmt alles, um dieses Vertrages habhaft zu werden und ihn vernichten zu können (ich komme am Ende des Kapitels darauf zurück).

»Kaum hatte der Graf den letzten Atemzug getan, als seine Frau alle Schubladen und den Sekretär aufgebrochen hatte, überall war der Teppich mit Trümmern bedeckt, einige Möbelstücke und Kästen waren zerbrochen, alles verriet den Eingriff ihrer dreisten Hände. [...] Die Leiche des Grafen lag zwischen Bett und Wand, fast quer, mit dem Gesicht zur Matratze, verächtlich weggeschoben wie einer der Papierumschläge, die auf dem Boden lagen, denn auch sie war ja nur noch eine leere Hülle.«

Interessant ist, dass Balzac wirtschaftlich ruinierte Männer öfter nach Übersee gehen lässt, wo sie im Handel wieder zu Vermögen zu kommen hoffen. Wer also im harten französischen Wirtschaftskampf, der oft gekoppelt ist mit privaten Fehden, nicht hat mithalten können bzw. von anderen über den Tisch gezogen wurde, sucht sein Heil in einer anderen Form der Ausbeutung, im Kolonialwarenhandel. Es ist übrigens bezeichnend, dass Napoleon ab 1799 nicht nur einige revolutionär durchgesetzte Frauenrechte beschnitt, er sprach auch den Sklaven in den französisch besetzten Überseegebieten die allgemeinen Menschenrechte wieder ab.

Bürgerliche Kleinfamilie und
intergenerationale Ungebundenheit

Dass in kapitalistischen und gleichzeitig hochindividualisierten Gesellschaften die Gier nach Reichtum schließlich kein Ende mehr finden wird, hat Balzac bereits Ende der 1820er-Jahre erkannt und in Szene gesetzt. Neben vielen kürzeren und längeren Erzählungen wie *Gobseck* oder *Die Entmündigung* sind es ganz besonders die Romane *Vater Goriot, Die Beamten, Cäsar Birotteaus Größe und Niedergang* sowie *Die Kleinbürger*, die die Geldversessenheit und die Geltungssucht der Bürger und Bürgerinnen zum Thema machen.

Vater Goriot war der erste Roman, den Balzac bewusst konzipierte für seine Idee eines literarischen Zyklus. In ihm – für Balzac selbst waren Reichtum und der Wunsch nach hoher sozialer Anerkennung zeitlebens eine gewaltige Motivation – hat er die Themen der Geldgier und der Aufstiegsabsichten eng verknüpft. Jean-Joachim Goriot, der Vater von Anastasie (verheiratete de Restaud) und Delphine (verheiratete de Nucingen), hatte sich in den Wirren nach der Revolution als Nudelfabrikant mit völlig überteuerten Produkten ein kleines Vermögen gesichert. Während er nach seiner erfolgreichen Karriere als Fabrikant keinen anderen Wunsch mehr gehabt hatte, als seine beiden Töchter mit einer hohen Mitgift auszustatten, damit sie in den Adel einheiraten konnten, verflachte gesellschaftlich jedoch ein solches elterliches, familiäres Bestreben zunehmend. Goriot ist längst umgeben von jenen Figuren, die ausschließlich auf den *persönlichen* Reichtum fixiert sind, ein Aufsteigen der Familie stellt sich eher als sekundärer Effekt ein, wobei eine hinreichende Mitgift für die Töchter auch dem eigenen Ansehen förderlich ist.

Balzac hat das Thema stark konturiert. Die Töchter Goriots und ihre Familien, den jungen Eugène de Rastignac, den Wucherer van Gobseck und auch den kriminellen, hochkorrupten Vautrin (alias Collin und Herrera) wird Balzac in den folgenden Jahren über viele Texte hinweg in immer engere Verbindungen bringen. Ihre Aufstiege und manchmal auch ihren Fall können wir mitverfolgen. Sie alle repräsentieren das Aufstreben nach Reichtum. Sie alle treibt nur eins an: Geld.

In *Vater Goriot* wird der Verlust an familiärer Orientierung und Eingebundenheit an diesen und weiteren Figuren sichtbar. Mal sind es Eltern (oder andere enge Verwandte), die sich um das Wohlergehen der nächsten Generation nicht scheren, dann wieder sind es die Kinder, denen das Leben und Auskommen der (alt werdenden) Eltern völlig gleichgültig sind. Die ›Vereinzelung des Einzelnen‹ der modernen europäischen Gesellschaft hat eingesetzt.

Das südliche Ende der Rue Tournefort (ehemals die Rue Neuve-Sainte-Geneviève), in der Vater Goriot seine letzten Monate verbingt.

Die Töchter Goriots sind äußerst attraktiv und begehrenswert und haben reichlich Geld mit in ihre Ehen gebracht. Beide verkehren jetzt in Adels- und Geldkreisen. Beide lassen sich ihr Leben und die Selbstdarstellung ›in Gesellschaft‹ viel kosten, zu viel. Regelmäßig erscheinen sie ›in cognito‹ bei ihrem Vater in der ärmlichen Pension Vauquer in der Rue Neuve-Sainte-Geneviève (die heutige Rue Tournefort), um von ihm Geld zu erbitten. Der allzu gutmütige Vater gibt letztlich alles her, was er noch flüssig machen kann. Da ansonsten beiden Damen der eigene Vater in der Öffentlichkeit recht peinlich ist, zumal er in seinem ärmlichen Äußeren inzwischen eher einem

Obdachlosen gleicht, verleugnen sie ihn und bitten ihn, höchstens mal durch den Bediensteteneingang zu Besuch zu kommen und sich in der Küche aufzuhalten. Als ihr Vater am Ende stirbt, erscheinen beide nicht zur Beerdigung, sondern lassen ihre Kutschen leer im Trauerzug mitfahren. »Als die Zitrone ausgepresst war«, so sagt eine Figur im Text, »warfen seine Töchter die Schale in die Gosse.«

Der Beginn der Moderne kann als jene Zeit verstanden werden, in der die Menschen lernten, nicht nur zu rechnen, sondern sogar Buchhaltung zu betreiben. Historiker konnten zeigen, in welch desaströser Weise im Feudalsystem mit Budgets umgegangen und in welch dilettantischer Art eine Buchhaltung und Haushaltsführung betrieben wurden. Das war auch der Grund dafür gewesen, warum im Jahr 1789 die Generalstände in Versailles zusammengerufen worden waren, nämlich um die wieder mal völlig daniederliegenden Staatsfinanzen zu sanieren. Da es zur Sanierung einmal mehr um eine Steuererhöhung gehen sollte, die in erheblichem Maß den niederen Adel und das vermögende Bürgertum getroffen hätte, war deren Widerstand sehr groß. Das Bürgertum selbst, jahrhundertelang standesrechtlich auf den Handel festgelegt, hatte hingegen längst ein solides, kaufmännisches Rechnen erlernt und zudem die verschwenderischen, längst dekadent lebenden Adels- und Königshäuser durchschaut. Akribisch führten viele Bürgerhäuser Buch über Einnahmen und Ausgaben, sodass sie ihre Finanzen im Griff hatten – die schließlich sprichwörtliche ›Sparsamkeit‹ des Bürgertums inbegriffen.

Die neuen Einkommensmöglichkeiten allerdings verführen bei Balzac immer wieder Figuren dazu, um des Aufstiegs willen mehr zu riskieren – verleitet werden sie häufig von jenen, die noch besser ›rechnen‹ gelernt haben, nämlich jene, die als Spekulanten oder Investoren wissen, dass es immer dort etwas zu verdienen gibt, wo andere etwas verlieren. Der Geldkreislauf ist bekanntlich ein Nullsummenspiel. Und damit andere verlieren, streuen sie auch schon mal Gerüchte, zum Beispiel an der Börse, um selbst Gewinne einstreichen zu können.

Ein von Balzac ausführlich dargestellter Niedergang ist der des schon angesprochenen Parfümherstellers César Birotteau, dessen Geschäft boomt, doch César möchte mehr als das; er möchte in andere Kreise aufsteigen.

Es ist ein Uhr in einer Winternacht, als Frau Birotteau auf-schreckt und feststellt, dass ihr Mann nicht mehr neben ihr liegt. Allerlei Befürchtungen treiben sie aus dem Bett, doch sie findet ihren Mann im Nebenzimmer. Er steht im Schlafrock da, vor Kälte rote Beine, und fuchtelt in der Luft mit einer Elle messend herum. Seine Frau weiß nicht recht, ob sie belustigt oder erschreckt sein soll. »Mein Gott, César, wie komisch du aussiehst.« Da nun seine Frau zu frieren beginnt, er hingegen die Kälte gar nicht spürt, holt er ihr ihren flanellenen Unter-rock: »Hier, Liebes, zieh ihn an«, und dann, wie schon erwähnt: »Zweiundzwanzig mal achtzehn«, spricht er vor sich hin, »wir können einen prachtvollen Salon haben.«

Constance versteht nicht, wovon ihr Mann redet. »Träumst du?« Sie besitzen keinen Raum, der als Salon und für Emp-fangsabende ausgestattet ist. »Nein, liebe Frau, ich rechne.« Endlich beginnt er zu erklären, denn er will einen Ball geben: »Hör zu, es ist nötig, immer so zu handeln, wie es die eigene Stellung verlangt.« Nun verrät César seiner Frau als Erster, dass ihm das Kreuz der Ehrenlegion überreicht werden wird. Warum, das weiß er selbst nicht so genau, aber er mutmaßt, es habe damit zu tun, dass er immerhin Royalist sei und beim royalisti-schen Aufstand vom Oktober 1795 – der unter dem Komman-do von Napoleon, damals noch einfacher General, niederge-schlagen wurde – immerhin sogar an der Kirche Saint-Roch eine Verwundung davongetragen habe. Außerdem ist er bereits Handelsrichter und Beigeordneter. »Oh«, stimmt seine Frau nun zu, »dann müssen wir wirklich einen Ball geben.«

Allerdings bleibt sie ängstlich. Als César ins Schwärmen darüber kommt, dass er nun auch sein Geschäft verändern wol-le, fragt sie, womit das alles bezahlt werden soll. Césars Pläne lauten:

»Jetzt hör mir gut zu: Alexandre Crottat ist für uns wie gemacht als Schwiegersohn, und er wird Roguins Kanzlei übernehmen; aber glaubst du denn, dass er sich mit einer Mitgift von hunderttausend Francs be-gnügen wird? (Das hieße: Wir geben unserem Kind unser ganzes flüssiges Vermögen für die Heirat mit, was durchaus meine Absicht ist. Ich will ja gern den Rest meiner Tage trocken Brot essen, wenn ich sie nur glücklich wie eine Königin sehe, als die Frau eines Pariser Notars, wie du sagst.) Na schön, hunderttausend und erst recht achttausend Francs Zinsen genügen aber nicht, wenn man Roguins Kanzlei kaufen will. Dieser kleine Xandro, wie wir ihn nennen, hält uns wie manch anderer für viel reicher, als wir wirklich sind. Wenn sein Vater, der dicke Pächter und alte Geizkragen, nicht für hunderttausend Francs Land verkauft, dann kann Xandro nicht Notar werden, denn Roguins Kanzlei ist vier- bis fünfhunderttausend Francs wert. Wenn Crottat nicht mindestens die Hälfte bar anzahlt, wie soll das Geschäft dann zustande kommen? Césarine muss erst ihre zweihunderttausend Francs Mitgift haben; und ich möchte, dass wir uns als gute Pariser Bürger dann gemütlich mit fünfzehntausend Francs Zinsen zurückziehen.«

Und Birotteau fährt fort:

»›Schau, Roguin hat mir eine Spekulation vorgeschlagen, die so sicher ist, dass er sich zusammen mit Ragon, deinem Onkel Pillerault und zwei anderen seiner Klienten daran beteiligt. Wir wollen in der Umgebung der Madeleine-Kirche Grundstücke kaufen, die wir, nach Roguins Berechnung, für ein Viertel jenes Wertes bekommen, den sie in drei Jahren erreichen müssen. Wenn die Mietverträge abgelaufen sind, liegt es bei uns, sie auszubeuten. Wir sechs teilen uns alles mit festgelegten Anteilen. Ich selbst steuere dreihunderttausend Francs bei, damit ich drei Achtel der Anteile bekomme. Falls einer von uns Geld braucht, wird Roguin ihm das verschaffen, indem er auf seinen Anteil eine Hypothek aufnimmt. Um den Stiel der Pfanne in der Hand zu behalten und zu sehen, wie der Fisch brät, habe ich darauf bestanden, dass ich dem Namen nach der Besitzer der einen Hälfte bin, die Pillerault, dem guten Ragon und mir gemeinsam gehört. Roguin wird unter dem Namen eines Monsieur Charles Claparon mein Miteigentümer sein; er soll, wie ich, seinen Teilhabern einen Revers unterzeichnen. Die Kaufverträge werden außergerichtlich als Verkaufsversprechen ausgefertigt, bis wir die Besitzer aller Grundstücke sind. Roguin wird genau herausfinden, welche Verträge realisiert werden müssen, weil er nämlich nicht sicher ist, ob wir der Eintragung ins Grundbuch aus dem Weg gehen und die Kosten dafür auf diejenigen abschieben können, an die wir dann einzeln weiterverkaufen werden [...]. Sind die Grundstücke bezahlt, brauchen wir nichts weiter zu tun, als die Arme zu kreuzen, und in drei Jahren werden wir im Besitz von einer Million sein. Césarine ist dann zwanzig, unser Geschäft wird verkauft sein und dank Gottes Gnade steigen wir bescheiden zur Größe auf.‹

›Ja, und woher nimmst du nun die dreihunderttausend Francs?‹, sagte Madame Birotteau.

›Du verstehst nichts von Geschäften, mein liebes Kätzchen. Ich schieße die hunderttausend Francs zu, die bei Roguin liegen, nehme vierzigtausend Francs als Darlehen auf die Gebäude und die Grundstücke auf, auf denen unsere Fabriken im Faubourg du Temple stehen, und wir haben zwanzigtausend Francs in Wechseln, also zusammen hundertsechzigtausend Francs. Bleiben weitere hundertvierzigtausend, auf die ich Wechsel an die Order des Bankiers Charles Claparon unterzeichne; er zahlt sie mir aus, abzüglich des Diskonts. Damit sind unsere hunderttausend Taler bezahlt.‹«

Nun, man ahnt es natürlich schon: Birotteau setzt, zumal sogar ein Onkel seiner Frau mit von der Partie ist, vertrauensvolle Solidarität unter allen Beteiligten voraus. Aber er unterschätzt die Gerissenheit von Juristen und Investoren, denn sie behandeln ihn, wie sie auch jene behandeln, die sie bei den Transaktionen sonst noch über den Tisch ziehen wollen. Allerdings erwischt es am Ende auch die anderen Beteiligten, denn letztlich ist es der Bankier du Tillet – in Zusammenarbeit mit den Bankiers de Nucingen und Keller –, der am mächtigeren Hebel sitzt.

Was sich im Paris jener Jahrzehnte etabliert, sind die raffinierten Geschäfte mit Grundstücken und Gebäuden einer sich verändernden Stadt. Nicht nur, dass durch die revolutionären Enteignungen viel Vermögen in Umlauf gekommen war, auch das Anwachsen von Paris und seine noch weiter zunehmende europäische Bedeutung führten zu neuen Wertschöpfungen. Investoren und andere Personen mit Insiderwissen entwickelten ein Gespür dafür, wo sich Grundstücke befanden, die in absehbaren Jahren deutlich an Wert zulegen würden. Émile Zola hat in seinem Zyklus die spätere Phase dieser Bereicherungswelle unter Napoleon III. und seinem Paris-Präfekten Georges-Eugène Haussmann plastisch vorgeführt.

Auch Balzac selbst kaufte 1846 das sogenannte Folie Beaujon (heutige Rue Balzac) nördlich vom Triumphbogen in dem Bewusstsein, dass dieses Grundstück mit seinen Gebäuden zwar noch am Stadtrand lag, aber schon in wenigen Jahren zu einer bevorzugten Gegend in Paris gehören würde. Das konnten Brachgrundstücke genauso sein wie jene Flächen, auf denen einfache bis ärmliche Häuser standen. Konsortien kauften diese Flächen, kündigten gegebenenfalls nach dem Ende des Mietschutzes bzw. der Laufzeit die Verträge den Mietern und sorgten parallel dafür, dass jene politischen Entscheidungen fielen, durch die ihre Grundstücke an Aufwertung erfuhren, etwa die Führung neuer Straßen. Teilweise war es so, wie hier von Balzac beschrieben, dass sich die Gewinne allein dadurch ergaben, dass gekauft und unmittelbar oder mit leichter zeitlicher Verzögerung weiterverkauft wurde.

Übrigens vollzieht sich seit einigen Jahren unter dem Titel ›Grand Paris‹ neuerlich ein großer Umbau von Paris, wieder mit einer enormen Ausweitung von Flächen, die neue Funktionen bekommen sollen. Wieder mussten viele Grundstücksbesitzer aufgrund der höheren staatlichen Interessen verkaufen, im Südwesten von Paris auch Landwirte ihre Felder. Diese Grundstücke werden in wenigen Jahren den Investoren ein Mehrfaches an Wert einbringen.

Für César Birotteau selbst wird diese Spekulation den weitgehenden Ruin bedeuten, wenn auch nicht für seinen Schwiegersohn. Zu sehr hat Birotteau sich in mehrfacher Weise an die beteiligten Personen gebunden. Er ist abhängig von jenen, die sich im Fortgang nur auf die juristisch erforderlichen Abläufe beziehen werden und ihm so Zug um Zug sein eingelegtes Geld und noch viel mehr abnehmen werden – juristisch ist ihnen nie beizukommen.

Eine ganz ähnlich gelagerte Konfliktstruktur wie in *Cäsar Birotteaus Größe und Niedergang* stellt der Roman *Die Kleinbürger* dar. Diesmal geht es um den günstigen Erwerb eines Hauses, erneut in der Nähe der Madeleine-Kirche – der Roman rekurriert auch explizit auf das vorherige Geschehen aus *Cäsar.*

Wieder sind es Juristen und Figuren, die sich durch bestimmte Gefälligkeiten einen Vorteil versprechen, die das Geschehen dynamisieren und dominieren.

Es sind die Thuilliers, die im Zentrum der Handlung stehen. Das sind neben dem vermeintlichen Patriarchen Jerôme und seiner Gattin insbesondere die unverheiratete und mit im Haushalt lebende Schwester von Jerôme, Fräulein Thuillier. Sie ist es eigentlich, die die Fäden in der Hand hält, und das meint ganz besonders: die Finanzen. Gleichzeitig ist sie aber doch bestrebt, für das soziale Prestige auch Geld in die Hand zu nehmen. Es muss sich nur eben auch auszahlen. Fräulein Thuillier bekommt von einem ›Armenadvokaten‹ einen Hinweis auf ein günstig zu erwerbendes Haus. Ihr Bruder ist zwar Beamter gewesen, hat aber nicht so ganz viel Kapital daraus schlagen können. Während der Restauration aufgestiegen, verlor er nach der Revolution von 1830 seine Privilegien wieder. Doch Bruder und Schwester denken durchaus noch an den weiteren sozialen Aufstieg, nämlich über politische Ämter und mittels einer klugen, Eindruck machenden politischen Publikation von ihm – in den Umbruchjahren jener Zeit erschienen nicht selten Veröffentlichungen in Form von Broschüren, die Verbesserungsvorschläge für allerlei gesellschaftliche Probleme machten; hin und wieder haben sogar Romane der *Menschlichen Komödie* einen solchen Impetus, etwa *Der Landarzt* und auch *Der Dorfpfarrer*.

Und so legt Theodosius de la Peyrade, der Tippgeber, einen Plan vor, der so lautet: »Wenn Thuillier Mitglied des Munizipalrats und Eigentümer eines Grundstücks ist, das ihm eine Miete von mindestens vierzigtausend Francs einbringt, wenn er dekoriert sein und ein politisches, gediegenes, ernsthaftes Buch veröffentlicht hat [...], dann wird er bei einer der nächsten Wahlen Deputierter werden.« Theodosius bietet Fräulein Thuillier also an, das Geschäft rechtzeitig und heimlich unter Dach und Fach zu bringen. Er fügt aber hinzu: »Aber, unter uns, Tantchen, solche Dienste leistet man nur seinem Schwiegervater«, denn er möchte Thuilliers Tochter zur Frau, wofür Fräulein Thuillier sich bei ihrem Bruder nachhaltig einsetzen soll, denn Thuilliers Gattin mag de la Peyrade nicht sonderlich.

Es resultiert sicherlich nicht zuletzt aus Balzacs eigener Haltung, wenn er seine Figuren in erster Linie Seilschaften knüpfen lässt, die den eigenen wirtschaftlichen und sozialen Aufstieg herbeiführen sollen. Heiratsabsichten rühren in der

Balzac'schen Gesellschaft mindestens immer auch aus wirtschaftlichem Kalkül, und sei es jenem einer langfristig zu erwartenden Erbschaft von den Schwiegereltern oder anderen angeheirateten Verwandten. Genauso sind Ehrerbietungen oft darauf angelegt, eine ersehnte Erbschaft nicht zu gefährden.

Die Erbschaftsgesetzgebung war nach der Revolution und unter Napoleon massiv verändert worden. Es war nicht mehr der Erstgeborene, der fast alles erbte. Erbschaften konnten vom Erblasser frei vergeben werden. Auch Frauen erbten, allerdings wurde bei Heirat der Mann zum Haushaltsvorstand und zum Herrn über das familiäre Vermögen. Gleichwohl leitete sich für Frauen ein gewisses Recht nach hinreichend eigenen Geldmitteln ab, je nachdem, wie hoch ihre Mitgift gewesen war.

Letztlich wurden auch staatliche Strukturen – die in dieser Art ja historisch völlig neu waren – als Aktionsfeld verstanden, an dem man sich seine Pfründe sichern konnte. Das dem französischen Minister François Guizot zugeschriebene Zitat ›Bereichert Euch!‹ stand für die nach der Revolution vom Sommer 1830 verstärkte Haltung, sich öffentlichen Besitz anzueignen. Unter dem sich selbst als ›Bürgerkönig‹ bezeichnenden Louis-Philippe forcierte sich die Macht des Finanzadels, in dessen Schlepptau auch so mancher höhere Beamte ein ›auskömmliches‹ Leben führte.

Das Geld wird Selbstzweck

Wie sehr Geldversessenheit aus dem menschlichen Gesicht eine Fratze macht, dafür hat Balzac die Figur des Jean-Esther van Gobseck geschaffen. Dieser hat sein Geschäft darin erkannt, dass all die Menschen, die mehr sein wollen, als sie sind, und die nach außen strahlen wollen, viel Geld brauchen, meistens mehr, als sie haben. Gobseck verleiht also Geld, und zwar an so gut wie jeden in der *Menschlichen Komödie* und stets mit Wucherzinsen. Diese Figur existierte bereits 1830 in der damaligen Ausgabe der *Szenen aus dem Privatleben*, wenn auch noch unter anderem Titel *(Les Dangers de l'inconduite)* und nicht schon auf den Zyklus zugeschnitten. Später benannte Balzac die Erzählung dann um in *Gobseck* und veränderte das Figurenensemble.

Die geldversessenen Figuren in der *Menschlichen Komödie* sind dies aus ganz unterschiedlichen Gründen. Während die weiblichen Figuren vorrangig nach außen erstrahlen wollen und deshalb hohe Kosten für Hausausstattung und Salon, für Kleidung und Frisuren ausgeben, folgt bei den männlichen Figuren das Steigern des eigenen Vermögens eher einem Selbstzweck, oder anders gesagt: um als finanzmächtig (›potent‹) dazustehen.

Für hochvermögende Männer ist die Prunksucht ihrer Gattinnen (und zuweilen Töchter) nichts, wogegen sie vorgehen müssten, im Gegenteil, dass sich ihre Ehefrau (und oft auch noch die Geliebte) einen solchen Lebensstandard leisten kann, zeugt von ihrer eigenen Finanzkraft. Für Männer allerdings, deren Frauen für den sozialen Aufstieg glauben viel Geld ausgeben zu müssen, kann das auch schon mal zum Ruin beitragen. Diese Männer opponieren ebenfalls nicht gegen die Frauen, da sie eine Scham empfinden, ihren Frauen nicht längst einen solchen Lebensstandard ermöglichen zu können, wie ihn sich diese wünschen. Sie schweigen – und scheitern.

An der Figur des Gobseck treibt Balzac die Geldversessenheit allerdings an einen ganz anderen Punkt. Für Gobseck spielt alle Selbstdarstellung überhaupt keine Rolle. Er lebt sogar recht schlicht und gesellschaftlich weitgehend zurückgezogen. Er will seinen Reichtum nur für sich, und zwar im wahrsten Sinn: Niemand weiß, was er überhaupt mit seinem Vermögen anstellt. Er selbst scheint sich ausschließlich an ihm berauschen zu wollen. Einzig der junge Anwalt Derville wird zum Zeugen dieses Lebens, weil Gobseck ihm gegenüber plötzlich einen Rest zwischenmenschlicher Nähe durchblicken lässt, indem er sich doch offenbart. Es beginnt damit, dass Derville einmal Gobseck im Auftrag einer Klientin besucht, um eine finanzielle Notlage zu regeln, und dabei Gobsecks Manie erkennt. Für Gobseck ist es völlig gleichgültig, in welcher Form ihm das Geld zurückgezahlt wird. Wer zahlungsunfähig in Barschaften ist, kann auch Wertgegenstände abgeben. Und auch dabei lässt Gobseck beinahe alles zu, denn jedes Pfandstück, das nicht wieder eingelöst wird, wird von ihm verkauft, und zwar ausschließlich zu den von ihm bestimmten Höchstpreisen.

Als Derville allerdings schließlich freien Zugang zu allen Räumen in Gobsecks Haus bekommt, während dieser im Sterben liegt, stößt Derville auf jenen Raum, in dem Gobseck alles hortet, was ihm gehört und was noch nicht veräußert werden konnte. Derville ist fassungslos:

> »In dem neben Gobsecks Sterbezimmer gelegenen Raum befanden sich verdorbene Pasteten, eine Menge Lebensmittel aller Art und sogar Muscheln und Fische, die verschimmelt waren und deren unerträgliche Gerüche mir den Atem nahmen. Überall wimmelte es von Maden und Insekten. [...] Dieses Zimmer war mit Möbeln vollgestopft, mit Silberzeug, Lampen, Gemälden, Vasen, Büchern, schönen, zusammengerollten Kupferstichen ohne Rahmen und irgendwelchen Seltsamkeiten. Vielleicht stellten all diese Wertgegenstände nicht nur Geschenke dar, sondern bestanden zum Teil auch aus Pfändungen, die nicht ausgelöst worden waren. Ich sah mit Wappen oder Monogrammen geschmückte Schmuckkästchen, kostbares leinenes Tischzeug, fein gearbeitete Waffen, aber alles ohne beschriftete Etiketten.«

Gobseck hortet Gegenstände, die er nicht (mehr) hat zu Geld machen können. Er kann nicht einmal schnell genug essen, bevor die nicht verkauften Lebensmittel verderben. Dass Balzac zu diesen Wertgegenständen sogar Lebensmittel zählt, zeigt, wie sehr er bereits die Gier nach Vermögen zu Ende denkt. Nichts ist realistischer zu Beginn des 21. Jahrhunderts. Die Reichen der Welt verfügen über Besitz und Geld, die jede sinnvolle Verwendung innerhalb der eigenen Lebenszeit unmöglich sein lässt, gesteigert bis ins Absurde und weit jenseits jeder gerechten Verteilung unter den Menschen. Während die einen Lebensmittel wegwerfen, haben die anderen nicht genug zu essen. Längst sichern sich internationale Konzerne Landflächen in den ärmsten Ländern der Welt, um ihre Geschäfte mit Lebensmitteln auch in einer Zukunft mit hoher Weltbevölkerung und unter Ressourcenknappheit abzusichern. In *Gobseck* klingt das so: »Auf dem Kamin lagen in einer silbernen Suppenterrine Frachtbriefe von Waren, die auf seinen Namen in Le Havre angeliefert worden waren: Ballen von Baumwolle, Fässer voll Zucker, Tonnen voll Rum, Kaffee, Indigo, Tabak – ein ganzes Warenlager von Kolonialwaren.«

Dass am Ende von van Gobsecks Leben nicht der Arzt Horace Bianchon, wie sonst oft, sondern der Anwalt Derville jene Figur ist, die Einblick in Gobsecks Privatsphäre erhält, ist bezeichnend. Der Anwalt will vertragliche Absprachen sicherstellen, in die Gobseck als Geldverleiher involviert ist. Gobseck ist menschliche Wärme fremd, er bezieht sich ausschließlich auf Paragrafen. Als der Graf de Restaud im Sterben liegt und seine Gattin Anastasie zu ahnen beginnt, dass ihr Mann einen Großteil seines Vermögens zugunsten des Sohnes Ernest überschrieben hat, beginnt ihr Suchen nach dem Vertrag. Nirgends kann sie ihn finden, ihr Mann verweigert in seinen letzten Tagen aber jede Auskunft darüber. Als er schließlich tot ist, bestätigt sich ihre letzte Hypothese: Der Vertrag lag die ganze Zeit unter dem Kopfkissen des Sterbenden. Zügig verbrennt sie ihn im Kamin. Als Derville und Gobseck wie zuvor vereinbart, allerdings zu spät erscheinen, können sie sehen, dass das ganze Zimmer durchwühlt ist und sogar der Leichnam auf die Seite gerollt wurde, um unter das Kopfkissen gelangen zu können. Im Kamin erkennt Derville den Rest des Vertrags.

So behält Anastasie die Verfügungsgewalt über den familiären Besitz, ihr Sohn geht einstweilen leer aus, denn die Mutter lässt keinen Zweifel daran, dass sie dringend Geld braucht – unter anderem um ihrem Geliebten aus der Not zu helfen. Der Nutznießer wird Gobseck sein, bei dem Madame de Restaud hoch verschuldet ist. Als Derville Gobseck darauf hinweist, ob er sich denn nicht Ernest gegenüber verpflichtet fühle, immerhin wisse er doch um die eigentliche vertragliche Verfügung, ruft Gobseck kurz und bündig aus: »Ernest helfen? Nein, nein. Das Unglück ist unser größter Lehrmeister [...].« Gobseck besteht darauf, was ihm juristisch ›zusteht‹. Moralisch fühlt er sich nicht einer Ehrlichkeit verpflichtet. Was juristisch nicht einklagbar ist, existiert nicht.

Der andere Mensch, das ist immer der, den es zu übervorteilen gilt. Wo der Mitmensch nicht unmittelbar zu Geld zu machen ist, zahlt sich das bloße Netzwerken eben doch irgendwann aus, denn in profitorientierten sozialen Bezügen ist (fast) immer irgendwann auch Geld zu verdienen. Wer reiche und mächtige Figuren kennenlernt, bemüht sich schleunigst, sich in diesen Kontakten zu etablieren. Irgendwas fällt immer ab.

Entgrenzte Sexualität und neue Tabus

Durch den Wegfall der Ständeordnung mit ihrer Fülle von Verhaltensreglementierungen fanden soziale Begegnungen in einem offeneren Raum statt. Insbesondere die wachsenden Städte, allen voran Paris, wurden losere sozialräumliche Gebilde, als das zuvor der Fall gewesen war. Die starre ständische Ordnung veränderte sich ganz allmählich zu dem, was wir heute soziale ›Milieus‹ nennen. In der Frühphase nach der Revolution von 1789 kam hinzu, dass eine kurze Zeit lang die Gleichheitsbemühungen demonstrativ etwa dadurch unterstrichen waren, dass nun alle Menschen als ›Bürger‹ bzw. ›Bürgerin‹ bezeichnet und so auch angesprochen, mithin die sozialen Distanzierungsformen zumindest relativiert wurden.

Auch die Vorgaben dafür, wer unter welchen Bedingungen eine Ehe eingehen durfte oder wer mit wem eine eheähnliche Beziehung einging (›wilde Ehen‹), lockerten sich. Mehr und mehr setzte sich die Vorstellung durch, dass Ehen aus einer Liebesbeziehung zu entstehen hätten, weniger aus rationalen bzw. wirtschaftlichen Überlegungen. Nun war es nicht mehr weit, dass beinahe jede Verheiratung zu tolerieren war, denn: Wo die Liebe hinfällt …

Diese Lockerungen führten dazu, dass weitere Schranken für soziale Begegnungen wegfielen und auch das Ausleben sexueller Begierden und Beziehungen leichter wurde. Zwar galt das erst einmal vorrangig für Männer, aber auch Frauen konnten allein schon über ihre äußerliche Attraktivität Beziehungen erreichen, die zuvor undenkbar gewesen waren.

Natürlich war es auch in den Jahrhunderten zuvor zu sexuellen Kontakten gekommen, die den herrschenden Gesetzen und Moralvorstellungen widersprachen, natürlich waren im Haushalt angestellte Frauen den sexuellen Übergriffen und Vergewaltigungen durch die ›Herren‹ ausgeliefert, natürlich war es massenhaft zu unehelichen Kindern gekommen und natürlich gehörte es im Adel dazu, dass es nicht nur ›Geliebte‹ gab, sondern dass auch Kurtisanen für finanzielle Zuwendungen bis hin zur Finanzierungen von Wohnungen oder Häusern als Gegenleistung Sex anboten. Nichts davon entfiel im 19. Jahrhundert. Allerdings veränderten sich die Bedingungen, die Funktionen und das moralisch Tolerierte.

Indem den Männern die sexuelle Aktivität zugesprochen wurde, traten unter gelockerten sozialen Reglementierungen auch ihre Begierden offener zutage. Bemerkenswert ist, dass viele Männer in der *Menschlichen Komödie* zwar im heutigen Verständnis heterosexuell-pädophil orientiert sind (dazu mehr im jetzt anschließenden Kapitel), dass aber keine inzestuösen Übergriffe geschildert werden, auch wenn eine erotische Wahrnehmung ihrer Töchter bei manchen Männerfiguren durchscheint. Auffällig ist die erotische Komponente in der Erzählung *Die Grenadière,* in der eine Mutter eine sexuell getönte körperliche Nähe zu einem ihrer Söhne zulässt und auch motiviert. Der Figur des Sohnes wird eine Sensibilität für die sexuellen Bedürfnisse der Mutter beigegeben (dazu mehr im Kapitel über Schuldgefühle). Einmal heißt es: »Der Ältere lag neben der Mutter im Gras, ließ sich von ihr anschauen wie ein Liebhaber und küsste ihr die Füße. Der [jüngere] ruhelose Marie-Gaston pflückte Blumen für sie, brachte sie ihr mit trauriger Miene, stellte sich auf die Fußspitze und raubte ihr von den Lippen einen Jungmädchenkuss.«

Adel und Großbürgertum halten das System ›Geliebte‹ aufrecht

Es ist nicht verwunderlich, dass sich ein sexuelles Begehren – über die Lebensspanne hinweg – verändert, neue Begierden entstehen und diese Komponente in einem menschlichen Leben wenig mit einer nach rationalen und wirtschaftlichen Überlegungen strukturieren Familien- und Hausstandsgründung zu tun hat. Unter dieser Vorgabe hatte der weltliche Adel stets gehandelt und damit sexuelle Interessen von der Machterhaltung getrennt – die kirchlichen Fürsten taten das auf ihre Weise ebenfalls. Diese Beziehungsstrukturen änderten sich in der ersten Hälfte des 19. Jahrhunderts noch nicht durchschlagend, zumal das Prinzip sehr wirkungsvoll war.

Balzac gibt einen kühlen Einblick in solche Eheverhältnisse. Beide Seiten führen zwar auch ein gemeinsames Leben, die außerehelichen Verhältnisse werden aber – mal mehr, mal weniger offen – geduldet, mehr noch, der zusätzliche soziale Vernetzungsgrad, der daraus resultiert, kann wiederum zu synergetischen Effekten führen, wenn der Ehemann etwa mit dem Geliebten seiner Frau nach Geschäften Ausschau hält, von denen alle gemeinsam profitieren. Guy de Maupassant hat das später (1885) in *Bel-Ami* noch einmal auf die Spitze getrieben vorgeführt.

Diese Art außerehelicher Verbindungen wird recht süffisant in dem Briefroman *Memoiren zweier Jungvermählter* (auch *Zwei Frauen*) dargestellt. Renée de Maucombe und Louise de Chaulieu waren gemeinsam in einem klösterlichen Mädchenpensionat und sind soeben von dort in die eigenen Familien zurückgekehrt. Beide werden sich schon bald verheiraten. In ihren Briefen reflektieren sie oft über Liebe versus Ehe. Louise (achtzehn Jahre alt) ist zu Anfang des Textes durchaus irritiert, wie ihre Eltern miteinander leben. Sie nimmt sie als »schönes Paar« wahr, konstatiert aber: »Es ist mir nicht entgangen, dass diese beiden Wesen, gleich edel, reich und auserlesen, nicht zusammenleben, ja, dass nichts sie verbindet als der gemeinsame Name, wenngleich sie sich der Welt gegenüber in völliger Einheit geben.«

Besonders beobachtet sie ihre Mutter, die achtunddreißig Jahre alt und ausgesprochen attraktiv ist. »Eine beträchtliche Zeit muss sie ihrer Morgentoilette widmen, denn sie erscheint in himmlischer Schönheit beim Frühstück, das zwischen elf und zwölf Uhr eingenommen wird. Ich fange an, die Geräusche kennenzulernen, die aus ihren Räumen dringen: Sie nimmt zuerst ein fast kaltes Bad, es folgt eine Tasse kalten Milchkaffees, dann kleidet sie sich an; nie lässt sie sich vor neun Uhr wecken, ausgenommen besondere Gelegenheiten; im Sommer werden morgendliche Ritte unternommen. Um zwei Uhr empfängt sie einen jungen Mann, den ich noch nicht zu Gesicht bekommen habe.«

Einige Monate später macht sie weitere Entdeckungen, und zwar ausgehend von dem Angebot, dass ihr Vater als Diplomat nach Madrid gehen soll.

»Innerhalb von vierzehn Tagen habe ich die Geheimnisse des Hauses gelüftet. Meine Mutter würde meinem Vater nach Madrid folgen, wenn dieser Herrn de
Canalis in der Funktion als Botschaftssekretär mitnehmen könnte; doch da der König [Louis XVIII., wir
befinden uns Anfang des Jahres 1824] die Sekretäre zu
bestimmen pflegt und der König sehr bestimmend ist,
wagt der Herzog [ihr Vater] weder ihm zuwiderzu-
handeln noch auch meine Mutter zu erzürnen; und
nun meint der große Politiker [ihr Vater], den Knoten
dadurch durchschnitten zu haben, dass er die Herzogin [ihre Mutter] zurücklässt. Monsieur de Canalis,
der große Dichter des Tages, ist eben jener junge
Mann, der die Gesellschaft meiner Mutter pflegt und
mit ihr zweifellos von drei bis fünf die Diplomatie
studiert. Die Diplomatie muss eine schöne Sache sein,
denn er zeigt sich eifrig wie ein Börsenspekulant.«

Es ist dann Madame de Chaulieu selbst, die den Knoten zu
durchtrennen gewusst hat: ›Meine Eltern sind nach Madrid
abgereist: Louis XVIII. ist tot [September 1824], sodass es der
Herzogin leicht fiel, von unserem guten Charles X. eine Ernen-
nung für ihren reizenden Poeten zu erreichen, den sie nun in
seiner Eigenschaft als Attaché mitgenommen hat.«

Ein anderes Beispiel für die völlig offene Trennung von Ehe
und Außenverhältnis ist das Ehepaar de Nucingen. Beide Seiten
sind sich nicht nur völlig bewusst über die außereheliche Beziehung des anderen, sie sind sogar gegenseitig bemüht, sich darin
zu unterstützen, diese Beziehung zu nutzen, und zwar ohne
sich im Geringsten lächerlich zu machen.

Nucingen ist dermaßen vernarrt in die schöne und junge
Esther Gobseck, dass er plötzlich sogar einen Hang zur Verschwendung zeigt. Seine Ehefrau Delphine kränkt das nicht,
denn als sie ihn einmal dabei sieht, wie er sich für seine Geliebte
herausputzt, tritt sie hinzu *(Glanz und Elend der Kurtisanen I)*:

»›Mein Gott, wie lächerlich Sie aussehen‹, sagte sie.
›Aber nehmen Sie doch eine schwarzseidene Krawatte
statt dieser weißen, die macht Ihren Backenbart noch
borstiger; das sieht alles nach einem alten Biedermann
aus dem Empire aus und Sie wirken damit wie ein
ehemaliger Parlamentsrat. Legen Sie doch Ihre dia-

mantenen Manschettenknöpfe ab, von denen jeder
hunderttausend Francs wert ist. Diese Äffin könnte
Sie darum bitten und Sie können sie ihr nicht abschlagen – bevor Sie sie einer Dirne schenken, geben Sie sie
lieber mir für Ohrringe.‹«

Der arme Banker, geschlagen von diesem berechtigten Urteil
seiner Frau, gehorchte ihr mürrisch.

»›Lächerlich, lächerlich! […] Was heißt lächerlich?
Habe ich Ihnen jemals gesagt, dass Sie lächerlich aus-
sehen, wenn Sie sich für Ihren kleinen Monsieur de
Rastignac hergerichtet haben?‹
›Ich hoffe, Sie haben mich auch nie lächerlich gefun-
den. […] Lassen Sie sich mal ansehen, drehen Sie sich
um! Knöpfen Sie Ihren Rock bis oben zu, wie es der
Herzog de Maufrigneuse macht, und lassen Sie nur die
beiden letzten oberen Knopflöcher offen. Versuchen
Sie, so jung wie möglich auszusehen.‹«

Obwohl der Baron de Nucingen eigentlich ein kalter
Rechner ist, vernarrt er sich mehr und mehr in die Kurtisane
Esther van Gobseck. Schon als er sie bei Mondschein im Bois de
Vincennes zum ersten Mal gesehen hatte, geriet er völlig außer
sich. Er konkurriert schließlich mit allen möglichen Männern,
die sie in ihrem Haus empfängt und die fast alle zu ihrem Lebensunterhalt beitragen – sie beteuert stets, wie sehr sie *ihn*,
jeden Einzelnen nämlich, liebe.

Ein völlig erbärmliches Verhalten zeigt Balzac am Beispiel
des Barons Hector Hulot d'Ervy, dessen pädophile Sucht nach
Sex schließlich in einem armen Vorort im Pariser Norden endet,
bevor ihn seine Ehefrau wenigstens noch aus diesem Desaster
wieder befreien kann.

In vorherigen Jahrhunderten waren die Regelungen und
moralischen Haltungen zur Sexualität älterer Männer mit noch
sehr jungen Frauen weniger streng als heute und waren nicht
grundsätzlich tabuisiert (Julia aus *Romeo und Julia* etwa ist erst
dreizehn Jahre alt). Das galt auch Anfang des 19. Jahrhunderts
und hielt sich bis etwa Ende des Jahrhunderts. Entsprechend
finden sich solche Beziehungen in der *Menschlichen Komödie*
öfter, häufig allerdings eher im Kontext von Prostitution. Es ist
aber ganz offensichtlich, dass viele der männlichen Figuren

vorrangig nach sehr jungen Sexualpartnerinnen suchen. Selbst eine attraktive Frau von Mitte dreißig und aus gediegenen Verhältnissen wird von vielen Männern schon als ›zu alt‹ empfunden.

Ganz offensichtlich pädophil ist der Baron Hulot d'Ervy (anfangs im Roman Mitte sechzig) aus *Tante Lisbeth* (auch *Tante Bette*). Im Roman eröffnet der zweiundfünfzigjährige Célestin Crevel der fünf Jahre jüngeren Baronin Hulot, die er gerne zu seiner Geliebten machen würde, die Vorliebe ihres Mannes ungeschminkt. Da sie behauptet, von der zurückliegenden Affäre ihres Mannes gewusst zu haben, schiebt er nach: »Na, schön! Aber wissen Sie auch, dass Ihr Scheusal von Ehemann diese Jenny Candine ausgehalten hat, und zwar von ihrem dreizehnten Jahr an?«

Stets versucht die Baronin, die Fassung zu wahren, wenn es um die sexuellen Abenteuer ihres Gatten geht. Sie gesteht ihm so manches zu, versucht allerdings den familiären Ruin zu verhindern und das Ansehen nicht zu verlieren, zumal sie sich schon nur noch eine Wohnung leisten können. Doch mit fortschreitender Handlung versinkt der Baron immer tiefer in immer abstruseren Beziehungen, bis er plötzlich völlig verschwindet, nachdem er schon immer wieder mal in den von ihm finanzierten Wohnungen oder Häusern seiner Kurtisanen untergeschlüpft war und bei Konflikten generell zum ›Fluchtverhalten‹ neigt. Längst wirkt auch sein vermeintlich väterliches Verhalten gegenüber seiner verheirateten Tochter lächerlich.

Zwar sucht Adeline Hulot d'Ervy zunächst ihren Gatten, hat ihn aber auch nach drei Jahren nicht finden können. Da führt sie ihr mildtätiges Engagement in das »düstere Stadtviertel, das einst *Petite-Pologne* genannt wurde«, heute westlich vom Gare Saint-Lazare, in Häuser, in denen die kranken und ärmsten der Armen leben, in den ersten Jahren nach der Revolution auch viele eingereiste Italiener. Sie fragt eine Frau, der sie gerade hat Hilfe zukommen lassen, ob sie weitere hilfebedürftige Personen und Familien kenne. Sie wird auf ein einfaches Haus verwiesen, in dem eine Fünfzehnjährige mit einem beinahe achtzigjährigen Mann zusammenwohne, der als Schreiber sein Geld verdiene.

Noch ahnt die Baronin nicht, auf wen sie da treffen wird, aber sie lässt sich schon mal mit dem jungen Mädchen namens Atala bekanntmachen und fragt sie nach dem Verhältnis der beiden aus.

»›Hast du denn diesen Monsieur Vyder auch lieb?‹ [Diesen Namen hat er sich nun gegeben; er ist damals gebürtiger Deutscher, Elsässer, sodass der Nachname auch schon als ›Wieder‹ übersetzt worden ist, aber Vorsicht, denn damit wird unterschlagen, dass es sich bei Vyder um ein Anagramm von d'Ervy handelt.] ›Ob ich ihn liebhabe ...?‹, sagte sie. ›Ich glaube schon, Madame! Er erzählt mir jeden Abend schöne Geschichten. Und er hat mir schöne Kleider geschenkt und Wäsche und einen Schal. Deshalb bin ich in Schale geworfen wie eine Prinzessin und trage auch keine Holzschuhe mehr. Und schließlich weiß ich schon seit zwei Monaten nicht mehr, was Hunger ist. Ich esse auch keine Kartoffeln mehr. Er bringt mir Bonbons mit und Pralinen. Oh, das ist etwas Feines: Schokoladenpralinen! Ich tue auch alles, was er möchte, für eine Tüte Schokolade. Außerdem ist mein dicker Vater Vyder sehr gut zu mir, er sorgt gut für mich und ist nett.‹ [...] ›Und warum, mein Kind, ist denn Vater Vyder nicht dein Ehemann?‹ ›Aber das ist er doch, Madame!‹, sagte das junge Mädchen und sah die Baronin stolz an, ohne rot zu werden. [...] ›Du hast dich verheiratet wie es Tiere machen.‹ ›Ich‹, erwiderte Atala, ›wenn Sie mir schenken würden, was Vater Vyder mir schenkt, dann wäre ich sehr glücklich, mich nicht verheiraten zu müssen. Das ist eine Nerverei, wenn Sie wissen, was da ist.‹ ›Wenn man sich einmal mit einem Mann vereinigt hat wie du‹, sagte die Baronin, ›gebietet es die Tugend, dass man ihm immer treu bleibt.‹ ›Bis er stirbt ...?‹, fragte Atala mit schelmischem Gesichtsausdruck, ›da brauche ich nicht mehr lange zu warten. Wenn Sie wüssten, wie Vater Vyder hustet und keucht! Puh, puh!‹, ahmte sie den Greis nach.«

In der Balzac'schen Welt verlieren gerade die aristokratischen Männer auch deshalb an Vermögen und Ansehen, weil sie ihre sexuellen Vorlieben mittels ihrer Geliebten, Kurtisanen oder Prostituierten ungehindert ausleben wollen – nicht selten bezahlt auch mit dem Geld ihrer Ehefrauen. Der Wegfall sozialer Schranken scheint dieses Verhalten forciert zu haben, damit aber auch den wirtschaftlichen Niedergang so manchen Adelshauses mitbewirkt, jedenfalls in den Vorstellungen Balzacs. Unter den sich allmählich herausbildenden neuen Gesellschaftsstrukturen war dieses Leben nicht mehr führbar. Eine Zeit lang mochte geliehenes Geld ein solches Leben noch aufrechterhalten, doch die Schulden wurden immer drückender. Psychologisch nennt man das eine Anpassungsstörung: Eine Person ist nicht in der Lage, sich angemessen auf eine veränderte Lebenssituation einzustellen, und verliert die realistische Orientierung, schlimmstenfalls führt eine solche psychische Beeinträchtigung auch in den Verfall der sozialen Einbindung.

Was bei Teilen des neuen und des alten Adels gelingt, nämlich die erfolgreiche geschäftliche Etablierung in sich wandelnden Wirtschaftsstrukturen, führt bei Teilen des alten Adels in den Ruin. Und spätestens das Leben in einer Stadtwohnung bietet dann auch kaum noch Abstandsgesten zum Bürgertum.

Doch diese Wandlung betraf durchaus auch die aristokratischen Frauen, die es ebenfalls gewöhnt waren, einen Geliebten zu haben und mit diesem Begehrtsein bei anderen Männern zu kokettierten. In *Die Geheimnisse der Fürstin de Cadignan* geht die Titelfigur, bei der es sich eigentlich um die in der *Menschlichen Komödie* häufig auftretende Diane de Maufrigneuse handelt, reichlich frech mit ihren (ehemaligen) Liebhabern um. So heißt es:

»Die Fürstin wohnte in der Rue de Miromesnil zu einer geringen Miete in einem kleinen Palais im Erdgeschoss. [...] Auf einem Tisch [in ihrer Wohnung] prunkte ein Album von höchstem Wert, das auszulegen keine der Bürgerfrauen den Mut hätte, die heutzutage in unserer geschäftigen und lärmenden Gesellschaft regieren. Diese Verwegenheit charakterisiert vortrefflich diese Frau. Das Album enthielt Porträts, unter denen sich rund dreißig intime Freunde befanden, die die Welt ihre Liebhaber genannt hatte. Diese Zahl war eine Verleumdung, aber, meinte die Marquise d'Espard, bei einem Dutzend wäre es vielleicht eine schöne und gute Nachrede.«

Dann zählt Balzac zwölf Herren des Albums auf, die allesamt zu den häufiger in der *Menschlichen Komödie* auftretenden Figuren gehören. Im Kapitel ›Schuldgefühle‹ werde ich auf Diane de Maufrigneuse zurückkommen.

Das kleinbürgerliche Versteckspiel

Dass sich die bürgerliche Gesellschaft mit der Vorgabe einer lebenslang monogamen Liebesbeziehung ein nie wieder auflösbares Dilemma einhandelte, ist geradezu tragisch. Seit zweihundert Jahren zerbrechen eheliche und andere Beziehungen daran. Für die Beteiligten bedeutet das oft soziale und psychische Zusammenbrüche und nicht selten Konflikte, die ein halbes Leben lang anhalten. Die Tabuisierung außerehelicher Beziehungen führte in (klein-)bürgerlichen Milieus zur Spaltung in das Versprechen ehelicher ›Treue‹ einerseits und sexuelles Begehren anderer Menschen gegenüber andererseits. Frauen erhielten dabei die Rolle eines tugendhaften asexuellen Wesens, das gleichwohl erotisch anziehend zu erscheinen hatte; Männern wurde zwar weiterhin die Draufgängerrolle zugestanden, außerehelicher Sexualverkehr wurde aber eher in dunkle Nischen abgedrängt.

Mit dem Anwachsen von Paris, das von 1800 bis 1840 um rund 450.000 auf knapp eine Millionen Einwohner anwuchs und dessen Platz innerhalb der alten Stadtmauer schon längst nicht mehr all diesen Menschen Unterschlupf bot, vermischten sich nicht nur die sozialen Milieus, sondern sank auch die soziale Kontrolle. In den bürgerlichen Haushalten mit Personal bedeutete das zum Beispiel, dass Ehemänner oder auch die herangewachsenen Söhne die ›Hausmädchen‹ zum Sex nötigten. Für diese jungen Frauen konnte das Extravergünstigungen zur Folge haben, jede Nacht konnten sie aber auch den ›Herren‹ zur Abfuhr ihrer sexuellen Lust dienen müssen.

Auch Balzac selbst ist dafür ein Beispiel, denn mit seiner langjährigen Haushälterin Louise Breugniot hatte er durchaus auch ein sexuelles Verhältnis. Nie allerdings hatte er die Absicht, sich mit dieser Frau öffentlich in Paris zu zeigen, geschweige denn eine Ehe einzugehen. Diese hausangestellten

Frauen erfüllten männliche sexuelle Begierden und hofften stets auf ein paar Vergünstigungen.

Das bürgerliche Versteckspiel mit den Geliebten oder auch nur mit kurzzeitigen Affären hat Balzac in *Eine doppelte Familie* auf die Spitze getrieben. Hier ist der männliche Protagonist zwar auch ein Adliger, Graf Roger de Granville, aber Balzac zeigt den gesellschaftlichen Wandel an. Die Erzählung beginnt im August 1815, also mit Beginn der Restauration unter Louis XVIII. als König; aber in einem zeitlichen Rückschritt ins Jahr 1805 gestaltet Balzac einen Dialog zwischen Granville, als er noch jung war, und seinem Vater. Es geht um die mögliche Heirat und um generelle Gedanken zur Ehe. Roger steckt im historisch typischen Konflikt: Während er sich eine Liebesheirat wünscht, plädiert der Vater für die Trennung von Ehefrau und Geliebten. Der Vater will ihn zu einer bestimmten Heirat bewegen, für die er ihm hunderttausend Francs überschreiben würde. Aber der Sohn hat eigentlich andere Pläne und bittet lediglich um fünfzigtausend, denn:

»›[...] Wenn du mir schon hunderttausend Francs geben willst, damit ich eine dumme Heirat eingehe, wirst du mir doch bestimmt erlauben, dich um fünfzigtausend zu bitten, damit ich ein Unglück vermeide und genieße, Junggeselle zu bleiben, und in den Genuss eines Vermögens komme, das dem entspricht, was mir deine Demoiselle Bontems einbringen könnte.‹

›Bist du verrückt?‹

›Nein, Vater. [...] Fünfzigtausend hinzugefügt zu dem, was ich schon besitze, und zusätzlich zu den Einkünften des mir angebotenen Amtes bringen mir Einnahmen von zwölftauend Francs [jährlich] ein. Dann hätte ich Aussichten, die tausendmal einer Verbindung vorzuziehen sind, die ebenso arm an Glück wie reich an Gütern ist.‹

›Da sieht man gut‹, antwortete der Vater lächelnd, ›dass du nicht im Ancien Régime gelebt hast. Als hätten wir uns je Gedanken um eine Frau gemacht!‹

›Aber Vater, heutzutage ist die Ehe anders …‹

›Ach so‹, unterbrach der Graf seinen Sohn, ›dann ist es wohl wahr, was mir die alten Kameraden aus der Emigrantenzeit berichten? Die Revolution hat uns also Sitten ohne Fröhlichkeit hinterlassen und die jungen Leute mit zweifelhaften Haltungen angesteckt?‹«

Roger de Granville wird diese Frau heiraten: Angélique Bontems, eine Frömmlerin, der menschliche Nähe weitgehend abgeht und die die eheliche Treue erwartet. Im Gegensatz zur Kälte zwischen den Eheleuten trifft Granville ab 1815 auf die junge, ärmlich mit ihrer Mutter zusammenlebende Caroline Crochard. Granville beginnt ein Doppelleben, bringt Caroline in einer neu gebauten Wohnung unter und hat auch einen Sohn mit ihr. Seine beiden Leben finden parallel statt. Die wachsende Metropole bietet dafür die Möglichkeiten, allerdings vermeidet Granville es, sich mit Caroline auf der Straße zu zeigen.

Zwar genießt Roger das Zusammensein mit Caroline, aber nie macht er dieses Verhältnis öffentlich oder trennt sich gar von seiner Ehefrau, um Caroline zu heiraten. Die Folgen sind eindeutig: Caroline muss sich nicht nur mit einem Teilzeitpartner abfinden, der in ihrer Wohnung vorrangig arbeitet, sondern muss ein gesellschaftliches Leben vermissen. Der gemeinsame Sohn wächst weitenteils ohne Vater auf, wird schließlich straffällig und hofft später, dass ihn sein Vater vor einer Verurteilung bewahrt. Caroline selbst sucht sich schließlich ebenfalls einen anderen Partner, mit dem sie die viele Zeit teilt, die sie bisher allein verbracht hat. Das muss Roger am Ende bitter erfahren.

Um gelebte und nicht gelebte Sexualität geht es auch in der Erzählung *Eine Evatochter*. Es wäre viel zu klischeehaft, wollte man den weiblichen Figuren so etwas wie Prüderie zuschreiben, um die einzelnen Konflikte zu bestimmen. Vor dem Hintergrund der damaligen sozialkulturellen Entwicklung gerieten Frauen in eine dilemmatische Situation: Sexuell hatten sie sich ihrem Ehemann ›hinzugeben‹, sonst niemandem, und hatten darin ihre weibliche Erfüllung zu finden, ihr eigenes sexuelles Begehren hingegen war weitgehend tabuisiert. Diese Haltung weiblicher Sexualität gegenüber wurde massiv von der katholischen Kirche unterstützt, sodass gerade gebildete Frauen, wenn sie über Jahre in klösterlichen Pensionaten untergebracht gewesen waren, eine solche Einstellung mit in die Ehe brachten. Dass sie nun von ihren Ehemännern Monogamie erwarteten, ist nicht verwunderlich, allerdings mussten sie erleben, dass sich ihre

Männer weiterhin allerlei sexuelle Abenteuer und auch Geliebte ›gönnten‹ – was wiederum für deren Selbstdarstellung in Männerkreisen sogar nicht unbedeutend war.

In *Eine Evatochter* sind solche sexuellen Beziehungen gleich mehrfach miteinander verstrickt (siehe dazu auch das Kapitel ›Beobachtungen des Unbewussten‹). In diesem Text gestaltet Balzac den Rückzug in die Heimlichkeit insbesondere an den Figuren des Journalisten und Schriftstellers Raoul Nathan und der Schauspielerin Florine Cabirolle [eigentlich Sophie Grignoult]. Nathans Lebensweise klingt so:

»In einem Durchgang zwischen der Rue basse du Rempart und der Rue Neuve des Mathurins hatte Raoul im dritten Stock eines schmalen, hässlichen Hauses eine öde, kahle, kalte Wohnung. Hier hauste er für die Öffentlichkeit der Gleichgültigen, für angehende Literaten, für seine Gläubiger, für die Lästigen und die verschiedenen Langweiler, die an der Schwelle des Privatlebens bleiben sollen. Seine wirkliche Wohnung, in der er sein großes repräsentatives Leben führte, befand sich bei Mademoiselle Florine, einer Schauspielerin zweiten Ranges, die aber seit zehn Jahren von Nathans Freunden, den Zeitungen und einigen Schriftstellern zu einer der ersten Bühnengrößen erhoben wurde. Seit zehn Jahren hatte sich Raoul so stark an sie gehängt, dass er sein halbes Leben bei ihr verbrachte. [...] Mit völliger Verdorbenheit verband Florine einen sprühenden Geist, den der Umgang mit Künstlern entwickelt hatte und den der Gebrauch täglich schliff. [...]

Gezwungen, Journalisten zuzuhören, die alles erraten und berechnen, Schriftstellern, die alles voraussehen und aussprechen, und gewisse Politiker zu sehen, die bei ihr verkehrten und sich die Einfälle eines jeden zunutze machten, war Florine selbst ein Gemisch aus Engel und Teufel und als solche würdig, diese durchtriebenen Männer zu empfangen. Sie entzückte sie mit ihrer Kaltblütigkeit. [...] Ihr Haus, durch galante Spenden verschönt, zeigte den übertriebenen Luxus jener Frauen, die wenig nach dem Preis der Dinge fragen und sich nur um diese Dinge selbst

kümmern und den Launen, die sie ihnen ermöglichen
[…].«

Und später heißt es:

»Die Verknüpfung ihrer beiden Schicksale, in der Li-
teratur- und Theaterwelt keine Seltenheit, tat Raoul
keinerlei Abbruch, denn er wahrte als bedeutender
Mann den Anstand […], wiewohl er stets galant und
beschützend zu ihr war, hatte seine Protektion [Flori-
ne gegenüber] nichtsdestotrotz weder etwas Regel-
mäßiges noch etwas Sicheres.«

Junge und schöne Frauen, die an den vielen Theatern von Paris
arbeiteten, werden bei Balzac oft in dieser Zwischenposition
von Theaterarbeit und Prostitution gezeigt – Zola setzt später
dieses Thema in *Nana* fort. Historiker haben geschätzt, dass in
jenen Jahrzehnten in Paris bis zu hunderttausend Frauen ihr
Einkommen vollständig oder zusätzlich durch Prostitution
gesichert haben. Die rigide bürgerliche Auffassung von mono-
gamer Ehe und Sexualität fand für beide Geschlechter in dieser
Doppelbödigkeit seinen strukturellen Ausdruck.

An anderer Stelle im selben Text resümiert Balzac: »In jener Zeit gaben die Verstöße gegen den Ehevertrag den Stoff für
die Zeitschriften, Bücher und Theaterstücke ab [das war in der
Tat so]. Dies ewige Thema war damals mehr als jemals in Mode.
Der Liebhaber, das Schreckgespenst der Ehemänner, war überall, außer vielleicht in den Ehen selbst, wo es in der bürgerlichen
Epoche weniger Liebhaber gab als zu anderen Zeiten.« Gleichwohl war es für so manchen Junggesellen offenbar ein besonderer Reiz, eine verheiratete Frau ins Bett zu kriegen.

Homosexualität

Auch im Sichtbarmachen homosexueller Menschen geht Balzac
so weit wie sonst keiner seiner zeitgenössischen Schriftsteller-
kollegen. Sein Anspruch, die »zoologische« Breite menschlicher
Lebensformen mit ihren »Sitten« zu zeigen, tabuisiert Homosexualität nicht, wenngleich solche Darstellungen in der damali-

gen Zeit nicht unriskant waren, mindestens hatte ein Autor sein Ansehen als ernsthafter Schriftsteller zu verlieren.

Es gibt mehrere Texte, in denen Homosexualität entweder offen thematisiert oder aber in einer gewissen Weise angedeutet wird. In den Figuren Sylvaine Pons und Schmucke (ein deutscher Musiker und Musiklehrer) lässt das geradezu zärtliche miteinander Umgehen der nicht mehr ganz jungen Männer im Roman *Cousin Pons* eine homosexuelle Zuneigung doch zumindest plausibel erscheinen. Im Verhältnis von Carlos Herrera zu Lucien de Rubempré klingt ein homoerotisches Begehren nicht unwahrscheinlich. In der Erzählung *Sarrasine* werden homosexuelle Anteile in ihrer androgynen Form gezeigt. Und weibliche Homosexualität ist in *Das Mädchen mit den Goldaugen* dargestellt.

In *Das Mädchen mit den Goldaugen* begegnet der rücksichtslose Henri de Marsay in den Tuilerien einem jungen, außerordentlich hübschen Mädchen, Paquita Valdès, das allerdings von einer Anstandsdame geradezu bewacht wird. Er stellt allerlei Erkundigungen an, um herauszufinden, wo dieses Mädchen wohnt und warum es so abgeschirmt wird. Sein Ziel ist nur eins: Er will sie ›besitzen‹. Doch es ist zunächst einmal Paquita, die die Zügel in die Hand nimmt. Zwar will sie ihn durchaus treffen, aber die Lage ihres Hauses dabei nicht preisgeben. Er soll sich bereithalten, um sich entführen zu lassen. Mit verbundenen Augen kommt er im Haus an, dann wird ihm die Augenbinde abgenommen: »Eine Frauenhand drückte ihn auf einen Divan nieder und löste das Seidentuch. Er sah Paquita vor sich, aber Paquita in ihrem ganzen Glanz sinnlicher Weiblichkeit!«

Als Henri den Raum wahrzunehmen beginnt, lässt ihn bereits das in eine betörende, rauschhafte Verfassung fallen. Über das Bett heißt es:

»Diesen hufeisenförmigen Raum schmückte ein echter türkischer Diwan, das heißt eine auf dem Boden liegende Matratze wie ein Bett, aber ein Diwan von fünfzig Fuß Umfang [etwa siebzehn Meter] in weißem Kaschmir, verziert mit schwarzen und mohnroten Seidenschleifen, rautenförmig angeordnet. Die Kopfseite dieses riesigen Bettes reichte einige Zoll über die zahlreichen Kissen empor, die es durch ihre geschmackvollen Verzierungen noch prächtiger machten. […] Obwohl de Marsay die Erlesenheiten des Pariser Luxus zu sehen gewohnt war, überraschte ihn der Anblick dieser Muschel, ähnlich jener, aus der Venus geboren wurde.«

Was zunächst an das Haus einer Kurtisane denken lässt, die von den Reichsten der Reichen unter sklavenähnlichen Bedingungen ausgebeutet wird, entpuppt sich als etwas ganz anders. »Freudig holte Paquita aus einem der beiden Schränke ein rotes Samtkleid, das sie Henri anzog, dann setzte sie ihm eine Frauenhaube auf und umschlang ihn mit einem Schal. […] Was Männer, die eine gesellschaftliche Stellung einnehmen wie de Marsay und die so leben, wie sie leben, am allerbesten zu erkennen wissen, ist die Unschuld einer Frau. Doch seltsam, mochte das Mädchen mit den Goldaugen auch Jungfrau sein, unschuldig war es gewiss nicht!« Paquita will einen Mann, aber sie will ihn als Frau verkleidet.

Schon bald stellt sich heraus, dass Paquita mit einer Frau zusammenlebt. Der gewaltige Diwan gehört also zwei Frauen, die ihre sexuellen Vorlieben in betörender räumlicher Umgebung auszuleben wissen. Als de Marsay später in das Haus zurückkehrt, denn er hat rekonstruieren können, wo es liegt, stößt er auf ein Blutbad. Die zweite Frau und Besitzerin des Hauses, »Marchesa« genannt, hat Paquita mit unzähligen Messerstichen ermordet, das ganze Zimmer ist voller Blut. Der Grund für diese Tat ist: »›Stirb ohne Beichte!‹, rief sie aus. ›Fahre zur Hölle, du undankbares Ungeheuer. Niemandem sollst du mehr gehören als dem Teufel!‹« Aber: »›Sie ist tot‹, sagte sie nach einer Weile, plötzlich wieder zu sich kommend, ›tot! Ach, ich werde vor Schmerz darüber sterben!‹«

In der Beziehung dieser beiden Frauen drückt sich nicht einfach ein übersteigertes Besitzdenken aus, sondern tiefe Verzweiflung. Unter der Lebenssituation, in der sich homosexuelle Personen befanden, wird in diesem Text als hohes Glück empfunden, eine Partnerin zu haben und mit dieser Frau zusammenleben zu können. Dass also die Marchesa die Verbindung Paquitas mit de Marsay als Treuebruch erlebt, wegen dem sie nun nur noch strafen will, lässt schon die Einsamkeit offen zutage treten – sie will stattdessen ins Kloster [!] gehen. Der Text drückt keinesfalls aus, dass Paquita nicht auch homosexuell empfindet und lediglich wie eine Sklavin von einer betuchten sexbesessenen anderen Frau versklavt ist, denn sie verkleidet de Marsay immerhin vor dem Sex als Frau. Sie ist also bisexuell und damit insgesamt sozial weniger festgelegt. Das wiederum lässt sie der eindeutig homosexuellen Marchesa gegenüber als nicht verlässliche Lebenspartnerin erscheinen.

Balzac hat aber mit den homosexuellen Figuren in der *Menschlichen Komödie* nicht einfach das Spektrum seiner sozialen Milieus erweitert. Er nutzt das insgesamt von ihm angelegte Figurenensemble ebenso dafür, immer wieder sowohl Familien- als auch Einzelgeschichten weiterzutreiben und psychosozial zu verdichten. Es stellt sich am Ende dieses Textes nämlich heraus, dass die Marchesa eine Halbschwester von de Marsay ist. Ihr gemeinsamer Vater ist Lord Dudley, ein Schwerenöter ersten Grades. Bezieht man nun beide Kinder auf ihren (leiblichen) Vater, der sich überhaupt nicht für sie interessiert und sie den jeweiligen Müttern oder anderen Menschen überlassen hat, dann ist die Reaktion des Sohnes die, dass er diesen abwesenden und doch überall bekannten Vater in seinem Verhalten nachahmt, während die Tochter einem sexuellen Bezug zu Männern vollkommen ausweicht.

Beachtenswert ist zudem, dass beide am Ende des Textes eine Art Verschwisterungsritual vollziehen, womit sie auf denselben Nenner kommen: Beide legitimieren den Mord an Paquita und trösten sich in ihrem eigenen Schmerz um den Verlust. Sie vereinen sich im Mord, indem sie ihn gemeinsam verheimlichen werden. Die Marchesa ist sich völlig sicher, dass dieser Mann, der sich als ihr Halbbruder herausstellt, sie nicht verraten wird. Gemeinsam haben sie diese junge Frau getötet, denn auch de Marsays Verhalten, indem er Grenzen nicht respektiert hat, hat zu diesem Mord indirekt beigetragen und wäre selbst – sieht man sein Verhalten in der gesamten *Menschlichen Komödie* – ebenfalls zur Tötung in der Lage gewesen, was er auch ausdrückt. Diese Art von Bestrafung liegt ihm nicht im Mindesten fern.

Beide Geschwister verbindet der gemeinsame Punkt, vernachlässigte Kinder gewesen zu sein, die mit dem Stigma leben müssen, von einem promiskuitiven Mann gezeugt worden zu sein, dem sie nichts bedeutet haben, und zwar zudem in dem Bewusstsein, dass ›die Gesellschaft‹ weiß, wer sie sind, wer ihr Vater ist. Ihre innere Einsamkeit und ihre Kontrollversuche – indem sie Macht über andere zu gewinnen versuchen – entspringen derselben Quelle. Narzisstische Kränkungen bestrafen sie gnadenlos – auch Henri ist zuvor voller Besitzdenken gegenüber Paquita und verlangt, »der Bevorzugte« zu sein. Er ist sogar Mitglied eines Geheimbundes (»Geheimbund der Dreizehn«, siehe *Geschichte der Dreizehn*), also einer Struktur, die unsichtbar Machtverhältnisse zu ihren Gunsten beeinflussen will und auch nicht vor einer Entführung zurückschreckt, wenn sich etwa eine Frau dem ›Zugriff‹ eines Mitglieds der Dreizehn zu entziehen versucht *(Die Herzogin von Langeais)*.

Sieht man diese in der Tiefe angelegten Familien- und Individualdynamiken, dann erkennt man, wie sehr Balzac biografische Prägungen nicht nur wahrnimmt, sondern wie sehr er in der Lage ist, sein Figurenensemble zu nutzen, um diese biografischen Dynamiken im Lebensverlauf sichtbar zu machen. Hierin lag das ungeheure Potenzial eines literarischen Zyklus. Das hat er erkannt und umgesetzt. Während weibliche Homosexualität oftmals noch geflissentlich übersehen wird bzw. für viele Männer sogar eine interessante sexuelle Nuance sein kann, schlägt eine patriarchale Gesellschaft bei männlicher Homosexualität oft gnadenlos zu.

Auch dies hat Balzac formuliert und narrativ gestaltet, abermals nicht ohne Blutvergießen.

Der wohl ›modernste‹ literarische Text, den Balzac geschrieben hat, ist die Erzählung *Sarrasine*. In dieser macht er männliche Homosexualität zum Thema (siehe das Kapitel ›Das Androgyne wird getilgt‹), auch wenn sich der Protagonist gegen diesen Anteil im eigenen Begehren zu wehren scheint.

In *Cousin Pons, Das Mädchen mit den Goldaugen* und *Sarrasine* stellt Balzac keine homosexuellen Handlungen dar, das wäre damals auch hoch riskant gewesen. Allerdings enthält sich Balzac entsprechenden Darstellungen auch bei Figuren in heterosexuellen Beziehungen. Er ist ausgezeichnet darin, erotische Wirkung zu erzeugen, sexuelle Handlungen hingegen schildert er nicht. Unabhängig von damaligen Zensurauflagen scheint sich Balzac bei sexuellen Beziehungen vorrangig für die sozialkulturelle und für die psychosoziale Komponente zu interessieren. Und mit genau diesem Interesse und seinem Blick dringt er in die psychischen Tiefen seiner Figuren und von uns Menschen.

Der Ausgang aus den Tulerien (Terrasse des Feuillantes an der Rue de Rivoli), bis zu dem Henri de Marsay dem Mädchen mit den Goldaugen folgt; im Hintergrund die Vendôme-Säule.

Nicht nur, dass sich bei den Verkleidungsspielen in *Das Mädchen mit den Goldaugen* und *Sarrasine* eine Spielart sexueller Neigungen zeigt, noch etwas wird von Balzac thematisiert, nämlich die sogenannten weiblichen und männlichen Anteile in jedem Menschen. Was die bürgerliche Gesellschaft mit ihren neuen Restriktionen und Tabus einerseits unsichtbar zu machen versucht, bricht in der Pluralisierung der Milieus gleichzeitig auf. Wo das Laissez-faire vieles zulässt, da nehmen, wenn auch langsam, sozialkulturelle Varianzen zu. Dieser gesellschaftliche Prozess wird vom aufkommenden Realismus unterstützt und sichtbar gemacht. Balzac erkennt darin auch die sich verändernden Geschlechterrollen und -stereotype und hinterfragt sie bereits in den 1830er-Jahren. In seinen Texten hätte eine noch junge bürgerliche Gesellschaft ihre Zukunft sich abzeichnen sehen können – aber dazu mehr im folgenden Kapitel.

Rigide Geschlechterstereotype und ihre allmähliche Aufweichung

Es mag überraschen, gerade für eine Zeit, in der sich die bürgerliche Lebensweise so massiv durchzusetzen beginnt, und zwar inklusive der rechtlichen Festschreibungen, von einer Aufweichung der Geschlechterrollen sprechen zu wollen, doch auch in dieser Hinsicht hat Balzac tiefer geblickt und jene Tendenzen sich abzeichnen sehen, von denen einige im 21. Jahrhundert längst etabliert sind, andere hingegen immer noch nicht.

Frauen waren an den Revolutionen von 1789, 1830 und auch 1848 in erheblichem Maß beteiligt. Gleichzeitig wurden sie ab der Machtübernahme Napoleons in ihren Rechten wieder beschnitten. Frauen gehörten zu den großen Verlierergruppen bei der Entstehung der bürgerlichen Gesellschaft, dies umso mehr, als viele Einschränkungen auch juristisch festgeschrieben wurden. Im Wirtschaftsleben, in der Politik, in der Wissenschaft und auch in der Kunst wurden sie ausgegrenzt oder resignierten schließlich vor den männerbündlerischen Netzwerken. So waren für Frauen die Begriffe ›Gleichheit‹ und ›Brüderlichkeit‹ vielfach bloße Worthülsen – ›Freiheit‹ ist ohnehin ein schwer zu definierendes Ziel und bleibt ein eher diffuses Ideal, wie es sich in einer hoch individualisierten und hoch narzisstischen Gesellschaft im 21. Jahrhundert zeigt.

Napoleon war 1799 fest entschlossen gewesen, die französische Gesellschaft nach innen zu befrieden. Mehr als zehn Jahre Blutvergießen bei weiterhin bestehenden bürgerkriegsähnlichen Zuständen wie in der Bretagne und den in kurzen Folgen durchgeführten Hinrichtungswellen der jeweils politischen Gegner auf der Place de la Revolution (heute Place de la Concorde) sollten genug sein. Verschiedene Maßnahmen wurden dazu erarbeitet. Zu ihnen gehörte es, Frieden zu schließen mit den Kirchen, insbesondere mit der katholischen, und ihnen wenigstens einen Teil ihrer ehemaligen Besitztümer wieder zurückzugeben. Das hatte auch damit zu tun, dass die Vorstellung von einem Wesen mit dem Namen Gott, der nach dem Tod auf jeden Einzelnen wartet und ihm Gerechtigkeit widerfahren lässt, nicht hatte überführt werden können in jenen abstrakteren Glauben, den die Revolutionäre etwa mit dem ›Fest des Höchsten Wesens‹ anstelle kirchlicher Rituale mehr in Richtung Aufklärung hatten bewegen wollen.

Ein anderer Versuch, die gesellschaftlichen Wogen zu glätten, bestand darin, die patriarchale Gesellschaft grundsätzlich fortzuführen. Die Macht lag allerorten in männlichen Händen, und die Männer hielten Frauen in allen machtpolitisch relevanten Fragen für minderbemittelt. Dieses Zurückdrängen weiblicher Ansprüche an die Gleichstellung nahm die Restauration nach Napoleons endgültiger Niederlage nahtlos und gerne auf, und auch in der Zeit nach 1830 führten die Einschränkungen schließlich aufseiten der politisch aktiven Frauen zur weitgehenden Resignation. Die bürgerliche Gesellschaft definierte die Frauenrolle auf den Haushalt und die (frühe) Kindererziehung hin. Die Fähigkeit zu Rationalität oder Vernunft wurde Frauen weitgehend abgesprochen. Damit wurden sie auf den Emotionsausdruck, auf die Herstellung familiärer Harmonie und auf das Repräsentieren (zugunsten des Mannes) beschränkt. Sie selbst hatten schön zu sein und Wohnung oder Haus so zu gestalten, dass sie repräsentativ Eindruck machten. Den Kindern hatten sie die geschlechtsspezifisch definierten guten Sitten zu vermitteln.

Und doch! Auch wenn bis heute die revolutionär angestrebte Gleichstellung der Frau immer noch nicht endgültig verwirklicht ist, so gab sich die bürgerliche Gesellschaft Ideale, durch die die Frauenemanzipation zunehmend unvermeidbar wurde. Die wohl wichtigste Veränderung war die Zunahme der schulischen Bildung von Mädchen. Zwar begann eine jahrzehntelange Diskussion darüber, welche Bücher und Texte für Frauen zu lesen geeignet waren, war aber die Alphabetisierung einmal vorangekommen, lasen Frauen schlicht: alles. Nach und nach standen immer mehr Frauen in Sachen Schulbildung den Männern in nichts mehr nach; hatten sie auch noch eine stabile Persönlichkeit, sicheres Auftreten sowie Redegewandtheit, dann waren sie immer weniger aus männlich privilegierten Gesellschaftsfeldern herauszuhalten.

Starke Frauen

Es war in jener Zeit nicht ganz selten, dass Frauen als Männer gekleidet das Haus verließen, um sich sicher zu fühlen oder um vielleicht auch nur unerkannt zu bleiben. Das Inkognito konnte ganz unterschiedliche Gründe haben. Auch Balzac selbst hat sich eine solche Camouflage einmal zunutze gemacht, als er nämlich im August 1836 mit einem jünglingshaften Begleiter zu einer Reise nach Italien aufbrach. Es handelte sich um Caroline Marbouty, die damals eine seiner Geliebten war. Da weder bei der Abreise in Paris noch während der Reise auf französischem Gebiet jemand bemerken sollte, mit wem er – unverheiratet – reiste, blieb Caroline Marbouty in Männerkleidung gehüllt und äußerte sich öffentlich mit keiner Silbe. In einem Brief vom 9. August, in Italien angekommen, ulkte er einem Vertrauten gegenüber, »Marcel« habe die Reitpeitsche wieder durch ein Frauendiadem getauscht.

Ein solches Verhalten hat etwas von einem Abenteuer, und dafür war Balzac immer zu begeistern. In der Erzählung *Das Antiquitätenkabinett* lässt er die Herzogin Diane de Maufrigneuse (spätere de Cartignan) nicht nur in Männerkleidung, sondern auch im männlichen Auftreten erscheinen, um ihrem Geliebten aus der Patsche zu helfen. Noch vor Tagesanbruch erscheint sie bei dessen Notar in der Provinz:

> »Chesnel schlief weder friedlich noch lange; denn noch vor Tagesanbruch weckte ihn seine Haushälterin und meldete ihm die verführerischste Figur dieser Geschichte, den reizendsten jungen Herrn der Welt, die Frau Herzogin von Maufrigneuse, die ganz allein in einer Kalesche hergekommen war, und zwar in Männerkleidung.
> ›Ich komme, um ihn zu retten oder mit ihm zu sterben‹, sagte sie zu dem Notar, der zu träumen glaubte. ›Ich habe hunderttausend Francs bei mir; der König hat sie mir aus seiner Privatschatulle gegeben, um Victurniens Unschuld zu erkaufen, falls die Gegenseite bestechlich ist. Wenn wir scheitern, habe ich Gift bei mir, um ihn allem zu entziehen, sogar der Anklage. Aber wir werden nicht scheitern. Der Staatsanwalt,

dem ich habe mitteilen lassen, was sich hier ereignet hat, folgt mir; er hat nicht mit mir reisen können, er hat noch die Weisungen des Justizministers entgegennehmen wollen.‹

Chesnel [...] hüllte sich in seinen Schlafrock und fiel ihr zu Füßen, die er küsste, nicht ohne sich dafür zu entschuldigen, dass er sich vergessen habe und dass ihn die Freude dazu hingerissen habe. [...]«

Und die Herzogin hat auch vorgesorgt für den Fall, dass sie sich würde ausweisen müssen.

»›Habe ich etwa keinen ordnungsgemäßen Pass?‹, fragte sie und zeigte ihm ein Formular, auf dem sie als Monsieur Vicomte Felix de Vandenesse, Bearbeiter von Bittgesuchen und Privatsekretär des Königs, bezeichnet war. ›Weiß ich nicht meine Männerrolle gut zuspielen?‹, fuhr sie fort, strich die Locken ihrer Titusperücke zurück und schwang die Reitpeitsche.

›Oh, Frau Herzogin, Sie sind ein Engel‹, rief Chesnel mit Tränen in den Augen. (Sie musste immer ein Engel sein, selbst als Mann!) ›Knöpfen Sie Ihren Mantel zu und hüllen Sie sich bis zur Nasenspitze in ihn ein, nehmen Sie meinen Arm und kommen Sie [...]‹.

Dann begaben sich Chesnel und sein reizender Begleiter zum Haus von Herrn und Frau Camusot.«

Dass Chesnel hier die Herzogin stets als Frau sieht, täuscht nicht darüber hinweg, dass dieser ›junge Mann‹ an seiner Seite äußerst attraktiv erscheint. Später nennt Balzac die Herzogin einen ›charmanten Kavalier‹. Es gehört also gar nicht viel dazu, die in der *Menschlichen Komödie* als ausgesprochen attraktiv und begehrenswert geschilderte Diane de Maufrigneuse als Mann erscheinen zu lassen. Ist die Kleiderordnung auch abgeschafft, die weibliche und männliche Bekleidung scheint so festgelegt zu sein, dass körperliche Attribute darunter an Bedeutung verlieren. Und die Herzogin weiß durchaus, im Auftreten hinreichend entschieden zu wirken, wenn es sein muss, also ›männlich‹ zu erscheinen.

In dem Haus hinter dieser Toreinfahrt in der Rue du Val-Noble in Alençon lässt Balzac große Teile der beiden Erzählungen *Die alte Jungfer* und *Das Antiquitätenkabinett* spielen.

Es sind adlige Frauen, denen Balzac solche Unverfrorenheiten zuschreibt. Das basiert nicht allein auf Vorurteilen. Insbesondere aristokratische Frauen waren mit ihrer Selbstsicherheit im Auftreten, mit ihrer sprachlichen Gewandtheit, mit ihren Kenntnissen politischer Abläufe bzw. Gepflogenheiten und ihrem hohen Vernetzungsgrad in der Lage, sich in riskanten oder prekären Situationen durchzusetzen. Eine andere dieser weiblichen Figuren lässt Balzac in *Eine dunkle Begebenheit* die Dynamik der Handlung forcieren, nämlich die Tochter einer Familie, aus der sich die Männer in die Emigration nach Deutschland gerettet haben. Es handelt sich um Laurence de Cinq-Cygne, die den Kampf gegen Napoleon im Inland weiterbetreibt und darin eine ungeheure Entschlossenheit zeigt.

> »Laurence überflog mit einem einzigen Blick Monsieur und Madame d'Hauteserre, den Abbé Goujet und dessen Schwester, die völlig im Dunkeln tappten. Die triumphale Freude funkelte in ihren Augen, sie errötete und Tränen bildeten sich zwischen ihren Wimpern. Das gegen das größte Unglück gewappnete Mädchen konnte nur vor Freude weinen. In diesem Augenblick rührte sie alle, besonders den Pfarrer, den die Männlichkeit in Laurence' Charakter beinahe betrübt hatte; jetzt er-

100

kannte er ihre große weibliche Zärtlichkeit; aber diese Empfindsamkeit lag bei ihr wie ein verborgener Schatz in unendlicher Tiefe unter einem Granitblock.

Diese junge Frau taucht später noch einmal in der *Menschlichen Komödie* auf. In *Die Kehrseite der Geschichte unserer Zeit* heißt es über sie:

> »Ein Besuch, der Godefroid in ganz besonderem Maß überraschte, war der der Gräfin de Cinq-Cygne, einer Aristokratin höchsten Ranges, deren Salon den Bürgerlichen und Emporkömmlingen verschlossen war. Die Anwesenheit dieser großen Dame im Salon der Madame de La Chanterie war an sich schon etwas Außergewöhnliches, aber die Art, wie die beiden Frauen einander begrüßten und miteinander umgingen, war für Godefroid unerklärlich, denn sie zeugte von einer Vertraulichkeit, von einem ständigen Umgang miteinander, was Madame de La Chanterie einen unermesslichen Wert verlieh. Madame de Cinq-Cygne war zu den vier Freunden ihrer Freundin liebenswürdig und herzlich und respektvoll gegenüber Monsieur Nicolas.«

Madame de La Chanterie unterhält ein geheimes Netzwerk, mit dem sie jene königstreuen Gefolgsleute unterstützt, die nach der Revolution und während des Kaiserreichs Besitz und Stellung verloren haben. Laurence de Cinq-Cygne gehort ganz offenbar zu diesem Netzwerk. Sie akzeptiert niemanden auf der politischen Bühne, der nicht dem alten Adel entstammt, weiß aber jene nichtadligen Gefolgsleute stets unter Schutz zu stellen und mit Achtung zu begegnen.

Dieses Erstarken adliger Frauen in jener Zeit ist nicht verwunderlich, denn viele Männer waren hingerichtet oder in den kriegerischen Auseinandersetzungen ermordet worden. Viele andere befanden sich jahrelang in der Emigration, beispielsweise in England oder in den deutschsprachigen Ländern. In dieser Zeit hatten die Frauen im Inland und oft auf den Resten ihrer Güter lebend die gesellschaftliche Stellung gehalten (siehe auch *Der Requisitionär*) und dabei eine große Entschlossenheit und das nötige Geschick gezeigt.

Sosehr der alte Adel seine festgeschriebenen gesellschaftlichen Privilegien verlor, das Selbstbewusstsein der einzelnen Mitglieder in Form einer starken und souveränen Persönlichkeit setzte sich intergenerational fort.

Töchter und Söhne – Erziehungsfragen

In sich stark wandelnden kulturellen Umschwüngen ist es eine spannende Frage, wie sich Erziehung verändert. Einerseits reduziert die bürgerliche Gesellschaft die Geschlechtsrollenstereotype sehr rigide auf zwei Pole, die man als entgegengesetzt konstruiert: den weiblichen und den männlichen. Andererseits verändern sich die Bildungsideale und setzt sich im Schulwesen die Haltung durch, dass alle Menschen eine schulische Bildung durchlaufen sollten – auch die Mädchen. In dieser nachrevolutionären Tendenz setzt es sich darüber hinaus durch, den Kirchen das Schulprivileg zu nehmen.

Diese Generalisierung der Schulbildung führt bei den Mädchen und jungen Frauen zu einem bedeutenderen Veränderungsprozess als bei den Jungen; und diese Wandlung setzt unterschwellig einen Prozess in Gang, der von Jahrzehnt zu Jahrzehnt das Selbstbewusstsein und das Selbstvertrauen in die eigene Handlungsfähigkeit aufseiten der Frauen stärken wird. Dieses selbstbewusstere Auftreten setzt Balzac mit einigen Töchtern in der *Menschlichen Komödie* in Szene.

Die Tochter Modeste Mignon (im gleichnamigen Roman) hat ein ganz besonderes Verhältnis zu ihrem Vater Charles. Sie sieht ihrer Mutter mit ihrer erhabenen Schönheit sehr ähnlich und hat ein paar Eigenschaften, die Vater und Tochter eng miteinander verbinden, zumal es keinen Sohn in der Familie gibt. Modestes Schwester stirbt früh, sodass Modeste das einzige Kind des Ehepaares Mignon wird. Modeste ist gut gebildet, belesen und hat einen scharfsinnigen Geist, auch wenn der noch mit jugendlichen Träumereien durchsetzt ist.

In diesem Roman zeigt sich, wie eine junge Frau zunehmend selbstbestimmter auftritt und schließlich sogar die Rolle des Vaters einnimmt, als dieser für Jahre abwesend ist, um in Übersee zu neuem Reichtum zu gelangen. Das markiert die tektonische Verschiebung, die dazu führen wird, dass das enge

Stereotyp, welches die bürgerliche Gesellschaft für Frauen verbindlich zu machen versucht, stets auf unterhöhltem Terrain stand. Wer sich wie Modeste entwickelt, über den heißt es dann: »›Ein Blaustrumpf, entsetzlich gebildet, hat alles gelesen, weiß alles … in der Theorie‹, rief Canalis auf eine Gebärde von La Brière hin, ›ein verwöhntes Kind, von früh an aufgewachsen im Luxus und nun seit fünf Jahren entwöhnt […]‹.«

Zu diesem Zeitpunkt befinden sich mehrere Männer im Haus Mignon, denn Modeste soll sich endlich verheiraten.

»Acht Tage lang behandelte die Erbin ihre drei Heiratsbewerber genau wie an diesem [ersten] Abend, und der Dichter [Canalis] schien trotz der Grillen und Launen, welche dem Herzog d'Hérouville [dem Mitkonkurrenten] von Zeit zu Zeit Hoffnung gaben, über seine Nebenbuhler zu siegen. Modestes Ungezogenheiten ihrem Vater gegenüber und die übermäßigen Freiheiten, die sie sich ihm gegenüber herausnahm, ihre Ungeduld mit der blinden Mutter, der sie nun fast widerwillig jene kleinen Dienste erwies, die früher einmal der Triumph ihrer Kinderliebe gewesen waren, schienen die Wirkung eines launischen Charakters und eines von der Kindheit an geduldeten Übermutes zu sein. Ging Modeste zu weit, so machte sie sich ihre eigene Moral und schrieb ihre Unarten und ihre Unverfrorenheiten ihrem Unabhängigkeitsdrang zu. Sie gestand dem Herzog und Canalis, wie wenig Gefallen sie am Gehorsam finde, und stellte das als ein wirkliches Hindernis gegen ihre Verheiratung dar; so erforschte sie die Gesinnung ihrer Bewerber, wie man die Erde aufgräbt, um Gold, Kohle, Tuffstein oder Wasser herauszubringen.«

Modeste mag auf ihre Weise nicht bescheiden oder anspruchslos sein, gleichwohl wirbt sie für sich damit, dass sie sich eine ausgewogene Rolle als Frau wünsche. Dem Dichter Baron de Canalis schreibt sie einmal: »[…] wenn ich auch die Poesie liebe, so habe ich doch keine ›kleinen Verse‹ in einer Mappe [um ihm womöglich Konkurrenz zu machen], und meine Strümpfe sind und werden von reinem Weiß bleiben [sie will kein Blaustrumpf werden].« Sie betont ihre Konformität in der weiblichen Rolle und will durchaus einen starken Mann an ihrer Seite:

»Wenn ich auch frei bin, wenn ich auch reich bin, mich jung und schön weiß, ich werde niemals einem Nichtsnutz angehören, nur weil er der Sohn eines Pairs von Frankreich ist, noch irgendeinem Kaufmann, der sich an einem einzigen Tag zugrunde richten kann, noch einem schönen Mann, der die Frau im Haus wäre, noch überhaupt einem Menschen, bei dem ich zwanzigmal am Tag darüber erröten müsste, dass ich ihm gehöre.«

Bei allen romantischen Gedanken an eine Liebesheirat und bei so mancher verträumten Idee über ihr Leben, behält Modeste weitgehend die Zügel ihres Lebens in der Hand. Da weder die gesundheitlich schwächer werdende Mutter noch der Vater ihrem Willen und manchmal auch ihrer Sturheit ernsthaft etwas gegensetzen, gestaltet sie auch die Suche nach einem Ehemann souverän. Soziale Konventionen können sie kaum unter Druck setzen.

»Mein Vater achtet meinen Willen zu sehr, er wird ihn niemals durchkreuzen.« Sie geht durchaus rational zu Werke, denn »für gewöhnlich werden die Ehen entgegen dem gesunden Menschenverstand geschlossen«, bis sie Canalis schließlich mit der Formel konfrontiert: »Bin ich die Vernunft, sind Sie die Fantasie?« Modeste kritisiert zudem das Prinzip der Mitgift. Ihr Vater hat sich nach den revolutionären Jahren auch deshalb ins Geschäftsleben geworfen, um ihre Mitgift erhöhen zu können, denn das würde ihre Verheiratung in den gehobenen Kreisen sichern. Sie schreibt in einem Brief: »Wir französischen Mädchen, wir werden von unseren Familien wie Waren mit drei Monaten Zahlungsziel geliefert, zuweilen auch [...] auf lange Sicht; aber in England, in der Schweiz, in Deutschland heiratet man ungefähr nach der [romantischen] Art, die ich bevorzuge.«

Der Roman wurde hauptsächlich im Jahr 1843 geschrieben, in einer Zeit, als konservative Autoren den Frauen gerade das absprachen: Vernunft – womit auch weiterhin begründet wurde, warum sie aus Politik, Wissenschaft und Firmenbesitz ausgeschlossen werden müssten, denn sie ließen sich zu sehr von Gefühlen leiten.

Der familiäre Hintergrund, den Balzac seiner Figur gibt, ist aufschlussreich: Charles Mignon entstammt eigentlich einer Adelsfamilie, die aber in den Revolutionsjahren ihre Güter und ihren Titel verloren hat. Es war ihm nichts anderes übrig geblieben, als sich auf beruflichen Wegen (Angehöriger des Militärs oder als Gewerbetreibender) eine neue gesellschaftliche Position zu erarbeiten, die ihm wieder Vermögen und vielleicht sogar auch die Wiedererlangung des Adelstitels ermöglichen sollte. Aufgewachsen ist Modeste also als Bürgerliche, wenn auch mit einem Bewusstsein, einer einst mächtigen und wohlhabenden Familie anzugehören. Ihre Mutter ist eine Deutsche aus Frankfurt am Main und entstammt ebenfalls einer Adelsfamilie. Modeste ist nicht durch gesellschaftliche Zuweisung von Geburt an eine selbstsichere Person geworden, selbst wenn natürlich ein familiäres Elitebewusstsein intergenerational wirksam bleibt, sondern durch Bildung und liberale Erziehung.

Ähnlich auf ihre Autonomie bedachte weibliche Figuren finden sich im Roman *Beatrix* (siehe das folgende Kapitel).

Und die Söhne?

Es ist auffällig, dass in jenen Texten, in denen Eltern-Kinder-Konstellationen für die Konfliktstruktur eine Rolle spielen, es etwa doppelt so häufig um Töchter geht wie um Söhne.

Während bei den Töchtern die ›Leistung‹ der äußeren Attraktivität und ihre erfolgreiche Verheiratung (im Zusammenspiel von sozialem Aufstieg und Mitgift) im Mittelpunkt stehen, sind es bei den Söhnen die Erwartungen des sozialen Aufstiegs durch besondere Arbeitsleistungen. Erzieherisch stehen auch hier häufig die Mütter im Vordergrund, bei denen auffällt, dass sie oft mit den Töchtern eine solidarische Verbundenheit leben, während die Söhne zuweilen ›stören‹ oder (verdeckt) abgelehnt werden. Die durch ihre hohe Außenorientierung oft abwesenden Väter lassen den Söhnen viele Freiheiten und sie nach außen eher gewähren. Zuweilen treten sie auch als strafende Väter auf.

Ein interessantes Brüderpaar sind Philippe und Joseph Brideau. Die alleinerziehende Mutter empfindet deutlich mehr Nähe zu Philippe, der verhätschelt wird, während sie Joseph insgeheim nicht viel zutraut. Philippe jedoch scheitert ein ums andere Mal, während sich Joseph nach und nach von einem wenig beachteten zu einem angesehenen Maler entwickelt. Beide Figuren tauchen in der *Menschlichen Komödie* immer wieder auf (besonders in *Die Krebsfischerin* bzw. *Junggesellenwirtschaft*, *Verlorene Illusionen*, *Glanz und Elend der Kurtisanen*, *Der Eintritt ins Leben*). Philippe gehört zu jenen männlichen Figuren, die einmal ihr Glück in Übersee suchen – er scheitert jedoch auch dort. Hinter dieser Brüderkonstellation verbirgt sich die unterschiedliche familiäre Position von Balzac selbst und seinem jüngeren Bruder Henri, der von einem anderen Vater stammte und als zudem jüngstes Kind von der Mutter besonders viel Aufmerksamkeit erhielt. Auch Henri ging später nach Übersee.

Balzac konstruierte Familien vorrangig mit ein oder zwei Kindern, wobei es häufiger zwei Töchter gibt als zwei Söhne. Familien mit Töchtern kommen rund doppelt so häufig vor wie jene mit Söhnen. Dass oft alleinerziehende Mütter auftauchen, hat sicherlich mit der realen damaligen Situation zu tun, wenn die Männer in den Revolutionsjahren oder in den Napoleonischen Kriegen ermordet worden waren oder aber sich durch berufliche Aufgaben in Militär, Politik und Handel im Ausland befanden. Von einer alleinerziehenden Mutter mit zwei Söhnen handelt auch *Die Grenadière*, in der sichtbar wird, wie sehr eine Mutter versucht, eigene Versäumnisse bzw. Missgeschicke den Söhnen gegenüber wiedergutzumachen. Auf diese und andere Eltern-Söhne-Konflikte gehe ich im Kapitel über Schuldgefühle ausführlicher ein.

Die autonome Intellektuelle und Künstlerin

In *Béatrix* stellt Balzac zwei weibliche Figuren ins Zentrum, die ein sehr autonomes Leben führen auch dann, wenn sie verheiratet sind bzw. in einer nicht ehelichen Partnerschaftlich leben: Da ist Félicité des Touches, die in den frühen Revolutionszeiten bereits als kleines Kind Waise geworden war und von einem Onkel erzogen wurde. Und da ist Béatrix de Rochefide, geborene de Castéran. Béatrix war zwar zunächst verheiratet, verließ ihren Ehemann aber schon bald. Beide Frauen führen mithin ›wilde Ehen‹. Während Béatrix nicht ganz ohne Bindung an einen Mann und auch nicht ohne die männliche Aufmerksamkeit leben kann, bleibt Félicité unabhängiger und geht am Ende des Romans sogar ins Kloster. Sie hat sich unter dem männlichen Namen Camille Maupin einen Zugang zum Buchmarkt verschafft und erhält für ihre Bücher viel Zuspruch. Sie sieht sich in den Spuren von George Sand, die auch real Modell für diese Figur stand. Der Handlung selbst lag das Verhältnis der

Gräfin d'Agoult mit Franz Liszt zugrunde. Alle diese Bezüge sind aber stark verwässert worden.

Félicité und Béatrix irritieren mit ihrem Auftreten und ihrem Lebenswandel ihre sozialen Umgebungen. Manche anderen Figuren haben Angst vor ihren intellektuellen Fähigkeiten, einige Frauen fürchten sie als Konkurrentinnen, wieder andere haben Sorge um ihre Söhne. Tatsächlich ist eine interessante Komponente im Figurenensemble des Romans, dass beide Frauen die Zuneigung des jungen Calyste de Guénic erhalten und sie auch ausnutzen, um ihn hin und wieder ins Bett zu kriegen; er ist rund anderthalb Jahrzehnte jünger als die beiden – mit einem solchen Altersunterschied hatte Balzac eigene Erfahrungen, denn seine erste und langjährige Geliebte, Laure de Berny, war im Alter seiner Mutter.

Über das Befremden, das Félicité in ihrer sozialen Umgebung auslöst, heißt es:

>Sie fraß zwar noch keine kleinen Kinder, sie tötete keine Sklaven wie Kleopatra, sie ließ auch keinen Mann in den Fluss werfen [...]; aber für den Abbé Grimont bildete dieses ungeheuerliche Wesen – hab Sirene, halb Atheistin – ein sittenloses Gemisch aus Frau und Philosoph, das alle sozialen Gesetze außer Acht ließ und sich über alles hinwegsetzte, was erdacht worden war, um die Schwächen des schönen Geschlechts im Zaum zu halten oder nützlich zu machen. [...] so war Camille Maupin die Maske, hinter der sich lange Zeit ein bezauberndes Mädchen aus bester Familie verbarg [...]. Camille Maupin, eine der berühmtesten Frauen des neunzehnten Jahrhunderts, wurde aufgrund der männlichen Kraft ihres Debutwerkes eine Zeit lang tatsächlich für einen männlichen Autor gehalten.« Und: »Ihr überlegener Geist lehnte sich auf gegen den Verzicht, mit dem die verheiratete Frau das Leben beginnt. Sie fühlte lebhaft den Wert der Unabhängigkeit und empfand nur Widerwillen gegen die Pflichten der Mutterschaft. [...] ihr Vormund war ein alter Archäologe, und der Zufall trieb sie ins Reich der Wissenschaft und Fantasie, in die Welt der Literatur, anstatt sie in dem engen Kreis festzuhalten, der eine Frau auf oberflächliche Erziehung durch mütterliche

Belehrungen über Toilettenfragen, über heuchlerischen Anstand und über die Anmut der Männerjagd beschränkt. Daher sah man ihr schon lange, bevor sie berühmt wurde, auf den ersten Blick an, dass sie nie mit einer Puppe gespielt hatte.«

Auch Béatrix de Rochefide hat eher geistige Interessen und verkehrt in Künstlerkreisen. Félicité erzählt von ihr:

»Dennoch hat sie Seelengröße, einen geradezu königlichen Stolz, Ideenreichtum und eine wunderbare Leichtigkeit, alles aufzufassen und zu verstehen; sie spricht über Metaphysik und Musik, über Theologie und Malerei. [...] aber es findet sich ein wenig Geziertheit in ihr: Sie zeigt zu sehr, dass sie einige komplizierte Dinge wie Chinesisch oder Hebräisch kann, dass sie von Hieroglyphen eine Ahnung hat oder dass sie den Papyrus, der Mumien umhüllt, zu deuten versteht.« Und: »Sie war auffällig durch das, was Ihr Provinzler Originalität nennt und was schlicht nichts anders ist als eine Überlegenheit des Denkens, der Überschwänglichkeit, ein Gefühl für das Schöne, eine gewisse Begeisterung für Kunstwerke. [...] es gibt für eine Frau nichts Gefährlicheres. [...] Die Männer allein verfügen über den Stab, mit dem man sich am Rand des Abgrunds stützt, eine Kraft, die uns fehlt und die uns zu Ungeheuern macht, wenn wir sie besitzen. [...] Rochefide [ihr Ehemann] ist ziemlich dumm; trotzdem beeilte er sich, einen Sohn zu bekommen, und da er seine Frau unaufhörlich quälte, hatte sie bald genug von ihm.«

Beide Figuren haben ein durchaus distanziertes Verhältnis zu Männern, allerdings konturierte Balzac zwei durchaus unterschiedliche Typen. Béatrix konstatiert einmal in einem Brief an Félicité: »Wir leben allein durch die Liebe; die Männer hingegen leben durch die Liebe und die Tat, sonst wären sie keine Männer. Indessen ergeben sich große Nachteile aus der Situation, in die ich mich gebracht habe und die Sie vermieden haben. Sie blieben der Welt gegenüber groß; sie hat keinerlei Recht auf Sie. Sie behielten Ihren freien Willen und ich habe meinen nicht mehr.« Zu sexuellen Abenteuern schreibt sie aber auch: »Die Liebe, meine Teuerste, ist eine anspruchsvollere Herrin [Balzac

Ein altes Gehöft (›Schloss‹) außerhalb der Stadt Guérande, wie es ähnlich auch Béatrix de Rochefide in *Béatrix* bewohnt und um das Calyste de Guénic herumschleicht, um sie an einem der oberen Fenster zu erblicken.

verwendet ein Maskulinum: un maître] als die Ehe, aber es ist so süß, ihr zu gehorchen.«

Balzacs Verhältnis zur Eheschließung ist längst Legende. Zweifelsohne hing er der Vorstellung aus feudalen Zeiten an, man heirate aus wirtschaftlichen Erwägungen und pflege weiterhin seine Liebschaften. Dass für die Frauen aus der Ehe gerade in der bürgerlichen Entwicklung viele Nachteile entstanden, sah er ganz klar. Aus seinen Beobachtungen heraus hatte er bereits mit gerade mal dreißig Jahren das umfangreiche Buch *Physiologie der Ehe*, eine Art zynischen Breviers, veröffentlicht – das er später in die ansonsten leere Rubrik »Analytische Studien« in die *Menschliche Komödie* aufnahm.

Viele weibliche Figuren in Balzacs Texten drücken diese Unzufriedenheit mit der Ehe aus. In *Béatrix* heißt es: ›Die Ehe besteht nicht nur aus Freuden, die in diesem [bürgerlichen] Stand ebenso flüchtig sind wie in jedem anderen, sie schließt auch Rücksichtnahme auf Launen, körperliche Anziehung, Passung der Charaktere ein, wodurch diese soziale Notwendigkeit zu einem ewigen Problem wird. Die heiratsfähigen Töchter kennen genauso gut wie ihre Mütter die Ziele und Gefahren dieser Lotterie. Und genau das ist der Grund, warum die Frauen weinen und die Männer lächeln, wenn sie einer Verheiratung beiwohnen. Die Männer glauben, nichts aufs Spiel zu setzen, die Frauen hingegen wissen ungefähr, was sie riskieren.«

In der strengen Zweipoligkeit der Geschlechterfragen werden allzu selbstbewusste und willensstarke Frauen sogar dadurch abgewertet, dass Männer sie »männlich« nennen. Selbst ein schmerzliches Empfinden nach einem (unerhörten oder unerfüllten) Liebeswerben wird den Männern vorbehalten – zumindest in den Texten der Männer –, Frauen seien dazu gar nicht in der Lage. Der Lebensgefährte von Félicité drückt es Carlyste gegenüber so aus: »»[...] nur wenige [Frauen] kennen die Schmerzen der Wollust, die das Begehren verursacht; das ist eine der herrlichen Leidenschaften, die dem Mann vorbehalten sind; aber sie [Félicité] ist auch ein wenig ein Mann‹, sagte er spöttisch, ›ihre Leidenschaft zu Béatrix wird ihr zugleich Schmerzen bereiten und sie glücklich machen.‹« Man kann hinter dieser Passage einen verdeckten Hinweis auf eine lesbische Liebe angedeutet sehen; die gemeinsame Verführung des jungen Calyste wäre dann eine symbolische Vereinigung der beiden Frauen.

Dass sich Frauen ab dem Beginn des Gleichheitsdiskurses nach 1789 aus der Unterdrückung in einer patriarchalen Gesellschaft wieder befreien würden, war nur eine Frage der Zeit. Sosehr dann die bürgerlichen Vorstellungen die Frauen wieder – nach ihren Beteiligungen auch an den Revolutionen und den entsprechenden politischen Forderungen – im Verständnis von ›Kinder, Küche, Kirche‹ in eine extrem begrenzte soziale Rolle drängten, so sehr war die Gegenbewegung doch nicht mehr aufzuhalten, als Bildung für Frauen nach und nach auf allen Ebenen gefordert und durchgesetzt wurde. Ein solch anderes Frauenbild pflegten nicht nur die gebildeten bürgerlichen Frauen, sondern ihrer sozialen Stellung entsprechend auch adlige Frauen der jüngeren Generationen. Dass sich das Frauenbild änderte, war der gemeinsame Nenner, auch wenn die sozialen Grenzen nicht überwunden wurden und aristokratische Frauen keinerlei Absicht hatten, sich mit Bürgerinnen ›gleich‹zumachen. Auch eine George Sand wäre nicht auf die Idee gekommen, ihre adligen Privilegien aufzugeben. Gleichwohl wurde auch sie zu einem Modell für Frauen.

Die bürgerliche Ehe zwang zunächst einmal dem moralischen Ideal folgend beide Seiten in eine jeweils neue Rolle: Der
Bürger als kleingeschrumpfter ›Herr‹ und Bestimmer war in der
Kleinfamilie auf Kooperation und Kommunikation angewiesen
und damit auch auf Kompromisse festgelegt. Indem sich das
Frauenbild eben doch nach und nach änderte (die Sprünge waren damals deutlich größer als die noch anstehenden zu Beginn
des 21. Jahrhunderts), verlor der Mann seine Macht.

In der *Menschlichen Komödie* finden sich Frauen, die ein
großes Selbstbewusstsein haben und sich ihres persönlichen
Selbstwertes bewusst sind, darüber hinaus zeigt Balzac auch,
dass sich die Erziehung der Töchter ändert. Es ist zuweilen in
den Texten verblüffend, wie sehr junge Frauen sowohl zur
Selbstbehauptung fähig sind als auch Einfluss haben auf familiäre Haltungen und sogar auf das väterliche Verhalten.

Gänzlich scheitert eine zu enge Fassung der Geschlechterrollen da, wo die primären und sekundären Geschlechtsmerk-
male uneindeutig ausfallen.

Das Androgyne wird getilgt

In welcher Weise die beginnende bürgerliche Gesellschaft mit
den Geschlechterzuweisungen ringt, zeigt sich eindrucksvoll an
der Erzählung *Sarrasine*. Der französische Bildhauer Sarrasine
verlässt 1758 Paris und siedelt nach Rom über. Seine Geliebte
hat sich von ihm getrennt, weil Sarrasine sein ganzes Leben auf
die Kunst ausgerichtet hat und die Opernsängerin sich von ihm
offenbar zu wenig gesehen gefühlt hat. In Rom hört Sarrasine
schon bald von der Zambinella reden, einer Sängerin, die das
Publikum in Bann hält und zu ekstatischen Jubelausbrüchen
verleitet. Als er zum ersten Mal einer Aufführung beiwohnt,
kennen seine Begeisterung und sein Entzücken kein Maß, sein
Empfinden grenzt an Wahnsinn. »Sarrasine wollte sich auf die
Bühne schwingen und sich der Frau bemächtigen.« Denn: »Er
bewunderte in diesem Moment die ideale Schönheit, deren
Vollkommenheit er sich bisher in der Natur immer nur hier und
da [für seine Kunst] zusammengesucht hatte [...].«

Balzac macht in der Beschreibung deutlich, wie sehr es Sarrasine selbst ist, der etwas in diese Zambinella hineinsieht: Er ist

so überwältigt von seinem Begehren und seinem Wunsch, von ihr geliebt zu werden, dass er an nichts anderes mehr denken kann. »Indessen überfielen ihn diese Ereignisse bereits, als er noch unter dem Zauber der gleichzeitig unschuldigen und wollüstigen frühlingshaften Halluzination stand.« Sofort beginnt er, sie aus der Erinnerung zu zeichnen. Entsprechend sieht Sarrasine auch die Skulptur des Pygmalion von ihrem Piedestal auf die Bühne treten. Pygmalion ist in der griechischen Mythologie ein Bildhauer, der sich nach einer enttäuschten Liebe von Frauen zurückzieht, dann sich daranmacht, ein ideales Wesen aus Elfenbein zu kreieren, und plötzlich feststellen muss, dass er eine Frauenfigur gestaltet hat.

In der ersten Beschreibung von Zambinellas Figur findet sich im französischen Original eine Stelle, an der die deutschen Übersetzer verzweifeln. Zambinella vereint all das, was Sarrasine in seiner bisherigen Bildhauerei von mehreren Modellen hatte nehmen müssen, »indem er von einem oft durchschnittlichen Modell die Rundungen eines vollendet schönen Beins, von einem anderen die Formen des Busens genommen hatte, von einem dritten die weißen Schultern, von einem jungen Mädchen den Hals und von einer Frau die Hände und die glatten Knie von einem Kind«. Während es im Deutschen *das* Kind heißt, muss ›enfant‹ im Französischen in entweder weiblich oder männlich differenziert werden. Und: Balzac hat sich an dieser Stelle für das Knie eines Jungen entschieden (›cet enfant‹, nicht ›cette‹). Das ist keine Entscheidung, die sich auf der Textebene des Erzählers verortet, sondern Balzac markiert damit die Wahrnehmung Sarrasines selbst, denn der ist es, der sich bei einer solch idealen Figur in seiner Kunst für das Knie eines Jungen entscheidet. Dass es sich hierbei um eine spätere Hinzufügung Balzacs handelt, unterstreicht seine Absicht: Er verdeutlicht Sarrasines (androgyne) Wahrnehmung *und Vorliebe*. Denn: Zambinella ist ›eigentlich‹ ein Mann.

Sarrasines Blick – als Bildhauer! – verrät immer wieder seine Voreingenommenheit, wenn er Zambinella etwa sagt: »Habe ich nicht seit zehn Tagen deine Vollkommenheit verschlungen, erforscht, bewundert? Nur eine Frau kann einen so runden und zarten Arm, solch elegante Konturen haben.« Dass Zambinella nicht nur ein herausragender Sänger ist, sondern eben auch ein schöner Mensch, das benennt der Text explizit. Mehr noch: An ihm ist etwas reizvoll, was Sarrasine an einer Frau sogar abgelehnt haben würde: »Erklären Sie mir doch [...]«, fragt er Zambinella, »wieso diese Schwäche, die bei jeder anderen Frau abstoßend wäre und mir missfallen würde und wovon das geringste Anzeichen genügen würde, um meine Liebe nahezu zum Erlöschen zu bringen, mir an Ihnen gefällt und mich entzückt.«

Während sich Sarrasine immer mehr in sein Begehren hineingesteigert hat und es tatsächlich zu ersten Begegnungen kommt, muss er erkennen, dass es sich um gar keine Frau, sondern um einen Mann handelt. Zambinella ist einer jener Kastratensänger, die in Italien auch in jener Zeit noch operativ ›hergestellt‹ wurden, um einem gesangsbegabten Jungen auch jenseits der Pubertät seine hohe Stimme zu erhalten. Da solche Eingriffe in die körperliche Entwicklung von Jungen in Frankreich stets untersagt gewesen waren und Sarrasine von dieser italienischen Tradition nichts zu wissen scheint, ist er von dieser Erkenntnis entsetzt. Erst jetzt bemerkt er zudem, dass sich sein römisches Umfeld längst über ihn lustig macht, denn inzwischen wissen alle, dass Sarrasine Franzose und deshalb ahnungslos ist. Durch diese Lächerlichmachung ist Sarrasine dermaßen gekränkt, dass er beschließt, Zambinella zu ermorden. Zambinella jedoch wird in Rom von höchsten Kirchenkreisen (!) gehätschelt und geschützt, sodass man dafür sorgt, dass nun Sarrasine, bevor er seine Tat ausführen kann, umgebracht wird.

Es geht in diesem Text also auch und ganz besonders um Sarrasines Geschlechterwahrnehmung, die nur eine Zweipoligkeit kennt und die es wiederum unmöglich macht, einen Menschen zu lieben, der diese Zweipoligkeit aufweicht. Was ist die ›Liebe‹ dann noch wert, wenn sie von solchen Äußerlichkeiten abhängt? Sarrasine liebt nur das, was er selbst in Zambinella hineinsieht. Anders als Pygmalion konstruiert Sarrasine nicht das, was er abzulehnen versucht – das Unbewusste drückt eben doch durch –, sondern nimmt die Androgynität ›seiner‹ Figur nicht bewusst wahr, obwohl er selbst ›männliche‹ Anteile an dieser Figur gewahrt, wenn auch unbewusst. Dass Sarrasine selbst homoerotische Anteile hat, wehrt er ab, will sie nicht wahrhaben. Seine Gekränktheit wird in eine Aggression demjenigen gegenüber umgewandelt, den er zu ›lieben‹ vorgegeben hatte. Er will Zambinella zur Bestrafung töten. Dieser habe ihn getäuscht – obwohl Zambinella lediglich eine künstlerische Rolle einnimmt und alle Welt weiß, dass er ein kastrierter Mann ist.

Es ist also Sarrasines eigene Wahrnehmung, die zum Problem wird. Er spricht von Liebe und will nichts mehr, als wiedergeliebt zu werden, doch seine rigide zweipolige Geschlechterdifferenz verunmöglicht es, dieses Wesen wirklich so zu lieben, wie es *ist*. Die in seiner Wahrnehmung verborgene homoerotische Komponente muss er töten und hat sie in sich selbst längst abgetötet. Als sich Zambinella einmal vor einer Natter am Straßenrand fürchtet, reicht es Sarrasine nicht, die Schlange zu vertreiben, nein, er muss ihr den Kopf zertreten. Nimmt man die Schlange als Phallussymbol, dann wird abgetötet, wovor sich Zambinella lediglich fürchtet, weil es ihn einmal mehr daran erinnert, ein zeugungs- und vielleicht ein erektionsunfähiger Mann zu sein. Auch hier kann Sarrasine das Ambivalente nicht zulassen. Er muss töten.

Gleichwohl wird Sarrasine mit einer Eitelkeit gezeichnet, die in der bürgerlichen Wahrnehmung eher den Frauen zugeschrieben wird. Es heißt über ihn: »Sein schönster Degen [...], die Schleife [...], sein mit Palletten bestickter Rock, seine Weste aus Silbergewebe, seine goldene Tabaksdose und seine kostbaren Uhren, alles wurde aus den Truhen geholt, und er schmückte sich gleich einem jungen Mädchen, das mit ihrem ersten Geliebten spazieren gehen soll.«

Die rigide geschlechtliche Zweipoligkeit der bürgerlichen Gesellschaft führt in die Abwehr eigener homoerotischer Anteile und in die mörderische Aggressivität der folgenden rund hundert Jahre, die erst nach 1945 wieder – und zwar ganz langsam und auch in Europa nicht überall in demselben Maß – wieder abzunehmen beginnt. Heute wäre es weniger die Frage, ob man dem weiblichen und männlichen Geschlecht weitere ›Geschlechter‹ oder Nichtgeschlechter hinzugesellen sollte, sondern ob nicht immer noch die Markierung des Geschlechts überhaupt einer rigiden, letztlich machtpolitischen Interessenverfolgung dient, die historisch nicht zuletzt dafür sorgte, Frauen aus bestimmten Gesellschaftsbereichen herauszuhalten. Wofür ist die Zuweisung zu einer Geschlechtskategorie überhaupt erforderlich?

Wenn mit dem Aufkommen der bürgerlichen Gesellschaft insbesondere die männliche Homosexualität gewaltsam ausgemerzt werden sollte bis hin zu einem juristisch determinierten ›Verbot‹, das sogar die Ermordung nach sich ziehen konnte (kann), dann findet sich darin zuerst nicht sexuelle bürgerliche

Rigidität, sondern die Pluralisierung sozialer Milieus und soziokultureller Orientierungen nach dem Feudalismus und der Ständestruktur ausgedrückt, vor denen das Bürgertum aber so viel Angst entwickelte, dass es gleich daran ging, die Pluralität wieder aufzuheben zugunsten vermeintlicher Übersichtlichkeit – stets religiös unterstützt –, dilemmafreier Entschiedenheit und ›Ordnung‹. Es ist das Erschrecken über das, was man selbst angestoßen hat. Als diese Tendenz in den Zwanzigerjahren des 20. Jahrhundert wieder aufzuweichen begann, trat der europäische Faschismus auf – die mörderische Reaktion auf Pluralität und die Offenheit der Welt und des Daseins. Balzac kann diese Androgynität wahrnehmen, zulassen und literarisch gestalten.

Die psychosoziale und psychodynamische Neufassung des Individuums und seiner Identität

Balzacs frühe Prägungen und sein Selbstverständnis, der Sittenschilderer seiner Zeit zu sein, bedingen seinen ganz speziellen Blick auf seine soziale Umgebung sowie auf die kulturelle und gesellschaftliche Entwicklung Frankreichs zu Beginn der Moderne. Das macht seine Romane und Erzählungen so außerordentlich vielschichtig. Es ist dann die Erfindung des ersten literarischen Zyklus in der europäischen Literaturgeschichte, die die synchrone Verzahnung einer Fülle von Figuren nicht nur in ihrer psychosozialen Verortung miteinander darstellt, sondern diese Figuren diachron in wechselnden und konstanten Umgebungen in ihrer psychohistorischen Genese zeigt. Balzacs Figuren sind biografisch ›geworden‹ und bleiben stets sowohl in einer psychodynamischen als auch in einer psychosozialen Entwicklung, anders später bei Zola, der bei allen biografischen Verläufen in seinem Rougon-Macquart-Zyklus am Ende (fast) immer nur das Werk der Gene, also der Vererbung denken kann – in dieser Hinsicht ein gewaltiger Rückschritt zu dem, was Balzacs bereits erkannt hatte.

Balzac war sich völlig bewusst, wie einschneidend die Zeit, in der er lebte, für die europäischen Gesellschaften war und wie sehr die sich vollziehenden Veränderungen alles durchdrangen. Im Roman *Béatrix* lässt er die Figur Félicité des Touches über ihre Freundin Béatrix sagen: »Bei ihrer Rückkehr nach Paris dachte die Marquise vielleicht mit Recht, dass die Revolution, die in den Augen mancher Leute für eine rein politische gehalten wurde, auch zu einer moralischen Revolution führen werde. Da es der Welt, der sie angehörte, nicht gelungen war, sich während des unverhofften Triumphs einer fünfzehn Jahre währenden Restauration neu zu festigen, zerstob sie, unter dem Donner der vom Bürgertum abgefeuerten Geschütze, in alle Winde.«

Balzac war sich bewusst, was er an gesellschaftskulturellen Verwerfungen beobachtete.

Auf der Suche nach einer Theorie des Willens findet Balzac weit mehr als das, er stößt auf das psychodynamische und psychosoziale Bedingungsgefüge von Verhalten unter den jeweiligen sozialkulturellen Einflussfaktoren. Damit stellt er die Bedeutung menschlichen Willens sogar infrage bzw. relativiert ihn zumindest stark, denn der Wille stellt in dem viel breiteren Zusammenspiel bewusster und unbewusster Triebfedern des Menschen nur einen Teil dar – und oft sogar den unbeholfensten. So gelangt er auch zur Beschreibung dessen, was man psychologisch ›Charakter‹ genannt hat und heute meistens ›Persönlichkeit‹ oder ›Persönlichkeitsstruktur‹ nennt. Ebenfalls in *Béatrix* schreibt er: »Man darf von verschiedenen Charakteren genauso wenig erwarten, dass sie sich im Ausdruck ihrer Gefühle gleichen, wie man von verschiedenen Bäumen nicht die gleichen Früchte erwartet.«

Je stärker sich Balzac für die Gestaltung seiner Figuren wegbewegt von den traditionellen literarischen Figurentypen aus Tragödie und Komödie hin zum Blick auf das Verhalten der ihn real umgebenden Menschen (und sich selbst), desto mehr Tiefe kann er seinen Charakteren geben. Eine literarische Figur steht nun nicht mehr gleichnishaft und idealtypisch als Beispiel, sondern wird zu einem Spiegel tatsächlicher Verhaltensweisen in einer realen historischen Situation. *Jetzt* erkennt sich das Publikum wieder. *Jetzt* verwirklichen sich auf einer ganz neuen Stufe die seit Aristoteles benannten Elemente von Mimesis und Katharsis.

Die Leistung Balzacs und sein ganz besonderer Blick auf menschliches Tun lassen sich besonders erkennen und würdigen, wenn man auf die literarischen Texte seiner Zeitgenossen sieht. Man muss das Schablonenhafte der Figurengestaltung und der Handlungsverläufe beispielsweise in Madame de Staëls *Corinne* (1807), in George Sands *Das Teufelsmoor* (1846), in Victor Hugos *Die Elenden* (geschrieben zwischen 1827 und 1862) und auch in Stendhals *Rot und Schwarz* (1830) gelesen haben, um Balzacs narrative innovative Kraft zu erkennen. Und auch René de Chateaubriands *René* (1802) oder Benjamin Constants *Adolphe* (1816) – ein Gegenbild, das auch Balzac selbst öfter explizit nennt – reichen nicht an die Erkenntnistiefe Balzacs heran, obwohl doch gerade sie Beispiele der romantischen Beschäftigung mit dem menschlichen Innenleben sein wollten.

So finden sich in der *Menschlichen Komödie* nicht lediglich typische Konflikte der Zeit, es handelt sich darüber hinaus sowohl um eine Fülle an Konflikten, wie sie die gesamte Moderne bis heute prägen, als auch um die individuellen Umgangsweisen mit diesen sozialen wie psychischen Konflikten. Das sich von der sozialen Einbindung zunehmend lösende Individuum lebt zuerst nur noch in der bürgerlichen Kleinfamilie, bis es schließlich allein wohnend zum ›Single‹ wird selbst dann, wenn es gar kein Single, also partnerlos ist.

Die kapitalistische Wirtschaftsordnung mit der Kleinfamilie als privater sozialer Einheit entwickelt nun spezifische Herausforderungen für jeden Einzelnen. Zu Balzacs Zeit entsteht ein völlig neues Arbeitsethos. Nach dem Wegfall ständischer Arbeitsordnungen und einem zunehmend liberaler werdenden Wirtschaftsgeschehen muss sich jeder selbst darum kümmern, wo und womit er sein Geld verdient. Gerade in den schulisch ungebildeten Kreisen, die von einfachsten Tätigkeiten leben, gilt es dabei, das regelmäßige und intrinsisch disziplinierte Arbeiten mit festgelegten täglichen Arbeitszeiten überhaupt erst einmal zu verinnerlichen. Dieses Armutsproletariat wird mit der Industrialisierung gebraucht, wenn auch erbarmungslos wieder entlassen, sobald die Auftragslage schlecht steht. Womit diese Menschen dann ihr Brot bezahlen, interessiert in Wirtschaft und Politik kaum jemanden. Der potenziellen Kontinuität von Arbeitsverhältnissen steht also das Erfordernis gegenüber, stets flexibel auf Wirtschaftslagen reagieren zu müssen.

In bürgerlichen Kreisen wird berufliche Arbeit fortan zu *dem* Prinzip eigenen Glücks. Zu Beginn des 21. Jahrhunderts wird die Rede davon sein, der Glaube an die eigene Berufskarriere habe längst religiöse Züge angenommen. Die Tüchtigkeit scheint alles in greifbare Nähe zu rücken, wenn man nur hart genug und lang genug daran arbeitet.

Doch in den Sitten – um bei Balzacs Begriff zu bleiben – ändert sich noch viel mehr, was der Einzelne als fühlendes Individuum und handelndes Subjekt zu lernen und zu verinnerlichen hat. Während der Entstehung ganz unterschiedlicher und sich teilweise bekämpfender politischer Richtungen sowie in den sich ausdifferenzierenden sozialen Milieus muss jeder Mensch eine neue Form von Identität ausbilden. Nicht mehr der Stand weist die Identität zu. Jede Person wird nun zunehmend zu Stellungnahmen aufgerufen: von der politischen Wahl über moralische Fragen bis hin zu Bekundungen individueller Vorlieben. Doch auch hier ist wieder eine gewisse Flexibilität gefordert, denn nicht nur dass sich soziale Erwartungen verändern können und ohnehin in unterschiedlichen Sozialmilieus variieren, jeder und jede muss in der Verfolgung eigener Interessen anschlussfähig bleiben an die womöglich gravierend abweichenden Interessen von Kooperationspartnern.

Wohl gemerkt: All die daraus resultierenden Verhaltensweisen mit den damit verbundenen persönlichen Verhaltensänderungen müssen erst neu gelernt werden. Die Umbruchzeit in den Jahrzehnten nach 1789 beinhaltete individuelle Anpassungsleistungen, die weit größer waren als beispielsweise diejenigen, die die DDR-Bürger nach 1989 für den Anschluss an die BRD haben leisten müssen. Zum Glück hatte die Guillotine als Problemlöser ausgedient.

Der zweite Teil des Buches wird sich insbesondere damit beschäftigen, welche psychosozialen und psychodynamischen Anpassungsleistungen die damaligen Menschen zu erbringen hatten und wie sie sich in den Figuren der *Menschlichen Komödie* wiederfinden. Balzac wird sich dabei als frührealistischer Psychologe erweisen, der auch unbewusste Antriebe im Verhalten und Handeln zu erkennen und in Szene zu setzen wusste. Er gibt geradezu Fallbeispiele für szenisches Verstehen und nimmt dabei nicht nur einen systemischen Blick ein, sondern sogar einen konstruktivistischen, indem er vorführt, wie sehr Individuen und soziale Systeme wie Familien ihre Welt erst konstruieren.

II.

Psychodynamisches und psychosoziales Verhalten des Individuums

Das manische und das monomanische Arbeiten

Allen bürgerlichen Lebensmaximen steht mit der Moderne eine voran: die Erwerbstätigkeit. Im Leben eines Menschen geht es darum, zu arbeiten, etwas zu schaffen, tüchtig zu sein. Damit ließe sich beinahe alles erreichen, so die Annahme. In Balzacs Zeiten wird das oft auch damit verbunden, dass jemand in etwas ›Genie‹ haben müsse, eine talentbedingte Berufung, die es aktiv zu verwirklichen gelte. Der bereits zitierte Satz, den Balzac so oder ähnlich im Salon seiner Schwester gesagt hat, nachdem ihm die Idee zu einem literarischen Zyklus gekommen war, steht für diese Haltung: ›Begrüße mich, denn ich bin auf dem besten Weg, ein Genie zu werden!‹ Das Genie ist nicht mehr allein etwas, was von Gott gegeben wurde, sondern muss über ein aktives Leben erst realisiert, erarbeitet werden. In der Vita activa verwirklicht sich dann das christliche Wort ›Werde, der du bist‹. Hiermit wird eine tendenziell manische Haltung angelegt, die von einem depressiven Gegenpol begleitet wird, sobald die eingesetzte Arbeitsleistung für die Zielerreichung nicht genügt oder über die eigenen Kräfte geht.

Dass für Balzac selbst die Schreib›wut‹ eine Daseinsbewältigung war, liegt auf der Hand: Nicht nur, dass er damit seine Beobachtungen und sein Weltverständnis ausdrücken (und selbst verstehen) konnte, für ihn war das Schreiben *der* Weg hin zu Einnahmen, Ansehen und sozialem Aufstieg. Mit der Zyklusidee bewies er sich und seiner Umgebung zudem, *was* zu leisten er in der Lage sein würde. Der Zyklus war allerdings nur über ein diszipliniertes und geradezu manisches Arbeiten zu erreichen – dass er damit seine Gesundheit ruinierte, blieb für ihn sekundär. Schon in der zweiten Hälfte seiner Vierzigerjahre war sein Körper am Ende. Damit konnte er den 1845 aufgestellten Gesamtplan nicht realisieren, selbst wenn die *Menschliche*

Komödie in ihrer existierenden Form auch so schon ein Monument in der Literaturgeschichte darstellt.

Das von einer Idee angetriebene und geradezu besessene Arbeiten hat Balzac häufig einer Figur eingeschrieben. Im Zyklus fallen vier Arten des manischen Arbeitens besonders auf: die wirtschaftliche Umtriebigkeit, um Reichtum zu erzielen; der wissenschaftliche Drang, etwas herausfinden; der lebenspraktische Versuch, ein soziales Projekt zu realisieren; das künstlerische Schaffen.

Die berufliche Arbeit hat dabei begleitend oft eine kompensatorische Funktion, wie es beispielweise in *Die Börse* angedeutet wird: Als zwischen den beiden Verliebten Hippolyte Schinner (ein Maler) und Adelaide de Rouville Misstöne aufgrund falscher Deutungen aufkommen, heißt es über Hippolyte: »Anderntags und an den folgenden Tagen stürzte sich Hippolyte in die Arbeit und versuchte, seine Leidenschaft durch die Begeisterung für seine Ideen und durch das Feuer für die Konzeption zu bekämpfen. Das gelang ihm nur halb. Die Arbeit tröstete ihn, ohne dabei die Erinnerungen an die zärtlichen Stunden, die er mit Adelaide verbracht hatte, unterdrücken zu können.«

Reichtum und immer mehr Reichtum

Ein frei florierendes Wirtschaftsleben mit Märkten, auf denen tendenziell jeder und jede mit allem Geld verdienen kann, motiviert manche Menschen dazu, in jedem Tun eine Chance zu sehen, Umsätze und Gewinne zu ›generieren‹. In der Funktion von ›Investoren‹ wird diese Haltung schließlich im Kapitalismus generalisiert, denn hierbei spielt es keine Rolle mehr, um welche Inhalte es in einer Arbeit geht oder was mit ihr erreicht werden könnte, es geht erst recht nicht mehr um eine inhaltliche Leidenschaft für etwas, es geht einzig und allein darum, aus dem eigenen Geld mehr zu machen. Heute sind es längst Computerprogramme mit eigenen Algorithmen, die für Investoren ermitteln, wo ihre Renditen besonders hoch ausfallen würden, wie die Zukunftsprognose eines Geschäftsfeldes aussieht oder wo sich welche Zinserträge abschöpfen ließen. Den großen

Investorenkonsortien sind Inhalte entsprechend völlig gleichgültig.

Einen frühen Typus solcher Investoren hat Balzac in einigen Figuren gezeigt, die in den Handlungen der Texte immer wieder als Geschäftspartner auftreten. Es sind ›Bankiers‹, Juristen und reine Börsenspekulanten. Die schillerndste Figur ist der bereits mehrfach angeführte Baron de Nucingen.

Diese Figuren beteiligen sich zunächst an Häuser- und Grundstücksgeschäften, und zwar schlichtweg deshalb, weil hierbei die größten Umsätze und Gewinne zu machen sind. Industrielle Geschäftsfelder sind im immer noch weitenteils agrarischen Frankreich wenig entwickelt. Auch die Eisenbahn, die später so wichtig werden wird, existiert zunächst noch nicht als lukrative Anlagemöglichkeit für Aktionäre. Bei dubiosen Deals schrecken sie weder vor einem Vorgehen mit Strohmännern zurück noch vor betrügerischen Insolvenzen – Mitte des 19. Jahrhunderts ist übrigens noch nicht die Strategie erfunden worden, bei wirtschaftlichen Schieflagen (steuerlich erhobene) staatliche Unterstützung zu fordern, etwa mit den Argumenten der Gefährdung von Arbeitsplätzen oder wirtschaftsgeografischen Standortnachteilen. Das kommt erst später.

Die Balzac'schen Figuren wie Ferdinand du Tillet, Jean Frédéric Taillefer, der Jurist Roguin oder eben der Baron de Nucingen sowie schließlich auch Eugène de Rastignac verfolgen in beinahe jedem sozialen Kontakt einzig die Frage, ob es dabei etwas zu verdienen gibt, oder sie versuchen mitzubekommen, wo sich vielleicht lukrative Geschäfte anzukündigen scheinen. Damit durchdringt das Verdienenwollen sämtliche sozialen Beziehungen.

Diese reduzierte Wahrnehmung der Welt und der Mitmenschen führt gleichwohl oft zu wirtschaftlicher und dann auch politischer Macht – politische Macht eröffnet zudem wiederum neue Zugänge zu Pfründen wie Pensionen – sowie zu hohem Ansehen. So manche dieser Figuren erhält für besondere Leistungen schließlich politische Posten und darüber hinaus das Kreuz der Ehrenlegion. Eine solche Verengung des eigenen Tuns und auch die Generalisierung des sozialen Lebens auf Einnahmen kann etwas Manisch-Umtriebiges oder Besessenes haben.

Diese männlichen Figuren zeigt Balzac mit nur einer einzigen weiteren Leidenschaft: Sex. Doch auch hier entspringt das

Begehren oft nicht aus so etwas wie Liebe, wieder geht es lediglich darum, sich als machtvoll und potent zu erleben und so auch wahrgenommen zu werden. Die jahrhundertealte Bezeichnung, ein Mann wolle eine Frau ›besitzen‹, bringt dies auf den Punkt. Es geht lediglich darum, sich einen begehrenswerten Körper anzueignen, sich seiner zu bedienen. Und es geht darum, die Konkurrenz mit anderen Männern zu gewinnen. Das macht es dann auch so kränkend, wenn die eigene Ehefrau der ›Untreue‹ überführt worden ist.

Ein besessenes Arbeiten beschreibt Balzac zudem im Handel. Stets geht es darum, noch mehr Einnahmen und neue Geschäftsfelder zu erschließen. Diese geschäftliche Umtriebigkeit wird oft allerdings damit gerechtfertigt, im Alter ein mindestens solides Auskommen haben und sich frühzeitig zur Ruhe setzen zu wollen. Einige jener Figuren, die sich nach Übersee und in den Handel mit Kolonialgütern aufmachen, treibt an, sich einen verlorenen Reichtum wiederzuverdienen, was auch ein Schlaglicht auf die französische Expansions- und Kolonialgeschichte mit seinen Versklavungen der jeweils einheimischen Bevölkerung wirft.

Monomanischer Wissensdrang

Balzac hat mehrere Figuren mit einem Forschungs- und Wissensdrang ausgestattet, was auch daher rührt, dass er selbst sich als Wissenschaftler verstand, der die Sitten seiner Zeit beobachtet und zu systematisieren versucht. Man könnte das als eine auf teilnehmender Beobachtung fußende phänomenologische Soziologie verstehen.

Einen großen Erkenntnisdrang hat er Louis Lambert (in der gleichnamigen Erzählung) zugeschrieben. Lambert hat vieles von Balzacs eigener Schulbiografie erhalten. Er ist ein sozialer Außenseiter, der im Pensionat in Vendôme häufig von seinen Mitschülern gehänselt und verlacht wird. Seine Zurückgezogenheit hat damit zu tun, dass ihn einige Grundfragen der menschlichen Existenz beschäftigen und er zudem zum Grübeln neigt. Der Erzähler des Textes ist der einzige Freund von Lambert im Pensionat, der sich gut in ihn einfühlen kann. Er will ihm Gerechtigkeit widerfahren lassen und ihn mit dem Text rehabilitieren. Lambert sei in Wirklichkeit ein verkanntes Genie (gewesen).

Louis ist ein in sich gekehrter Jugendlicher, der stark mit seiner eigenen Gedankenwelt beschäftigt ist. Wie schwer er davon abzubringen ist, sich in seine Fantasie zu versenken, macht Balzac an zwei Situationen deutlich. Wenn ihm die Mitschüler zusetzen und ihm seinen Studiertisch unter den Händen wegziehen wollen, dann berichtet der Erzähler, Louis habe stets an seine Mitschüler gewandt gesagt:

> »›Kommt nur zu zehnt und versucht, ihn wegzube-wegen!‹ Ich war dabei und kann diesen merkwürdigen Kraftbeweis bezeugen, es war unmöglich, ihm den Tisch zu entreißen. Lambert besaß die Fähigkeit, in gewissen Augenblicken außergewöhnliche Kräfte zu mobilisieren und sie auf einen bestimmten Punkt zu konzentrieren, um sie wirken zu lassen.« Auch seine Lehrer können oft nicht viel ausrichten. »Um seine Kraft und seine Stimme war es ebenso bestellt wie um seinen Blick [...]. Wenn er nämlich durch das ›Sie tun ja nichts!‹ des Lehrers gewaltsam aus seinem Nachsinnen herausgerissen wurde, passierte es ihm oft, ihm selbst zunächst unbewusst, dass er diesem Mann einen Blick zuwarf, der voll grausamer Verachtung war [...]. Dieser verstohlene Blick versetzte dem Lehrer eine tiefe Erschütterung, er fühlte sich von diesem still-schweigenden Spott verletzt und wollte dem Schüler diesen blitzenden Blick austreiben.«

Louis ist von sehr vielen Grundfragen des menschlichen Seins wie gebannt. So denkt er über den Zusammenhang von Ideen, Gedanken und Wille nach, über das Verhältnis von Materialismus und Spiritualismus. Er denkt über das Denken allgemein nach und über den Kern des menschlichen Wesens. Ideen sind für ihn keine eigenen Existenzen, die über den Menschen kommen, sondern: ›Die Ideen sind ein vollständiges System in uns [!], vergleichbar mit einem der Naturreiche, eine Art Blühen, dessen Bedeutung einst ein Genie beschreiben wird, das man dann vielleicht für verrückt hält.‹ Und dass Louis dieses un-sichtbare Naturreich erahnt, erkennt er als eine Leistung der *Natur*: »Ja, alles in uns und außerhalb von uns bezeugt das Le-ben dieser bezaubernden Geschöpfe [die Ideen], die ich mit

Blumen vergleichen möchte, wobei ich [als ein sich seiner selbst und seiner Umgebung bewusst werdendes Wesen] einer ich weiß nicht welcher Offenbarung der Natur gehorche.« Es ist bemerkenswert, wie Balzac hier das menschliche Dasein mit seiner Fähigkeit des Selbstbewusstseins als Funktion der Natur erkennt und nicht etwa als ein göttlich gegebenes Herausgeho- bensein aus natürlichen Prozessen.

Balzac legt Louis auch folgende Spekulationen über das Träu- men und das Unbewusste im Menschen in den Mund:

> »›Wie kommt es, dass die Menschen bis heute so we- nig über die Vorgänge des Schlafes nachgedacht haben, die für ein zweites Leben im Menschen sprechen? Be- findet sich nicht eine neue Wissenschaft in diesem Phänomen?‹, fügte er hinzu und schlug sich heftig ge- gen die Stirn. ›Wenn es nicht der Ausgangspunkt einer Wissenschaft ist, so verrät es doch gewiss enorme Fä- higkeiten im Menschen; es offenbart zumindest die häufige Unverbundenheit unserer beiden Naturen, ei- ne Tatsache, die mich schon lange beschäftigt. Ich ha- be endlich einen Beweis für die Überlegenheit unserer verborgenen Sinne über unsere sichtbaren Sinne ge- funden, homo duplex! – Aber‹, fuhr er nach einer Pau- se fort und machte dabei eine Geste des Zweifels, ›vielleicht leben in uns gar nicht zwei Naturen? Viel- leicht sind wir ganz einfach mit geheimen und vervoll- kommnungsfähigen Eigenschaften begabt, deren Aus- bildung und Entwicklung in uns noch bisher unbeobachtete Erscheinungen der [psychischen] Ak- tivität, der Erkenntnis, des Durchschauens hervor- bringen.‹«

Hier deutet sich eine Theorie des Unbewussten an, die die Be- deutung des Schlafes mit seinen Träumen als Erkenntnisquelle zu nutzen empfiehlt. Balzac übernimmt dieses Konstrukt ein- mal mehr vom Naturforscher Georges-Louis Leclerc de Buffon, der damit ein inneres und äußeres Wesen bzw. Sein des Men- schen meinte. Die menschliche Verwirrung über die eigenen inneren Zustände werden allmählich profanisiert weg von einer religiös gedeuteten (›unsterblichen‹) Seele hin zu psychischen Hirnfunktionen.

Louis Lambert hat eine lange und verworrene Textgenese – die erste Fassung stammt von 1832, letzte Korrekturen hat Balzac noch nach 1846 vorgenommen –; auch hier zeigt sich in den späteren Textveränderungen an Details, wie Balzac die Vorstellung von einer Wissenschaft vom doppelten Wesen des Menschen konturiert (siehe auch das Kapitel zum Unbewussten). Louis stirbt mit Mitte zwanzig, psychisch stark verwirrt. Trotz all seines Bemühens sind seine Leistungen nie anerkannt gewesen, lässt Balzac seinen Erzähler bedauern.

Einen anders gelagerten Forschungsdrang gibt Balzac seiner Figur Balthazar van Claës. Dieser ist als Chemiker ausgebildet und beginnt irgendwann eigene chemische Experimente. Er glaubt, durch die chemische Zerlegung von Stoffen ein »Urprinzip« der Zusammensetzung der Materie finden zu können. Immer neue Misserfolge bringen ihn nicht etwa dazu, seine Suche endlich aufzugeben, sondern seine Bemühungen nicht nur weiterzutreiben, sondern sogar immer stärker zu forcieren. Er wird zunehmend kautziger, ist aber selbst von seiner Familie nicht abzubringen von seinem Vorhaben. Am Ende ist die Familie wirtschaftlich völlig ruiniert, seine Frau gestorben und seine älteste Tochter der letzte Halt in seinem Leben. Inzwischen alt geworden, ist er zum Betreuungsfall geworden, abgezehrt, teilgelähmt und verworren stammelnd.

Das soziale Projekt verwirklichen

Balzac als Autor und als Mensch, der sich viel damit beschäftigte, wie die neue Gesellschaft auszusehen habe, hat in den Romanen *Der Landarzt* und *Der Dorfpfarrer* zwei utopische Szenarien entwickelt. In beiden titelgebenden Figuren zeigt Balzac auch, wie sie zu ihrer Haltung und zu ihrem ›Projekt‹ gekommen sind.

Doktor Benassis im Roman *Der Landarzt* entstammt einer wohlhabenden Familie im Languedoc, wird in einem Mönchspensionat erzogen und kommt anschließend für das Medizinstudium nach Paris. Die Metropole verlangt dem jungen Mann viel ab. Als Student fühlt er sich als ein Nichts, die Verlockungen des städtischen Vergnügungslebens lenken ihn gleichzeitig vom Studium ab und so stellt er zwar fest, dass in Paris alles möglich ist, dass er aber erst einmal klein anfangen und diszipliniert arbeiten muss, um sein Ziel zu erreichen und Anerkennung zu bekommen. Dies gelingt ihm jedoch nicht. Er lebt in einer nichtehelichen Beziehung mit einer Frau, die schließlich schwanger wird, und sie bekommen einen Sohn. So geht das Leben dahin, doch stirbt zuerst die Frau und dann auch der Sohn. Benassis bricht psychisch völlig ein und stürzt in einen Gefühlsabgrund. Über sich als jungen Mann urteilt er: »Ich hielt mich für gebildet, weil ich es werden konnte; und ohne an die Geduld zu denken, die die großen Werke hervorbringt, und an die Ausführung, die erst die Schwierigkeiten enthüllt, schrieb ich mir schon allen Ruhm zu.«

Im anschließenden ziellosen Umhertreiben stößt Benassis schließlich in der Nähe von Grenoble auf einen Flecken mit wenigen Hundert Einwohnern. Er begegnet dort Menschen, die einfach und geradeheraus sind, die aber auch an Dingen leiden, die sich recht leicht verbessern ließen, wenn ein gebildeter Mensch sie anleiten würde. So beschließt er, eben dieser Mensch fortan sein zu wollen. Bisher hat er vom Familienreichtum gelebt und wenig Eigenes zustande gebracht, nun will er etwas leisten.

Die Motivationsstruktur dieser Figur resultiert nicht einfach aus einem geläuterten Bewusstsein, sondern auch aus dem Versuch, eine psychische Restitution zu erreichen, eine neue und stabile innere Balance. Jetzt hat Benassis eine Aufgabe in seinem Leben, die ihn ausfüllt, ihm einen Lebenssinn gibt und mit der er so etwas wie Wiedergutmachung für sein ›lasterhaftes‹ und nichtsnutziges vorheriges Leben betreibt – ohnehin scheint ihm der Tod von Frau und Kind eine Bestrafung, mindestens aber ein Weckruf Gottes gewesen zu sein. »Ich bemühte mich damals, den Rest meiner Tage für eine schwierige Aufgabe nützlich zu machen«, und zwar in dem Bewusstsein, dass es ein Leben »düsterster Entsagung« werden würde. Dabei habe ihm sein »arbeitsreiches Leben [...] keine Muße gelassen, über die Art und Weise nachzudenken«, wie man »eine Suppe aus Kieselsteinen« koche.

Wie für Balzac nicht gerade untypisch, kann die Lebensaufgabe für Benassis nicht groß genug sein. Er will sich beweisen und entwickelt nun seine Handlungsmaximen. Er erhebt hohe Moralansprüche an jeden Einzenen: »Wehe dem, der seine Axt verachtet und sie sorglos wegwirft.« Die eigene tägliche

Arbeit wird zum Erfüllungswerkzeug fast für die gesamte Lebenszufriedenheit, und zwar auch unter dem Vorzeichen des eigenen Verzichts: »Das Genie bleibt arm, während es die Welt erleuchtet, die Tugend bewahrt Schweigen, während sie sich dem Gemeinwohl opfert.«

Der Roman *Der Landarzt* – erstmals 1833 erscheinen – ist einer der politisch konservativsten Texte der *Menschlichen Komödie*. Er resultiert aus Balzacs Haltung, die gebildeten und wohlhabenden Menschen müssten eine gesellschaftliche Führungsrolle übernehmen und – auch unter dem Einsatz des eigenen Vermögens – die Erzieher des einfachen Volkes werden. Die ungebildeten Bevölkerungsteile werden eher als unmündige Kinder behandelt. Es verwundert nicht, dass Benassis auch von »mein Dorf« spricht, nicht von »unser«.

Der wichtigste Mitstreiter des Arztes ist der Pfarrer. Nicht nur, dass sich Benassis zurückbesinnt auf den katholischen Glauben, den er allein für den ›rechten Weg‹ hält, der Pfarrer seinerseits schließt sich dem nun im Dorf geltenden Arbeitsethos an, indem er sagt: »Arbeiten, das ist beten. [...] Im Tätigsein ist die Kenntnis von den religiösen Prinzipien enthalten, die unsere Gesellschaft lebendig hält.« Schon Tanzen am Sonntag verdirbt die Sitten.

Man kann der Figur des Arztes keinesfalls Empathie absprechen, dass aber andere Menschen für ihn lediglich ein Instrument für seine eigene Selbstverwirklichung und für sein psychisches und moralisches Gleichgewicht darstellen, ist dennoch unzweifelhaft. Nach einer Doppelbeerdigung zweier armer Bewohner des Dorfes ist seine erste Reaktion diese: »Jetzt werden wir die Hütten des alten Dorfes niederreißen können [...]. Dieser Abbruch wird uns gut einen Morgen Weideland einbringen, und die Gemeinde spart obendrein die hundert Francs, die uns der Unterhalt des geisteskranken Chautard gekostet hat.«

Dass der Aktivismus von Benassis und seine normative Haltung seinen Mitmenschen gegenüber bei Weitem nicht in seinem Altruismus aufgeht, wird an jenen Stellen deutlich, an denen Balzac die innerpsychische, motivationale Funktion formuliert: »[...] haben wir erst eine Arbeit begonnen, dann ist etwas in uns, was uns antreibt, sie nicht unvollendet zu lassen«. Balzac überschreibt eines der Kapitel mit »Der Napoleon des Volkes«. An wem sich Benassis misst, wird im folgenden Statement von ihm deutlich. Ruhm zu erlangen ist weiterhin eine Triebfeder in ihm, wie schon in jungen Jahren, nur hat er inzwischen zu arbeiten gelernt. Unausgesprochen reiht er sich in die Liste bedeutender Männer und schreckt nicht davor zurück, diese ins Übermenschliche zu erhöhen:

»Ein großer Minister, meine Herren, ist ein großer Gedanke, der über allen Jahren eines Jahrhunderts geschrieben steht, dessen Glanz und Gedeihen von ihm vorbereitet wurde. Beständigkeit ist die Tugend, die er am nötigsten braucht. Aber ist nicht ohnehin in allen menschlichen Dingen die Beständigkeit der höchste Ausdruck von Kraft? Wir sehen seit einiger Zeit zu viele Männer mit nichts als ministeriellen statt nationalen Ideen, als dass wir nicht den wahren Staatsmann genauso bewundern müssten wie jenen, der uns das größte menschliche Kunstwerk darbietet. Immer über den Augenblick hinaussehen und dem Schicksal zuvorkommen, über der Macht stehen und sie nur aus dem Gefühl der Nützlichkeit heraus anwenden, ohne sie zu missbrauchen, seine Leidenschaften und jeden gemeinen Ehrgeiz überwinden, um immer Herr seiner Fähigkeiten zu bleiben, um ohne Unterlass vorauszuschauen, zu wollen und zu handeln, gerecht und unabhängig dazustehen, die Ordnung im Großen aufrechterhalten, dem eigenen Herzen Ruhe gebieten und nur auf den eigenen Verstand zu hören, weder misstrauisch noch vertrauensselig sein, weder zweiflerisch noch leichtgläubig, weder dankbar noch undankbar, weder hinter den Ereignissen zurück sein noch sich von einem Gedanken überraschen lassen, schließlich durch das Gespür für die Massen leben und sie immer zu beherrschen durch die ausgestreckten Schwingen seines Geistes, durch das Volumen seiner Stimme und durch das Durchdringen seines Blickes, wobei nicht das Detail, sondern die Folgen aller Dinge im Auge behalten werden müssen – heißt das nicht, mehr als ein Mensch zu sein? Die Namen dieser großen und edlen Väter der Nationen müssen daher stets im Volk beliebt bleiben.«

Deshalb sorgt Benassis für das Fortbestehen seines Werkes auch nach seinem Tod, er hat testamentarisch alles geregelt, was mit seinem Besitz und Kapital geschehen soll.

Einen ähnlich gelagerten utopischen Gehalt hat der Roman *Der Dorfpfarrer*. Hier ist ein Pfarrer der Motor in einer strukturschwachen Region, und er sucht sich eine begüterte Ehefrau als Mitstreiterin, Veronique Sauviat, um den Ort und die Umgebung von Limoges zur Blüte zu bringen. Der Pfarrer hat in seiner Kindheit stark unter einem gewalttätigen Vater gelitten und die Familie früh verlassen. Das wiederum führt zu Schuldgefühlen, weil er die Schwestern und auch die Mutter nicht vor dem Vater beschützt hat. Nach seiner Ausbildungszeit im Kloster hat er sich schließlich vorgenommen, die Gegend um den fiktiven Ort Montégnac bei Limoges zu entwickeln. Veronique entstammt einer frommen und arbeitssamen Familie, die es zu einem soliden Wohlstand gebracht hat. Veronique wird verheiratet mit Pierre Graslin aus Limoges, der ebenfalls ein Mann ist, der durch eine umtriebige Geschäftätigkeit zu Reichtum gekommen ist. Beide, Veronique und der über zwanzig Jahre ältere Pierre, haben ein körperliches Makel, denn beide haben ein etwas entstelltes Gesicht. Obwohl ihre Gesichter nicht ausdrücklich als Grund dafür angegeben werden, teilen die beiden nicht gerade ein großes sexuelles Begehren für den anderen – entsprechend bleibt die Ehe zuerst kinderlos. Dann endlich wird ein Sohn geboren.

Veroniques Sohn stammt allerdings von einem Mann in Veroniques Alter; und dieser Mann hat sich in den Kopf gesetzt, mit Veronique nach Amerika auszuwandern. Dafür hat er Geld geklaut, ist aber beim Raub erwischt worden und hat dabei den Besitzer erschlagen. Für diese Tat ist er hingerichtet worden. Ob es möglich gewesen wäre, für den jungen Mann mildernde Umstände zu erlangen, hätte Veronique die Affäre und den Grund für den Diebstahl – der ohne ihr Wissen stattgefunden hat – berichtet, bleibt offen, Tatsache ist allerdings, dass Veronique nichts von allem nach außen dringen lässt. Sie schweigt. Und die Hinrichtung findet statt.

Nach dem frühen Tod auch ihres Ehemannes Pierre überrascht Veronique damit, dass sie nicht weiter in Limoges bleiben werde, sondern zurückkehren wird nach Montégnac. Sie wirkt niedergeschlagen, bedrückt, depressiv und zeigt deutlich Rückzugstendenzen aus der sozialen Gemeinschaft. Erst spät wird

Am Ufer der Vienne in Limoges begeht der junge Tascheron den Mord, über den Veronique Sauviat schweigen wird. Ihre Schuldgefühle motivieren ihr kommunales Engagement im Roman *Der Dorfpfarrer.*

deutlich, dass dieser Rückzug mit einem Mord in Limoges zu tun hat.

Als sie nach Montégnac zurückkehrt, heißt die Gemeinde sie mit viel Aufwand willkommen. Der Pfarrer Bonnet, der sensibel ihre Gemütsverfassung wahrnimmt und möglicherweise auch den Grund ihrer Gemütsverfassung ahnt, legt ihr nun den Plan für ihr seelisches Gleichgewicht nahe: Sie soll auf ihrem umfangreichen Grund und Boden massive Veränderungen vornehmen lassen, um für eine bessere Bewässerung zu sorgen, den Wald zu nutzen und die Landwirtschaft voranzubringen. Beide kompensieren schließlich ihre Gewissensbisse in diesem Mammutprojekt.

Allerdings legt Balzac dieses Vorhaben nun völlig anders an als in *Der Landarzt.* Jetzt, gegen Ende der Dreißigerjahre, geht es nicht mehr um ein Allmendeprojekt, sondern um eine eindeutig kapitalistisch orientierte Strategie. Diese Sinnerfüllung durch strebsames Arbeiten kennt Veronique bereits aus ihrer Herkunftsfamilie. Der Pfarrer hat dieses Vorhaben schon eingefädelt, bevor Veronique zurückkommt, indem er die Gemeindemitglieder eine Vorleistung hat erbringen lassen, um Veronique dafür zu gewinnen. Man hat nämlich wie als Geschenk einen neuen Weg angelegt, der es nun ermöglicht, bis zum Schloss im Wagen hinaufzufahren, statt das letzte Stück zu Fuß gehen zu müssen. Aus »Dankbarkeit [...] meiner [!] Gemeindekinder«, wie der Pfarrer es ausdrückt, dass Veronique mit ihrem Reichtum nach dem Tod ihres Ehemannes zurückkommt in ihr Heimatdorf. »Die Auffahrt ist vollendet worden, ohne dass sie Sie einen Sou gekostet hat.« An den mitreisenden Bischof gewandt, fügt er hinzu: »Hochwürden kann sich vorstellen, welche Anstrengungen, welchen Eifer, welches Opfer es bedeutet hat, um eine solche Veränderung vorzunehmen.«

Veronique ist beeindruckt und gerührt von dieser Vorleistung zu ihrem Vorteil. Und so schafft der Pfarrer es schließlich, dass Veronique immer neue Maßnahmen ergreift, um das Werk voranzutreiben. Die Gemeindemitglieder arbeiten weiterhin an alldem mit und werden auch dafür bezahlt, wer den großen Verdienst daraus ziehen wird, ist aber auch klar, denn der Pfarrer sagt:

>»Suchen Sie also von heute ab nach den menschlichen Werkzeugen, um innerhalb von zwölf Jahren mit den sechstausend Morgen Land, das Sie auf diese Weise fruchtbar machen, sechs- bis siebentausend Louisdor Rente zu gewinnen. Diese Arbeit wird Montégnac eines Tages zu einer der reichsten Gemeinden des Departements machen. Der Wald bringt Ihnen jetzt noch nichts, aber früher oder später wird die Spekulation kommen und diese wunderbaren Hölzer holen, Schätze, die die Zeit aufgespeichert hat, die einzigen, deren Erzeugung der Mensch nicht fördern und nicht ersetzen kann. Der Staat wird vielleicht eines Tages selbst die Transportmittel für diesen Wald zur Verfügung stellen, denn seine Bäume wird er für seine Marine gebrauchen. Aber er wird damit warten, bis die verzehnfachte Bevölkerung von Montégnac seinen Schutz erbittet, denn der Staat ist wie das Vermögen: Er gibt nur den Reichen. Dieses Fleckchen Erde wird dann eines der schönsten Frankreichs sein, wird einst der Stolz Ihrer Enkel werden, denen dann das Schloss im Vergleich zu ihren Einkünften ärmlich erscheinen wird.<

>So hat mein Leben eine Zukunft!<, sagte Veronique.

>Ein solches Werk kann viel Unrecht wieder gutmachen<, entgegnete der Pfarrer.«

Das ›Macht euch die Erde untertan‹ meint nun nicht mehr die Sicherung der existenziellen Selbstversorgung, sondern mündet ein in die kapitalistische Renditeberechnung. Es ist schon bemerkenswert, wie oft Balzac Figuren, die dieses Bestreben vertreten, aus Schuldgefühlen handeln lässt, und sei es nur aus der Schuld, zuvor einen untätigen, müßigen Lebenswandel geführt zu haben. Die Geschäfte und die Erwerbsarbeit können vor Gott beinahe jede Schuld wiedergutmachen. Nur tüchtig hat er zu sein, der Büßer. Arbeiten wird zum Gebet.

Beide Hauptfiguren haben in ihrer Kindheit und Jugend leiden müssen. Ihre große Empathie entspringt also der Erfahrung, selbst auch leidvollen Verhältnissen und Schicksalsschlägen entwachsen zu sein.

Künstlerisches Schaffen

Balzac hat auch Künstlerfiguren mit einer manischen und einer völlig verengten Besessenheit auf nur ein einziges Lebensziel dargestellt. Er selbst wusste natürlich, wovon er redete bzw. schrieb. Da ihm das Schreiben leichtfiel, hatte er schon in seinen frühen Zwanzigerjahren davon gesprochen, mit einer ununterbrochenen Produktion von Texten Geld verdienen zu wollen; Texte, die er unter verschiedenen Pseudonymen veröffentlichte, mit ihnen aber wenig Geld einnahm und auch keine positive Bewertung seiner literarischen Leistung erntete. Erst mit Ende zwanzig wird er sich als Autor mit seinem wahren Namen zu erkennen geben, nun auch mit einem höheren literarischen Anspruch und stilistisch sicherer. Es dauert dann nur noch wenige Jahre bis zur Zyklusidee. Ab dann wird er zwanzig Jahre lang ein enormes Schreibpensum absolvieren.

Im Text *Gambara* zeigt Balzac einen besessenen Musiker. Hier verblüfft er mit einer Figur und mit Überlegungen, die kunsttheoretisch mehr als ein halbes Jahrhundert vorausgreifen. Der Italiener Paolo Gambara komponiert Musikstücke, die ihn der Lächerlichkeit preisgeben. Es ist, wieder einmal, die Ehefrau, die den Lebensalltag mit seinen Erfordernissen sichert, gleichwohl ist auch sie nicht in der Lage, ihren Gatten von seiner Besessenheit abzubringen. Von seinem Leben in Italien erzählt er: »Die ruhmvollen Ideen [seine Musik] also hatten

Herberge in meinem Felleisen: Sie ließen mich fröhlich mein trockenes Brot essen, das oft genug in Brunnenwasser getaucht war. Ich arbeitete, ich komponierte Lieder […].«

Als Gambara zum ersten Mal dem Erzähler der Geschichte Musik von sich vorspielt, ist sich dieser sicher, es könne sich gar nicht um einen Musiker handeln, denn dieser Mann sei nicht einmal in der Lage, saubere Tonfolgen zu spielen (»erstickte Töne«; »nicht unähnlich einem heiseren Hund«; »eine Vereinigung von misstönenden, aufs Geratewohl hingeworfenen Tönen«). »Die Grundsätze der Harmonie, die Grundregeln der Komposition, waren dieser formlosen Schöpfung gänzlich fremd.« Je betrunkener er allerdings ist, desto begnadeter spielt er Meyerbeer und Liszt.

Gambaras musikalisches Bestreben geht über die traditionellen Töne und Melodien weit hinaus (er will Beethoven überschreiten und Rossini seiner Banalität überführen), was ihn dazu gebracht hat, eigens völlig neue Musikinstrumente zu fertigen, insbesondere existiert ein »Panharmonicon«. Als ihn der Erzähler – dem allein das Wohl der Frau am Herzen liegt – davon zu überzeugen versucht, sich lieber auf die Schriftstellerei zu verlegen, ist Gambara empört und zutiefst gekränkt, wieder einmal bleibt er unverstanden. Als der Erzähler ihm anbietet, sein Mäzen zu werden, reagiert Gambara so:

> »›Alles, was das materielle Leben anbetrifft, gehört in das Gebiet meiner Frau‹, antwortete ihm Gambara; ›sie wird entscheiden, was wir ohne Scham von einem feinen Menschen, wie Sie einer zu sein scheinen[!], annehmen können. Was mich anbetrifft, der ich mich schon allzu lange in Geständnissen habe gehen lassen, so bitte ich um die Erlaubnis, Sie zu verlassen. Ich sehe eine Melodie, welche mich einlädt; sie geht und tanzt vor mir, nackt und zitternd wie ein schönes Mädchen, welches ihren Liebhaber um ihre Kleider bittet, die er versteckt hält. Leben Sie wohl, ich eile, eine Geliebte ankleiden zu gehen — und überlasse Ihnen meine Frau.‹
> Er entfloh wie ein Mann, der sich Vorwürfe macht, eine kostbare Zeit vergeudet zu haben […].«

Woran Balzac diese Figur ununterbrochen arbeiten, aber auch scheitern und verarmen lässt, ist nichts weniger als eine Kunstauffassung, wie sie sich um den Wechsel vom 19. zum 20. Jahrhundert entwickeln wird. Balzac zeigt einen Musiker, der die Musikwelt davon zu überzeugen versucht, dass das traditionelle Musikverständnis an sein Ende gekommen ist. Der Autor denkt hier in der Musiktheorie das voraus, was dann zur Neuen Musik führen wird. Tatsächlich werden Musiker ganz neue ›Instrumente‹ entwickeln, sie werden althergebrachte Instrumente aber auch neu verwenden, wenn beispielsweise ein Flügel beklopft statt bespielt wird oder an einem Schlagzeugbecken mit den Fingern Quietschgeräusche erzeugt werden. Doch Balzac weitet seinen hier entwickelten musiktheoretischen Ansatz noch in eine andere Richtung aus. Er reflektiert in einer Parallelüberlegung auch die Malerei, die er bis zur reinen Farbe vorausdenkt, wie Mitte des 20. Jahrhunderts Bilder erscheinen werden, die dann vielleicht ›Monochrome Bleu‹ oder ›Rot Grün Tupfen‹ heißen werden.

Balzac gibt seiner Figur eine Unermüdlichkeit bei, die einer fixen Idee entspringt, deren Realisierungen jedoch künstlerisch und sozial abgelehnt werden, sodass der Künstler schließlich in der Erschöpfung und völlig erfolglos endet.

Das Verhältnis von künstlerischer Selbstverwirklichung und mangelnder Anerkennung hat Balzac auch in der Erzählung *Das unbekannte Meisterwerk* thematisiert. Der Maler Frenhofer verbirgt sein letztes Bild, das er soeben fertiggestellt hat, indem er es einmauert, nicht einmal das weibliche Modell hat es zu Gesicht bekommen. Hier nimmt Balzac den künstlerischen Konstruktivismus vorweg – man denke etwa an den *Vertikalen Erdkilometer* in Kassel. Frenhofer beweist am Ende nur sich selbst etwas und erreicht damit seine psychische Entlastung davon, immer und immer wieder neu etwas Besonderes schaffen zu müssen. Er braucht keine soziale Anerkennung mehr. Gambara hingegen kann sich nicht damit begnügen, lediglich Instrumentenmodelle herzustellen und Kompositionen zu schreiben und zu hinterlassen. Er sucht den Applaus und die musikalische Anerkennung. Es sind am Ende jedoch die Marktfrauen, die ihr Gemüse in seine Partiturblätter wickeln; und wenn er als Straßenmusiker gefällige eigene Stücke spielt, halten die Passanten die Kompositionen für welche von Rossini.

Bei all den hier genannten Figuren fällt zunächst einmal auf, dass es sich ausnahmslos um Männer handelt. Das ist allerdings nicht verwunderlich, da Frauen von vielen gesellschaftlichen Bereichen ausgeschlossen waren. Bei vielen dieser Figuren ist zudem bemerkenswert, dass sie nicht einfach eine Leistung erbringen wollen, sondern dass sie auch etwas und sich selbst beweisen wollen. Das Individuum hat sich unter Beweis zu stellen. Es hat zu belegen, dass es etwas kann, etwas erreicht, Durchsetzungs- und Willenskraft hat, fähig zu etwas ist. Auch da, wo es um ein gemeinschaftliches soziales und sozioökonomisches Projekt geht wie in *Der Landarzt* und *Der Dorfpfarrer* muss und will der Initiator des Ganzen beweisen, dass es gelingt – um sein vorheriges moralisches Fehlverhalten zu kompensieren.

Dieser Beweis erst ist es, der den Einzelnen in der bürgerlichen Gesellschaft in die hohe Leistungsbereitschaft treibt. Er hat sich als fähig zu erweisen. Erst dann realisiert sich ein Selbstwertgefühl. Es ist die Leistung, die den individuellen Wert für sich und in den Augen der anderen bewirkt. Diese kulturell ins Individuum implantierte Komponente gehört zu jener Dynamik, die die gesellschaftliche Entwicklung ab Beginn des 19. Jahrhunderts prägt: Innovation, Wachstum, Expansion.

Interessant ist, dass Balzac viele dieser Figuren scheitern lässt und dass er seine utopischen Romane in ländliche Regionen (nahe Grenoble und Limoges) verlegt. Es sind ›helfende‹ Berufe wie Arzt oder Pfarrer, die die Fähigkeiten und die Überzeugungskraft besitzen, sozialutopische Gemeinschaften zu bilden und zu gestalten. Bei allem Glauben daran, dass es nur der alte Adel sein könne, der die Gesellschaft führt, hat Balzac diesem offenbar die realen Fähigkeiten dazu abgesprochen. Bei ihm scheitert ein Großteil des Adels daran, die Notwendigkeit, in eine aktive berufliche Rolle gehen zu müssen, nicht zu erkennen. Die Zeiten jedoch, sein Dasein allein mittels Verpachtung landwirtschaftlicher Flächen verbringen und es ansonsten beim Verwalten und aristokratischen Repräsentieren belassen zu können, waren vorbei.

Auch der katholischen Kirche hat Balzac keine Überzeugungs- und Gestaltungskraft mehr verliehen. Sosehr Bonnet in *Der Dorfpfarrer* ein positives Beispiel abgibt, so sehr sieht Balzac im kirchlichen Treiben zu viel interne Intrigen (siehe besonders *Der Pfarrer von Tours*) oder aber die duckmäuserische Anpassung an veränderte politische Verhältnisse – vermutlich hatte Balzac keine hohe Meinung von jenen Pfarrern, die, statt in die Emigration zu gehen, in den Jahren nach der Revolution den Eid auf die neue Verfassung abgegeben hatten, um den eigenen Kopf zu retten.

Mithin bleibt das bürgerliche, frühmoderne Individuum stark auf sich allein gestellt und es sucht seine Zuversicht mit der Erwerbstätigkeit zu untermauern. Für die damaligen Zeitgenossen hat die bürgerliche Verfasstheit der Gesellschaft offenbar keinerlei utopischen Gehalt gehabt. Die Erwerbstätigkeit war ein pragmatisches Vorgehen. Sie bot Möglichkeiten, war aber mit einem ganz neuen individualistischen Leistungsdenken gekoppelt. Die Gurte und Ketten, die den Galeerensträfling an den Bootsrand banden, wurden zunehmend ins Psychische verlagert.

Noch etwas soll an dieser Stelle nicht unerwähnt bleiben: Immer wieder stattet Balzac diese umtriebigen Männerfiguren mit Müttern und Ehefrauen aus, die von ihnen außergewöhnliche Leistungen erwarten. Auch das war dem Autor selbst nicht fremd, denn seine Mutter erwartete von ihm (wirtschaftlichen) Erfolg. Und es ›reichte‹ nie. Diese ›treibenden‹ Kräfte hinter diesen Männern verwundern sozialhistorisch abermals nicht, denn wenn Frauen viele Zugänge zu eigenem Erfolg versprerrt blieben, so konnten sie ihre Erwartungen ans eigene Leben nur über erfolgreiche Ehemänner (und Geliebte) oder eben auch über Söhne erfüllen (auf Madame Rabourdin im Kapitel ›Die Beamten‹ sei noch einmal exemplarisch verwiesen). Auch dieses Grundmuster der bürgerlichen Gesellschaft hat sich tief in unsere Kultur eingebrannt.

Die Anonymität der Moderne –
Einsamkeitserfahrungen

Mit dem Anwachsen der europäischen Großstädte ab Ende des 18. Jahrhunderts wandeln sich die Lebensverhältnisse vieler der in den Städten lebenden Menschen fundamental. Paris als mit Abstand größte Stadt des europäischen Festlandes wurde zum Prototyp der ›Metropole‹. Nicht zuletzt aufgrund des Bevölkerungsanstiegs im Verlauf des 19. Jahrhunderts wuchsen aber auch kleine und mittlere Städte zunehmend. Das Leben insgesamt wurde ›städtisch‹. Man schaute auf die Mode aus Paris und auf andere ›Pariser Waren‹.

Der Zuzug vom Land in die Städte – immer vom Wunsch nach besseren Lebensbedingungen, wenn nicht sogar nach Reichtum begleitet – führt für viele in die Isolation und Armut. Zwar zeigt Balzac auch in den Texten, die in der Provinz spielen, arme Familien in erbärmlichen Behausungen (etwa in *Die Bauern*, *Der Landarzt* oder *Die Königstreuen*), aber wer städtisch nicht einmal einen kleinen Garten und vielleicht ein paar Hühner hat, für den wird Armut schnell lebensbedrohlich. Die städtischen Armen müssen sich also mit miserabel bezahlter Heimarbeit, mit Gelegenheitsjobs oder (Frauen) mit Prostitution bzw. in prostitutionsähnlichen Lebensverhältnissen über Wasser halten, stets zudem von völlig willkürlicher Bezahlung abhängig. Journalisten wie die Figur Andoche Finot werfen sich jedem Zeitungsbesitzer an den Hals, um Geld zu verdienen und zu Ruhm zu kommen. Sie können sich dabei jeder politischen Haltung anpassen und polemisieren gegen jeden, der politisch gerade bekämpft werden soll (Lucien de Rubempré verliert darin jede Haltung und landet in der Isolation einer Gefängniszelle, siehe *Verlorene Illusionen*). Oder aber sie hängen sich gleich an Werbeinteressen (zu sehen an Andoche Finot unter anderem in *Cäsar Birotteaus Größe und Niedergang*). Für fünf Francs schreiben sie alles.

Durch das Stadttor auf dieser Seite betritt Lucien de Rubempré die Oberstadt von Angoulême, wo er als ernsthafter und angesehener Autor aufsteigen will. Louise de Bargeton nimmt ihn schließlich mit nach Paris, wo er sich im Journalismus und im allzu ›leichten‹ Lebenswandel verliert. Später verhindert hier in Angoulême am Fluss Charente Jacques Collin (als vermeintlicher Priester Herrera) seinen Suizid und bringt ihn in seine Abhängigkeit.

Viele der Balzac'schen Figuren leben im Grunde vereinsamt und manche gehören zudem zu den sozial ›Vergessenen‹. Auch wenn Stadtbewohner tagtäglich dieselbe Infrastruktur benutzen und sich die Wege der unterschiedlichen sozialen Milieus kreuzen, die städtische Anonymität kann eine Vereinsamung bewirken, die in ländlichen Umgebungen so nicht auftritt. Das wort- und gestenlose Aneinandervorbeigehen drückt eine Ignoranz gegenüber den Mitmenschen aus, die dem Deklassierten in jedem Augenblick seine Bedeutungslosigkeit, manchmal auch seine Überflüssigkeit vor Augen führt. Eine städtische Gesellschaft ist funktional hoch differenziert, ›integrativ‹ ist sie nicht.

Die Vergessenen einer Großstadt

Es wird an Balzacs eigenen Erfahrungen liegen, dass er sozial vereinsamten Figuren viel Empathie entgegenbringen kann. Zwar vermittelt er Bettlern oder armen Bauern gegenüber, die ihre ›Tricks‹ haben, um an etwas Geld oder an Güter zu gelangen, wenig Sympathie, aber die still vor sich hin Leidenden,

141

deren Leistungen zudem nicht anerkannt werden, weiß er durchaus in ihrem Unglück zu zeigen.

Neben Louis Lambert (im gleichnamigen Text), dem er, wie bereits erwähnt, seine eigene Schulgeschichte eingeschrieben hat und dessen philosophische Gedanken und Theorien unerhört bleiben, betrifft das Z. Marcas. Ähnlich wie der Ich-Erzähler in *Facino Cane* am Stadtrand in einer Mansarde wohnt, so finden sich auch in *Z. Marcas* Balzacs eigene Mansardenjahre wieder. Marcas rechnet sich zur politisch interessierten Jugend Frankreichs, hat viele Gedanken entwickelt, um das politische System zu verbessern, stößt aber nirgendwo auf offene Ohren oder auf politischen Durchhaltewillen. Der Ich-Erzähler (angehender Jurist) und dessen Kommilitone Juste wohnen neben ihm. »Ich habe nie jemanden gesehen, einschließlich der bemerkenswertesten Männer unserer Zeit, dessen Anblick ergreifender gewesen wäre als der dieses Mannes; das Studium seiner Physiognomie flößte zuerst ein Gefühl voll von Melancholie und dann eine fast schmerzhafte Empfindung ein.«

Die allmähliche freundschaftliche Annäherung der beiden Studenten an ihren Flurnachbarn – zunächst machen sie sich mittels eines Lochs in der Wand zu Voyeuren seines Lebens – führt zu Einblicken in Marcas' Leben: »Es [das Zimmer] hatte keinen Kamin, lediglich einen kleinen weißen Kachelofen mit grünen Flecken, dessen Rohr direkt durch das Dach ging. Das in der schiefen Wand angebrachte Fenster hatte abscheuliche rote Vorhänge. Ein Sessel, ein Tisch und ein schäbiger Nachttisch bildeten das Mobiliar. Seine Wäsche legte er in einen Wandschrank; die Tapete an den Wänden war hässlich. Offenbar hatte man dort einen Dienstboten untergebracht, bevor Marcas eingezogen war.« Marcas lebt von dreißig Sous pro Tag, er besitzt keinen Mantel für den Winter und nur grob besohlte Schuhe. »Sein Frühstück hatte aus einem Stück Zervelatwurst bestanden.« Und: »Marcas war, wie übrigens auch wir, im tiefsten Elend angelangt; er verdient zwar seinen täglichen Unterhalt, aber er besaß weder Unterwäsche noch Garderobe noch Schuhe.«

Marcas kommt mit seinen Ideen nicht an, als politischer Mitarbeiter enden seine Anstellungen in den turbulenten Zeiten nach 1830 oft schnell oder er wird fallen gelassen, auch als Redakteur einer Zeitung scheitert er. Schließlich resigniert er und stirbt mit Mitte dreißig. »Marcas hinterließ nichts, um die Begräbniskosten zu bestreiten. Juste und ich hatten große Mühe, ihm die Schande des Armenkarrens zu ersparen, und wir folgten beide als Einzige dem Leichenwagen Z. Marcas', der auf dem Friedhof von Montparnasse in das Massengrab geworfen wurde.«

Auch Künstlern ergeht es in der *Menschlichen Komödie* ähnlich. Sie werden nicht wahrgenommen und leben in Armut. Der schon im Kapitel zum monomanischen Arbeiten beschriebene Gambara ist einer, der deutsche Musiker Schmucke ein anderer. Schmucke unterrichtet viele der höheren Töchter der *Menschlichen Komödie* im Klavierspiel, womit er sein Auskommen sichert. Er lebt einige Zeit mit Sylvain Pons *(Cousin Pons)* in einer gemeinsamen Wohnung zusammen und wird nach Pons' Tod zunächst auch dessen Erbe, doch die Familie des Verstorbenen macht ihm das Leben dermaßen madig, dass er sich schließlich finanziell abspeisen lässt, um sich der Intrigen zu entziehen.

Bei all diesen Figuren zeigt Balzac, dass die Vereinsamung jene trifft, die es nicht verstehen, sich im wirtschaftlichen Konkurrenzkampf zu behaupten. Wer (bei Misserfolgen) schnell zum Rückzug neigt, kann sich in einer kapitalistischen Gesellschaft nur schwer durchsetzen und muss gegebenenfalls mit Hungerlöhnen sein Leben bestreiten. Doch gibt es auch eine Einsamkeit, die sich inmitten von Jubel und Trubel einstellt. Soziale Eingebundenheit, ja nicht einmal Umworbenheit verhindert zwingend ein Einsamkeitserleben. Vermutlich hat Balzac selbst sie empfunden, während er nichts sehnlicher wünschte, als in ›höhere‹ Gesellschaftskreise aufzusteigen.

Die Einsamkeit der Kurtisanen

Wie einsam das Leben in Prostitution oder in prostitutionsähnlichen Lebenslagen jemanden machen kann, ist bereits an dem Eunuchensänger Zambinella in *Sarrasine* deutlich geworden (siehe das Kapitel ›Entgrenzte Sexualität und neue Tabus‹). Auch Paquita in *Das Mädchen mit den Goldaugen* scheint eine solche Vereinsamung zu empfinden. Beide Figuren stecken in einer missbräuchlichen Abhängigkeit fest. Nicht zu übersehen ist diese Einsamkeit auch bei Esther van Gobseck. Sie ist die

Tochter von Sarah van Gobseck (Großnichte des Wucherers Gobseck), die ebenfalls bereits als Kurtisane gelebt hat. Ihre in der *Menschlichen Komödie* legendäre Schönheit und Attraktivität machen sie zu einem begehrten Objekt. Wirklich verliebt ist sie allerdings in Lucien de Rubempré.

Balzac hat beide Figuren sehr gekonnt miteinander verbunden. Esther hat gelernt, dass sich ihre bloße Schönheit in finanzielle Zuwendungen umsetzen lässt. Lucien, ebenfalls ein äußerst attraktiver junger Mann und sieben Jahre älter als Esther, erregt die Aufmerksamkeit einiger adliger Damen: Marie-Louise de Bargeton, Diane de Maufrigneuse, Gräfin de Sérisy, Clothilde de Grandlieu. Mit den ersten dreien unterhält er eine Zeit lang sexuelle Beziehungen, Clothide de Grandlieu hingegen möchte er heiraten. Nachdem sich Marie-Louise de Bargeton von ihm distanzierte, hatte er eine Beziehung zur Schauspielerin Coralie, die auch das Geld heranschaffte und ähnlich wie Esther von den Zuwendungen zahlreicher Herren lebte. Als Coralie stirbt inmitten völliger Hoffnungslosigkeit darüber, dass sie und Lucien nie ein unabhängiges und eigenständiges Leben werden führen können, lernt Lucien bald schon Esther kennen – beide Frauen gleichen sich äußerlich stark. Wie die Männer über diese sich anbahnende junge Beziehung denken und lästern, damit beginnt *Glanz und Elend der Kurtisanen.*

Esther und Lucien leben letztlich beide von einer Prostitution (und Jacques Collin ist ihrer beider Zuhälter), die sich wohlhabende Männer und Frauen leisten können. Dass diese Männer und Frauen sie auch heiraten werden, das steht so gut wie nie in Aussicht. Obwohl Lucien seinen Adelstitel offiziell wieder zugesprochen worden ist und er das Gut Rubempré mit Esthers Geld (bzw. das vom Baron de Nucingen) hat zurückkaufen können (nur deshalb kommt er für die Familie de Grandlieu als Gatte der Tochter infrage), bricht das Kartenhaus zusammen. Den vielleicht vernünftigsten Gedanken, den er in seinem ganzen Leben gehabt hat, drückt er im Zusammentreffen mit Esther einmal so aus: »Warum nicht mit ihr auf Rubempré leben, fern von der Welt, ohne jemals wieder zurückzukehren nach Paris!«

Esthers Hoffnung beruht darauf, dass Lucien einmal reich verheiratet sein wird und sie nur von ihm unterstützt ein zufriedenes Verhältnis mit ihm führen kann. Als die Heirat mit Clothilde zu scheitern droht, beruhigt sie ihn: »›Wie? Sollte aus der Heirat nichts werden?‹, fragte Esther mit bewegter Stimme, weil sie das Paradies zu sehen glaubte. [...] ›Mein Lucien, [...] warum betrübt sein? Du wirst dich später noch viel besser verheiraten können ... Ich werde dir zwei Landgüter verdienen.‹« Eigentlich hofft sie sogar, selbst die Frau zu sein, die an seiner Seite auf eben jenen Gütern leben wird.

Ihr Widerstand dagegen, ein Abend- und Nachtleben mit Nucingen teilen zu müssen, ist für sie von Beginn an groß. Als er das erste Mal zu ihr geführt wird, sagt er: »Mein Fräulein, [...] wollen Sie die Güte haben, mich als Gönner anzunehmen?« Und weil Esther längst von Jacques Collin (hier als Priester Carlos Herrera) zur Prostitution gezwungen wird, antwortet sie: »Aber ich muss wohl, mein Herr«, und zwei große Tränen laufen ihre Wangen hinab. Diese Tränen interessieren den Baron nicht im Mindesten, er blättert die vereinbarten hunderttausend Francs auf den Tisch, die ihm als Einzigem die junge Frau sichern sollen, während sie geglaubt hatte, endlich der Prostitution entkommen zu können.

Die Nächte mit ihm sind für Esther unerträglich. Immer wieder versucht sie, die Salonabende so verlaufen zu lassen, dass er nicht der letzte und einzige Gast bei ihr bleibt. Doch wie sehr sie zum Opfer ihrer Verhältnisse und der Männergesellschaft geworden ist, drückt Balzac sehr plastisch an dieser Salonszene aus:

»Niemand konnte sich mehr auf den Beinen halten [alle Männer sind betrunken]; die Frauen waren auf dem Divan eingeschlafen, sodass man nicht mehr den zu Anfang abgesprochenen Scherz ausführen konnte, nämlich Esther und Nucingen ins Schlafzimmer zu geleiten, indem man sich in zwei Reihen aufstellte und jeder einen Kerzenleuchter hielt und dabei das *Buona sera* aus dem *Barbier von Sevilla* sang, um so Esther und Nucingen das Geleit ins Schlafzimmer zu geben. Nun reichte Nucingen Esther allein die Hand.«

Doch zu diesem Zeitpunkt hat Esther bereits ein sehr langsam wirkendes Gift eingenommen. Am anderen Mittag findet man sie tot. Schon in Esthers Vorgeschichte hatte es einen Suizidversuch gegeben, den aber Carlos Herrara noch rechtzeitig entdeckt hatte. Auch Lucien wird sich am Ende in einer Gefängniszelle erhängen, nachdem er unschuldig wegen des vermeintlichen Mordes an Esther zum Tod verurteilt worden ist. Ihn hatte Collin ebenfalls einmal vor dem Suizid bewahrt und ihn in seine Abhängigkeit zu bringen gewusst.

So ist Esther zwar eine Frau, die in solidem Wohlstand leben kann aufgrund der Zuwendungen der wohlsituierten Männer, die aber nur wenig Zeit für sich hat, um wirklich eine Art Selbstverwirklichung zu erreichen. Ihre latente Suizidalität lässt ihren zweiten Suizid dann auch gelingen. Sie vergiftet sich. Endgültig wird ihr bewusst, dass sie nicht Herrin ihres Lebens ist, und sie sieht auch keinen Ausweg mehr aus ihrer von Abhängigkeiten dominierten Lebenslage.

Wie sehr die schönen Frauen einzig wegen ihrer erotischen Körper gemocht werden, drücken in der *Menschlichen Komödie* viele Männerfiguren dann aus, wenn sie unter sich sind. Insbesondere der Männerbund der Dreizehn *(Geschichte der Dreizehn)* scheut auch vor brutalen Straftaten nicht zurück und verhält sich menschenverachtend, wenn es darum geht, eine Frau ›zu besitzen‹ oder ›gehabt haben‹ zu wollen (zur Vorurteilsbildung bezüglich Frauen siehe *Madame Firmiani*).

Bei Verheiratungen hingegen spielt die äußere Attraktivität eine untergeordnete Rolle, allerdings bei beiden Geschlechtern, denn dabei geht es vorrangig darum, eine ›gute Partie‹ zu machen, um das eigene Auskommen zu sichern. Auch hierbei allerdings markiert Balzac einen Unterschied in den Geschlechtern, denn die Ehefrauen leiden stärker darunter, von ihren Männern nicht begehrt und auch nicht geachtet zu werden, als die männlichen Figuren das umgekehrt tun, denn ihnen werden die Geliebten eher zugestanden.

Auch den Gegenpol zum resignativen sozialen Rückzug und zum Suizid hat Balzac mit Figuren besetzt. Es handelt sich um die niederträchtigen und gewalttätigen Männer, die wie einsame Wölfe durch den Großstadtdschungel von Paris streifen und ihre Opfer suchen. Das Extrembeispiel dafür ist Henri de Marsay (er gehört zum Männerbund der Dreizehn, deren Mitglieder Balzac auch »Zerstörer« nennt). Bemerkenswert bei dieser Figur ist, dass Marsay außer in der Erzählung *Das Mädchen mit den Goldaugen* nie als Protagonist auftritt. Das markiert seine fehlende Gebundenheit an irgendjemanden. Er will finanziellen Erfolg und Aufstieg und er will Frauen ›haben‹. Er hat weder Skrupel bei Mord noch hält ihn etwas davon ab, sich die Herrschaft über die Schauspielerin Coralie zu sichern, indem er ihrer Mutter sechzigtausend Francs dafür hinblättert.

Mehrfach in der *Menschlichen Komödie* gibt Balzac für solche und ähnliche Verhaltensweisen die Erklärung, dass diese Männer nie geliebt worden seien. Dafür macht er bei Weitem nicht nur die Mütter verantwortlich, wie es traditionell gesehen wurde, sondern auch die Väter. Als Henri de Marsay am Ende von *Das Mädchen mit den Goldaugen* auf seine leibliche Schwester stößt und sich in ihr ganz ähnliche Impulse zeigen wie bei ihm, verweist Balzac explizit auf den rücksichtslosen Vater der beiden.

Sosehr Balzac gerne mal auf Lavater verweist, der aus der Körperhaltung und aus dem Gesicht eines Menschen dessen Charakter ableiten wollte, sosehr er von der Magnetismustheorie Mesmers fasziniert war und so oft er beispielsweise aus Körpermerkmalen menschliche Eigenschaften untermauern zu können glaubte (›Denkerstirn‹ o. Ä.), was Balzac wieder und wieder zeigt, ist die Prägung des Menschen durch seine biografischen Erfahrungen. Es sind Erfahrungen und die darauf folgenden Bewältigungsversuche, die das Verhalten und das Handeln der Figuren strukturieren. Verhalten, das hat Balzac erkannt, ist nur zu einem kleinen Teil willens- und zu einem noch kleineren Teil vernunftgesteuert – auch wenn er selbst den ›Willen‹ so sehr verabsolutierte –, es ist in erheblichem Maße affektgesteuert, und die Affekte resultieren aus Erfahrungen. Dem Einsamkeitserleben bzw. dem Vermeiden von Einsamkeitsgefühlen wird dabei eine große Bedeutung gegeben. Als Jacques Collin Lucien vor dem Suizid bewahrt, bleut er ihm Folgendes ein *(Verlorene Illusionen)*: »Aber, merk dir das, grab es in dein noch weiches Hirn ein: Der Mensch hat ein Grauen vor der Einsamkeit. Und von allen Einsamkeiten ist die innere die schrecklichste.« Ja, auch Collin gehört zu diesen empathielos durchs Leben ziehenden Männern. Im Gewand eines Priesters hält er sich für einen »Arzt der Seele« (*Glanz und Elend der Kurtisanen*, I), eine Rolle, die er allerdings zu seinem eigenen Vorteil auszunuten weiß, Altruismus liegt ihm genauso wie Gobseck völlig fern.

Das heimliche Doppelleben

Die großstädtische Vereinsamung treibt Balzac an zwei Figuren – einer Frau und einem Mann – noch auf die Spitze, deren Situation von einem heimlichen Doppelleben des Mannes geprägt ist *(Eine doppelte Familie)*.

Ausgestellt wie eine Prostituierte hinter ihrem Fenster wird Caroline Crochard (Mitte zwanzig) von ihrer Mutter, wenn auch nicht, um sie zu verkaufen, sondern um sie möglichst gut zu verheiraten. Zwar haben die beiden Frauen keinen Reichtum zu bieten und leben in einer dunklen Straße, in die kaum mal die Sonne herabdringt, von Näharbeiten in Heimarbeit, aber die Mutter ist sich der Schönheit der Tochter sehr bewusst. Beide arbeiten sie an zur Straße gelegenen Fenstern, um mehr Licht bei ihren Arbeiten zu haben, sodass sie von den Fußgängern gut gesehen werden können. So mancher Mann hat Caroline auch schon Blicke zugeworfen.

Eines Tages nun wird ein unbekannter junger Mann auf sie aufmerksam, und schnell hat die Mutter den Eindruck, dass sich dieser wirklich für die Tochter interessiert, allzu auffällig ist, dass er jedes Mal, wenn er vorbeikommt, ihren Blick sucht. Auch Caroline findet den Mann (um die vierzig) attraktiv.

Der immer seriös und schwarz gekleidete Mann wird sich als Jurist in Staatsdiensten herausstellen. Es handelt sich um Roger de Granville (siehe das Kapitel ›Der Adel verbürgerlicht‹). Er arbeitet lange und kommt oft erst am späten Abend auf dem Rückweg wieder an den Fenstern der beiden Frauen vorbei. An einem Spätabend hört Granville durch das offene Fenster von den Geldsorgen der Frauen und wirft, ohne sich zu erkennen zu geben, seine Geldbörse durchs Fenster.

Es entspinnt sich eine Liebesgeschichte, die für Caroline und ihre Mutter tatsächlich zum finanziellen Aufstieg führt. Vorbei sind Armut und Geldnöte. Doch bald wird klar, dass Roger de Granville ein Doppelleben führt, denn er ist bereits verheiratet. Es fällt ihm aber nicht schwer, eine Wohnung für Caroline zu finanzieren; und so beginnen die beiden eine parallele ›wilde Ehe‹. In der gemeinsamen Wohnung gibt er ihr den Namen Caroline de Bellefeuille.

Das immer etwas verdunkelte Leben von Roger bleibt für Caroline ein Rätsel (sie kennt ausschließlich seinen Vornamen), aber die Stunden mit ihm sind stets so wohlwollend und liebe-voll, ihr fehlt es an nichts und das Zusammensein mit ihren schließlich zwei Kindern macht sie so zufrieden, dass sie es vermeidet, Roger unter irgendeinen Druck zu setzen. Und doch: Da er es zu verhindern weiß, sich offen mit ihr zu zeigen, wodurch ein gemeinsames Leben ›in Gesellschaft‹ entfällt, und weil er sich oft viel Arbeit mit in die Wohnung bringt, also wie-der nicht wirklich zugänglich ist für Carolines Wünsche an ihn, deshalb nagt unterschwellig eine Unzufriedenheit in ihr, die sie über Selbstinstruktionen zwar zu beschwichtigen versucht, die aber schließlich doch nicht mehr zu unterdrücken ist.

In einer ganz warmherzigen Situation beschleichen sie wie-der einmal ihre Zweifel:

»Bei diesen allzu lebhaften Erinnerungen traten Trä-nen in ihre Augen, sie glaubte, ihre Liebe sei nicht in-nig genug [als dass er sie heiraten werde], und neigte zu der Sicht, in ihrer zweideutigen Stellung etwas wie eine Steuer zu sehen, die das Schicksal von der Art ih-rer Liebe erhob. Schließlich ließ eine unbezwingbare Neugierde sie zum tausendsten Mal überlegen, welche Umstände einen so liebevollen Mann wie Roger dazu bewegen konnten, nur ein heimliches, ungesetzliches Glück zu genießen. Sie fantasierte tausend Romane zusammen, um sich nicht den wahren Grund einge-stehen zu müssen, den sie seit Langem ahnte, an den sie aber nicht zu glauben versuchte.«

Und als sich Roger wieder einmal vorzeitig von ihr verabschie-det, heißt es: »Caroline sah ihn forschend mit einem zugleich traurigen und sanften Blick an, aber mit dieser Resignation, die die Schmerzen eines Opfers unübersehbar sein lässt.«

Es ist dann die Mutter, die in Erfahrung gebracht hat und kurz vor ihrem Tod ausspricht, dass Roger lediglich Carolines »Wohltäter« sei, und ihr rät, sich in Acht zu nehmen. Caroline wendet sich von ihm ab und fällt später, nach den Worten ihres Arztes, auf einen Kriminellen herein, der ihr das letzte Geld entreißt. Sie arbeitet wieder »Tag und Nacht«, ist ausgezehrt und besitzt doch nichts mehr. Wie sehr sie ihr bisheriges Leben verleugnet, erfährt Roger eines Abends, als er hört, dass der Arzt sie Caroline *Crochard* nennt. Völlig verhärmt in einer lieblosen Ehe und im Verlust seiner eigentlichen Liebe sagt er dem Arzt gegenüber: »Was Caroline Crochard anlangt [...], so kann sie in allen Grässlichkeiten des Hungers und des Durstes sterben, mag sie doch die herzzerreißenden Schreie ihrer sterbenden Kinder hören und die Niederträchtigkeit dessen erkennen, den sie liebt: Ich würde nicht einen Heller geben, um ihr Leid zu lindern [...].«

Durch ihre Zerrissenheit in einer sozial gespaltenen Lebenssituation vereinsamen beide. Als Caroline bewusst wird, dass sich ihre Situation mit Roger gar nicht ändern kann, weil es für einen verheirateten Adligen unmöglich ist, sie doch noch zur Frau zu nehmen, zieht sie Konsequenzen, rutscht nun allerdings ins kriminelle Milieu ab, wo schließlich auch ihr Sohn landet. Roger wiederum hat in der heimlichen zweiten Beziehung zwar einen Hort der Liebe gefunden, indem er selbst auch Liebe zeigen konnte, aber er hat damit auch ganz egoistisch Caroline ausgebeutet für seine Interessen und hat die ihrigen dabei völlig ignoriert. Als er sie schließlich verliert, ist er ein verhärmter, zynischer alter Mann. Seinem ehelichen Sohn gegenüber gesteht er zwar, einen großen Fehler im Leben begangen zu haben, projiziert das Problem jedoch nach außen, indem er sagt:

> »Studiere lange den Charakter jener Frau, mit der du dich verbinden sollst, aber ziehe mich zu Rate, ich will sie selbst prüfen. Die Disharmonie in der Verbindung zweier Ehegatten, woraus auch immer sie resultiert, führt zu schrecklichem Leid. Wir werden, früher oder später, dafür bestraft, dass wir den sozialen Gesetzen nicht gehorcht haben [...].«

Beobachtungen des Unbewussten

Waren bereits in mehreren Kapiteln unbewusste Antriebe von Figuren Thema, so ist eine Erzählung in ganz besonderer Weise dafür geeignet, zu zeigen, wie Balzac solche Phänomene in Szene zu setzen verstand. Auch hier ist er sich der Bedeutung seiner Beobachtung völlig bewusst und nennt den Text eine »Studie«.

So manchen Balzac'schen Text als Intrigenerzählung zu lesen ist plausibel, weil in ihnen zentrale Figuren an ›Machenschaften‹ zugunsten eigener Bereicherungen arbeiten, also ganz bewusst soziale und erst recht wirtschaftliche Beziehungen so instrumentalisieren, dass sie selbst davon profitieren und andere Figuren hinters Licht geführt werden. Das kann sogar für Versuche gelten, jemanden in eine sexuelle Beziehung zu verstricken, um daraus (mittelfristig erwartete) finanzielle Vorteile zu ziehen. Liegen bei wirtschaftlichen Interessen die intriganten Übervorteilungen oft auf der Hand, lässt Balzac bei sexuellen Beziehungen allerdings ganz besonders einen inneren Antrieb aufblitzen, der von einer bewussten, willentlich-strategischen Dynamik unabhängig existiert – das Begehren. Balzac mit seinem Gespür für die Funktionalität psychosozialer Verhaltensweisen und dahinterliegender Psychodynamiken gestaltet in solchen Figurenkonstellationen häufig das mit, was einige Jahrzehnte später als ›das Unbewusste‹ konzeptualisiert werden wird.

Am auffälligsten und explizitesten ist so eine Schilderung unbewusster innerer Antriebe in der kurzen Erzählung *Frauenstudie* zu finden. Hier kommen drei Hauptfiguren des gesamten Romanzyklus zusammen: Eugène de Rastignac, die Marquise de Listomère sowie der Arzt Horace Bianchon als Erzähler der Geschichte. Der Text erschien erstmals 1831 bzw. in einer Zeitschrift sogar bereits 1830, also Jahre vor dem Entschluss, einen Romanzyklus zu schreiben. Nach dem Entschluss zur Textvernetzung und der Entscheidung, auch bereits veröffentlichte

Texte nachträglich einzubauen, befand sich Balzac in der Situation, dass er die zuvor bereits angelegten Figuren sowohl in eine erweiterte Biografie fassen musste als auch bei jeder neuen Platzierung eine psychologische Plausibilität einzuhalten haben würde. Oft bekamen Nebenfiguren nachträglich einen neuen Namen, um sie zu einer bereits eingeführten Figur umzuwandeln. Nicht zuletzt dabei zeigte sich Balzacs enormes Gespür.

Wer sind die drei Figuren dieser Erzählung?

Eugène de Rastignac war seit *Vater Goriot* als der Draufgänger angelegt, als der er durch den Romanzyklus ziehen wird. Vom unbedarften und unsicheren, aber verschlagenen jungen Mann aus verarmtem Provinzadel wird er nach und nach in den Geldadel von Paris aufsteigen, alle Moral dabei über Bord werfend.

Die Marquise de Listomère hingegen ist hochreligiös erzogen und hält viel darauf, in der Pariser Gesellschaft als eine anständige, moralisch tadellose (Ehe-)Frau zu gelten, die sich nichts vorzuwerfen hat. Sexuelles Begehren gilt als ihr fern, Liebschaften hat es nie welche gegeben. Sitzt sie zum Plaudern mit einem Mann zusammen, schiebt sie nicht einmal ihren zierlichen Fuß unter dem Kleid hervor. So gilt sie als langweilig und wenig inspirierend, doch ihre hohe Tugend ist Legende. Dabei ist sie sehr wohl äußerlich attaktiv und kann auf eine zurückhaltende Art charmant sein.

Horace Bianchon wiederum hat in der *Menschlichen Komödie* unter anderem die Funktion, Einblicke in intime Verhältnisse zu geben, weil ihm als Arzt nun mal auch das Intimste mitgeteilt wird bzw. er es beobachten kann. Er ist auch dann noch mitten im Geschehen, wenn sich Dinge jenseits jeder öffentlichen Situation und sozialen Verstellung abspielen. Zudem ist er seit *Vater Goriot* ein Freund von Rastignac.

Ab 1835 hat Balzac den Figuren nach und nach in den verschiedenen Fassungen dieser Erzählung die neuen Namen zugewiesen und den Text *Frauenstudie* entsprechend noch einmal überarbeitet. Auch hierbei verdichtet er sukzessive und sehr präzise seine psychologischen Beobachtungen.

Der Absender

In der Erzählung nimmt Rastignac an einem Empfang bei der Marquise teil und kommt ausführlich mit ihr ins Gespräch. Schließlich beginnt er, sie auf eine Weise anzuschauen, »die sie verlegen machte«, woraufhin er sich aber höflich wieder zurückzieht, um sie nicht zu beschämen. Am anderen Vormittag erwacht er spät und bleibt in einem Schlummer liegen, bei dem ihm alles Mögliche durch den Kopf geht, insbesondere natürlich Frauen, darunter auch die Marquise. Schließlich steht er auf, weil er frühstücken will und anschließend zwei Briefe zu schreiben hat, die sein Diener am Nachmittag austragen soll.

Er schreibt einen kurzen und einen langen Brief. Einer davon ist an seinen Anwalt gerichtet, der zweite an seine Geliebte Delphine de Nucingen, eine der Töchter von Vater Goriot. Nach dem Schreiben macht der vor sich hingesprochene Satz von Rastignac »Die Frau spukt mir im Kopf herum« deutlich, dass in ihm die Begegnung mit der Marquise immer noch nachhallt. Nicht nur, dass für viele Männer der *Menschlichen Komödie* ein großer Reiz darin liegt, gerade die tugendhaftesten Frauen ins Bett zu kriegen, ganz besonders Rastignac zeigt sich bei sexuellen Abenteuern wenig zurückhaltend, auch wenn er seiner Geliebten Delphine immer eine gewisse Treue hält – später wird er ihre Tochter heiraten.

Nach dem Verfassen der Briefe setzt sich Rastignac näher an den offenen Kamin und beginnt, gedankenverloren mit dem Feuereisen in der Kohle zu stochern. Als sich Horace Bianchon melden lässt, versiegelt Rastignac zügig die beiden Briefe und versieht sie mit den Adressen, um sie seinem Diener zu übergeben, damit er selbst nun ausgiebig mit dem Freund plaudern kann.

Einige Tage später muss Rastignac feststellen, dass sein Brief an Delphine nie angekommen ist. Er ist über seinen Diener verärgert und stellt ihn zur Rede, droht ihm sogar mit Kündigung. Doch der Diener versichert, er habe beide Briefe an den entsprechenden Stellen abgegeben: beim Anwalt und bei der Marquise de Listomère. Da Bianchon abermals zugegen ist, bestätigt dieser, auch er habe gesehen, dass ein Brief an die Marquise adressiert gewesen sei. Rastignac ist zwar etwas entsetzt darüber, dass nun sein Liebesbrief für Delphine bei einer anderen Frau angekommen ist, aber letztlich muss er doch darüber schmunzeln und nimmt sich vor, die Verwechslung schon bald bei der Marquise richtigzustellen.

Die Empfängerin

Als die Marquise am besagten Nachmittag um 14 Uhr aufgestanden ist, übergibt ihr die Zofe einen Brief. Während sie von dieser frisiert wird, liest sie den Brief, der mit den Worten beginnt: »O geliebter Engel der Liebe, Schatz meines Lebens und Glücks!« Da der Brief keinen Absender trägt – dies ist bei persönlich abgegebenen Schreiben nicht üblich –, weiß sie beim Anlesen nicht, wer diese Zeilen geschrieben hat. Zwar hat sie den spontanen Impuls, den Brief sofort ins Feuer zu werfen, so ungeheuerlich erscheint er ihr, doch die Neugierde lässt sie weiterlesen, denn sie fragt sich, wie ein Mann, der so beginnt, wohl enden werde. Nachdem sie den Schluss gelesen hat, »ließ sie die Arme sinken, als sei sie tief erschöpft«.

Erst jetzt fragt sie die Zofe, wer den Brief abgegeben habe – und zeigt sich entsetzt. »Muss das ein unverschämter Kerl sein«, schießt es ihr durch den Kopf. Sie ist fest entschlossen, Rastignac zukünftig nicht mehr zu empfangen, und teilt dies ihrem Personal auch mit. Ohnehin ist ihr beim Lesen eine kleine Unachtsamkeit unterlaufen, denn ihre Zofe ist des Lesens mächtig und konnte während des Frisierens den Brief mitlesen. Das heißt, von jetzt ab weiß das ganze Personal von dem anzüglichen Brief und wird der Marquise zumindest einen Flirt unterstellen – ihr, der so Tugendhaften!

Doch das Empfangsverbot scheint bestenfalls die halbe Miete. Die Marquise sieht sich genötigt, Rastignac in aller Öffentlichkeit »niederzuschmettern«, um sich eventuell herumsprechende Gerüchte entschieden zu widerlegen. Sie will dies tun bei einem Empfang, zu dem sie eingeladen ist und der von einer Verwandten von Rastignac gegeben wird. Sie geht fest davon aus, dass er dort auftauchen wird. Allerdings erscheint er an diesem Abend nicht. Da es sozial unmöglich ist, sich selbst zu Rastignac zu begeben, um ihn zur Rede zu stellen, denn schon das könnte kompromittierend ausgelegt werden, bleibt es beim Empfangsverbot, bis sich eine andere Gelegenheit zur demonstrativen Zurückweisung ›in Gesellschaft‹ ergeben wird.

Die Konfrontation

Endlich macht sich Rastignac auf den Weg zur Marquise, doch muss er feststellen, nicht eingelassen zu werden, der Türdiener behauptet schlicht, die Marquise sei nicht zu Hause. Rastignac will bereits wieder abfahren, als der Marquis nach Hause kommt und ihn bittet – da er die Situation falsch einschätzt und glaubt, Rastignac sei gerade erst angekommen –, mit ins Haus zu kommen, seine Frau sei oben.

Madame de Listomère ist nun hoch irritiert, als sie ihren Mann mit Rastignac hereinkommen sieht, und errötet zutiefst. Dieses Erröten deutet nun wiederum Rastignac unangemessen, denn er glaubt darin ein Zeichen zu sehen, dass die Dame des Hauses durchaus nicht so unschuldig ist, wie sie immer tut. Offenbar ist ihr sein Erscheinen peinlich. Dabei denkt er: »Na-nu, [fällt] auch diese Festung?«, die er einzunehmen wohl nicht abgeneigt wäre.

Doch als Rastignac eine Erklärung zu dem Brief abgeben will und dabei schmunzelt, entgegnet ihm die Marquise schroff: »Monsieur, Ihr Schweigen wird Ihre beste Entschuldigung sein. Was mich betrifft, so gelobe ich völliges Vergessen, und das ist eine Verzeihung, die Sie kaum verdienen.« Sie können sich dies halblaut sagen, weil sich der Marquis mit einer Zeitung in den Händen ans Fenster gestellt hat und nicht zuhört, sondern liest.

Trotz der Erwiderung erklärt nun Rastignac, es seien zwei Briefe vertauscht worden und er hoffe, der Brief tauche nicht ausgerechnet über Umwege bei der eigentlichen Adressatin auf. Da er nicht den Namen nennt, aber alle Welt vermutet, dass er der Liebhaber von Delphine de Nucingen ist, fragt sie frech nach, ob der Brief wohl für Delphine bestimmt gewesen sei. »Warum nicht, Madame?«, fragt er zurück, damit also zugebend, dass er bereits eine Geliebte hat.

Von jetzt ab verfängt sich Rastignac immer mehr in einem Gestammel. Die Marquise treibt ihn vor sich her und überführt ihn schließlich seiner inneren Regung ihr gegenüber, indem sie sagt, der Brief könne ja tatsächlich an Delphine gerichtet gewesen sein, doch frage sich, wie dann trotzdem ihre Adresse auf den Brief geraten sei. Rastignac verlässt schon bald und etwas überstürzt das Haus.

Die Rekurrenz des Begehrens

Die Marquise de Listomère taucht in der *Menschlichen Komödie* mehrfach auf. Sie heißt ursprünglich mit Nachnamen de Vandenesse und hat zwei Brüder: Charles und Felix. Felix ist jener junge Mann, der in Die Lilie im Tal (siehe das Kapitel ›Depressivität und die Selbstinszenierung als Opfer – psychisch überforderte Individuen‹) in Gräfin Henriette de Mortsauf verliebt ist und heimlich um sie wirbt. In *Eine Evatochter* wird die Marquise seiner späteren Frau Angèlique-Marie zuerst mütterlich zugetan sein, dann aber in eine geradezu feindselige Eifersucht verfallen, als sie mit ansehen muss, wie ihre Schwägerin sowohl mit ihrer Schönheit als auch mit ihrem Geist in den Salons die Zuneigung insbesondere der Männer gewinnt.

Dass es bezüglich eigenen Begehrens durchaus eine Ambivalenz gibt, ist das eigentliche Thema im Text *Frauenstudie*. Auch wenn sie Rastignac gegenüber ihre Enthaltsamkeit entschieden bekräftigt, zeigt ein Ausschnitt aus ihrem Wortwechsel am Ende des Textes mindestens ein Geschmeicheltsein, weil sie annehmen *muss*, dass Rastignac im Schreiben des Briefes ›eigentlich‹ eben doch sie gemeint bzw. an sie gedacht hat. Als Rastignac ihr nämlich mitteilt, der Brief sei nicht für sie bestimmt gewesen, lässt Balzac sie sagen:

> »Die Marquise musste lächeln; sie wollte gekränkt worden sein. ›Warum lügen?‹, entgegnete sie in verächtlich-heiterem Ton, aber mit sanfter Stimme. ›Jetzt, da ich Sie ausgescholten habe, kann ich über eine List lachen, die nicht frei von Bosheit ist. Ich kenne bedauernswerte Frauen, die darauf hereingefallen wären. ›Gott, wie muss er lieben!‹, würden sie sagen.‹ Die Marquise lachte etwas gezwungen auf und fügte nachsichtig hinzu: ›Wenn wir Freunde bleiben wollen, darf nie wieder von einem Versehen die Rede sein, dessen Opfer ich nicht sein möchte.‹«

Der letzte Satz kann unterschiedlich verstanden werden und ist auch sehr verschieden ins Deutsche übersetzt worden. Will die Marquise nichts davon wissen, dass es bloß ein Versehen gewesen sei? Legt sie nahe, dass sie die Gemeinte sein *möchte*? Oder geht es wirklich in aller Entschiedenheit darum, jeden neuen Annäherungsversuch von Rastignac zu verhindern?

Doch der Fortgang des Textes lässt dann deutlicher erkennen, worum es Balzac geht. Er legt Rastignac die Antwort in den Mund: »›Auf meine Ehre, Madame, Sie sind es mehr [also Opfer], als Sie denken‹, erwiderte Eugène lebhaft.« Was damit gesagt sein soll, bleibt wiederum interpretationsbedürftig, denn an dieser Stelle spricht der Marquis dazwischen, vom Fenster wieder zu ihnen kommend, und verhindert, dass sich die beiden weiter ungestört aussprechen können. Die Marquise fragt nicht zurück, was Rastignac damit sagen will. Es geht dann noch in einem kurzen Wortwechsel weiter, und zwar darum, wer von ihnen nun welches Geheimnis zu verbergen habe. Aber Rastignac verabschiedet sich schließlich. Balzac lässt auch hier die Bedeutung von Rastignacs Aussage unerklärt und weiter offen.

Wie sehr nun die Marquise de Listomère zum Opfer geworden ist, machen die letzten Zeilen der Erzählung deutlich, und in ihnen drückt sich aus, dass es eben doch der Mann ist, der sich als der Robustere herausstellt, zumal Rastignac mit seiner Virilität ohnehin nicht hinterm Berg hält. Es dauert nur noch wenige Tage, da scheint sich zu bewahrheiten, dass Rastignac keine ›Absichten‹ der Marquise gegenüber gehabt hatte. Es bleibt offen, ob sie nun definitiv von dem Verhältnis Rastignacs mit Delphine de Nucingen erfährt oder ob sie einen neuerlichen Annäherungsversuch fest erwartet hatte, jedenfalls bricht der Kontakt zu ihm ab. Daraufhin lässt sich die Marquise über Wochen ›entschuldigen‹ und nimmt an keinem sozialen Ereignis mehr teil. Ihr Ehemann begründet es nach außen mit einer Gastritis! Der letzte Satz nun gehört dem Arzt Bianchon. Er sagt: »Ich, der sie behandelt und ihr Geheimnis kennt, weiß, dass sie lediglich eine kleine Nervenkrise hat, die sie benutzt, um zu Hause bleiben zu können.«

Diese Kommentierung durch den Arzt ist erst in der Fassung von 1842 hinzugefügt worden. Balzac vereindeutigt den Schluss dadurch, unterstreicht aber auch in aller Deutlichkeit sein Thema. Die Marquise nämlich wird in diesem Text als das Opfer ihrer selbst dargestellt. Eigentlich wünscht sie sich, von

Rastignac gemeint zu sein und ihr Verhältnis zumindest in einen Flirt übergehen zu lassen, um das männliche Interesse an ihrer Person zu spüren, vielleicht sogar um mit ihm eine Affäre zu haben, aber ihre allzu strenge Erziehung und die übernommene gesellschaftliche Konvention verbieten es ihr, dies auch zu signalisieren. Sie muss so tun ›als ob‹ und verwehrt sich damit selbst ein erotisches oder sogar sexuelles Abenteuer. Rastignac behält also recht, denn sie ist ein doppeltes Opfer, indem er sich eben nicht (mehr) um sie bemüht und sie sich aus bloßer Konvention kein eindeutiges Zeichen zu geben traut, für eine Affäre offen zu sein. Er hingegen pflegt ohnehin seine andere Liebschaft.

Damit wird deutlich, warum Balzac mit der Titelgebung auf die weibliche Figur verweist, denn zwar findet sich bei Rastignac selbstverständlich ein unbewusst arbeitendes Begehren, doch es ist die Marquise, die mit ihrem Insistieren darauf, sie müsse ja wohl die eigentlich Gemeinte des Briefes gewesen sein, wie sonst könne er ihre vollständige Adresse auf den Brief geschrieben haben, ohne es zu bemerken, ihr eigenes Begehren nicht eingesteht. Inmitten ihrer mal herablassenden, mal süffisanten Äußerungen schafft sie es nicht, zu ihrem Begehren zu stehen, obwohl es als Bedürfnis doch allzu deutlich hervortritt. Entsprechend bleibt Rastignac am Ende der Überlegene, denn er durchschaut sie, auch wenn er sich aufgrund der konventionell vorgesehenen Etikette verunsichert zurückzieht. Ein offener Ausdruck seines Begehrens ist ihm ebenfalls nicht möglich, denn der statushöheren und vermutlich älteren Marquise gegenüber muss er sich bedeckt halten – einen Gesichtsverlust in der Gesellschaft will er nicht riskieren, darin ist er sehr berechnend.

Es wäre ein Missverständnis des Textes, zu glauben, es handle sich lediglich um eine Art Verwechslungsstück, denn das Versehen, auf dem Brief die falsche Adresse zu notieren, ist eben kein ulkiger Zufall, sondern Ausdruck einer tiefen inneren Regung, einer Regung, die ihrer eigenen Logik folgt. Die Fehlleistung verweist auf ein psychisches Geschehen mit eigener Dynamik. Bleibt diese Dynamik unbemerkt, drückt sie sich an Kleinigkeiten aus, die allerdings – aus Selbstschutz – meistens jederzeit umgedeutet werden können, und zwar weil sie eben nicht eindeutig sind und ihre zugrunde liegende Intentionalität von außen kaum sichtbar wird. Den Beteiligten bleibt stets die Möglichkeit des Rückzugs.

Balzac hat dieser Psychodynamik mit der Darstellung des Verhaltens seiner Figuren eine Sichtbarkeit gegeben. Dieses psychische Geschehen findet am Ende seinen Ausdruck in einer Somatisierung einerseits (Gastritis) sowie andererseits mittels der Kommentierung des Arztes in seiner Funktionalität, nämlich den sozialen Rückzug zu legitimieren, um sich nicht beschämt fühlen zu müssen. Der kluge Arzt weiß, dass er hier nicht nach körperlichen Behandlungsmöglichkeiten zu suchen braucht, sondern der Patientin mit seiner ›medizinischen‹ Empfehlung zur Ruhe dabei hilft, im Alleinsein psychisch wieder auf die Beine zu kommen.

Der Knall

Balzacs Raffinesse in der Verdichtung seiner Themen zeigt sich in diesem Text sowohl in der internen als auch in der externen Vernetzung.

Die Binnenverdichtung erreicht er über die Verwendung einer Metapher, die er den herbeitretenden Bianchon am ersten Morgen beschreiben lässt: Ein aus dem Kaminfeuer springendes Stück Holzkohle verursacht oft einen kleinen Knall, was, so der Erzähler, seit der Zeit von Charles VI. ein »Burgunder« genannt werde. Dabei wiederum assoziiert Bianchon das lateinische Sprichwort ›inde amor, inde burgundus‹: Die Liebe und der Burgunder haben die gleiche Quelle. Über das Kohlenstück sinniert er: Wenn »die Glut mit einem heftigen Knall auseinanderspringt und auf einen Teppich oder ein Kleid ein Stückchen glühender Kohle schleudert, [kann daraus] leicht ein Brand entstehen. Das Feuer, sagt man, befreie eine Luftblase, die ein nagender Wurm im Herzen des Holzes zurückgelassen hat. […] Man zuckt zusammen, wenn man die Kohle, die man mit so viel Fleiß zwischen zwei flammende Scheite gelegt hatte, wie eine Lawine herausrollen sieht.« Und er ergänzt: »Oh, im Feuer zu schüren, wenn man liebt, heißt das nicht, seinen Gedanken körperlich werden zu lassen?«

Die Liebe, die mit der Trunkenheit verglichen wird, wird hier zum Spiel mit dem Feuer, das schnell einen (leidenschaftlichen) Brand auslösen kann. Die Kohlenglut (das Begehren), die man umtriebig zwischen zwei flammende Holzstücke gelegt hat, kann dann zur Feuerlawine werden. Interessant ist hier die Triangulierung: Wenn der Lufteinschluss im Herzen des Holzes durch das Feuer befreit wird, dann wird damit das Begehren befreit. Das Begehren existiert als Drittes zwischen den zwei flammenden Holzscheiten. Das glühende Stück springt aus dem Feuer und droht sich als (sozialer) Brand zu verbreiten.

Die beiden flammenden Scheite mit ihrem noch unbefreiten Lufteinschluss im Herzen rechts und links von der Glut wollen also durch das Feuer ihr Begehren entfachen, aber man zuckt und erschrickt, wenn die Glut dort zur Lawine wird, wo sie nicht sein soll (auf dem Teppich und am Kleid). Das Begehren wird zum autonomen Dritten zwischen den beiden Begehrenden, also zu etwas, was sich der kognitiven Kontrolle entziehen kann und womöglich unbeherrschbar wird. Das Begehren lauert und die Frage ist, ob man es sich eingesteht oder nicht. Es taucht immer wieder und in den unscheinbarsten Details auf und gibt keine Ruhe. Die Verleugnung macht gleichwohl unzufrieden und depressiv, die Symbolisierung des Begehrens hingegen im Spiel (flirtende Begegnung) wie in der Sprache (Brief) erlaubt seinen Genuss selbst dann, wenn es nicht ausgelebt wird.

Hier findet sich das unbewusste Arbeiten innerer Impulse, deren völlige Kontrolle dem Individuum entzogen bleibt. Beide Figuren haben die Wahl, ob sie sich ihr Begehren bewusst machen oder nicht. Zwischen der Verneinung und der Bejahung bleibt die Möglichkeit eines symbolischen Umgangs wie in einem Flirt, der bleibt, was er ist: erotisch, aber asexuell. Die Marquise weiß den mit Amüsement vorgebrachten Entschuldigungen von Rastignac nicht lustvoll zu begegnen und vergräbt sich lieber im Gram. Sie wird sich dessen nicht bewusst und kann das eigene Erleben nicht verarbeiten – dass sie einige Jahre später ihrer Schwägerin die männliche Aufmerksamkeit nicht gönnt, unterstreicht den unbearbeiteten inneren Konflikt.

Das Thema der Unterdrückung von Sexualität wird durch eine Hinzufügung im Text von 1842 noch einmal verdichtet. Beim Besuch von Rastignac lässt Balzac den Marquis mit der Zeitung in den Händen wieder nähertreten und nun in dieser Fassung sagen: »Ah, Madame de Mortsauf ist gestorben; da ist Ihr [gemeint ist seine Gattin] armer Bruder sicherlich in Clochegourde.« Madame de Mortsauf, in die der Bruder der Marquise, Felix de Vandenesse, heftig verliebt war, gehört ebenfalls zu jenen Frauen, die sich jede sexuelle Ausschweifung verwehren und am Ende in Trostlosigkeit dahingehen. Für die wissenden Leserinnen und Leser führt dieser Verweis aus der Binnenstruktur der Einzelerzählung hinaus in den weiteren Textzyklus, wo das Thema weiter verdichtet ist.

Auch in diesem Text zeigen Balzacs spätere Veränderungen ganz deutlich, dass er sich seiner Beobachtungen bewusst ist und sie im Text zu markieren weiß. Zwei Beispiele sind dafür bezeichnend: Dass die Marquise gekränkt sein *will* von Rastignacs Brief – zumindest würde sie sich ja sonst nicht gekränkt fühlen können –, ist eine späte Hinzufügung. Ebenso verändert Balzac eine Antwort von Rastignac, indem er ihn auf die Frage, ob Delphine de Nucingen seine Geliebte sei, nicht mehr mit einer Verneinung (»Oh! Non.«), sondern mit der frechen Gegenfrage »Warum nicht, Madame?« antworten lässt. Da zeigt sich in aller Deutlichkeit die Konturenbildung ihrer beider Position und wie bewusst Balzac diese gestaltet.

Warum, so könnte man nun fragen, hat die Erzählung den Titel *Frauenstudie*? In der Tat würde er heute vermutlich mit ›Eine Geschlechterstudie‹ überschrieben sein. Doch Balzac lenkt mit der Titelgebung bewusst auf das, was für ihn die eigentliche Entdeckung im Text ausmacht, nämlich auf die weibliche Position. Das wird dadurch untermauert, dass die Titelgebung im Laufe der Jahre zweimal eine Veränderung erfuhr: Bei der Erstveröffentlichung 1830 bzw. 1831 war der Text mit *Frauenstudie* überschrieben, in einer Ausgabe von 1835 hieß er *Portrait der Marquise*, um im Jahr 1842 wieder in *Frauenstudie* umbenannt zu werden. Im Zentrum stand für Balzac also immer die weibliche Figur, deren soziale Rolle konventionell vorsieht, als eine tugendhafte Frau zu gelten, wodurch das eigene Begehren unterdrückt werden muss – um dann womöglich an ungeahnten und auf den ersten Blick gar nicht erklärbaren Stellen wieder aufzutauchen, hier im textübergreifenden Blick in der Missgunst der Schwägerin gegenüber und dass sich ihr Bruder ebenfalls einmal heftig in eine das eigene Begehren unterdrückende Frau verliebt (Hindeutung auf ein familiäres Muster?).

Diese weibliche soziale Rolle entsteht erst mit der Verbürgerlichung gesellschaftlicher Werte, gekoppelt mit einem frömmelnden Katholizismus, denn zuvor war es eben sehr wohl auch verheirateten adligen Frauen zugestanden, einen Geliebten zu haben, auch wenn nach außen gewisse Spielregeln einzuhalten waren. Die bürgerliche Doppelmoral treibt diesen Unterwerfungsmechanismus voran, für den erst wieder die Erkenntnisse und Methoden der frühen Psychoanalytiker, allen voran natürlich Sigmund Freuds, einen Ausweg weisen werden.

Depressivität und die Selbstinszenierung als Opfer – psychisch überforderte Individuen

Die rasanten politischen Wechsel ab der Wende zum 19. Jahrhundert und die sich daraus je ergebenden Imperative für das Verhalten jedes Einzelnen glichen einer Achterbahnfahrt, bei der sich der Wagen auch noch um sich selbst dreht und dabei sogar Absturzgefahr besteht, also der Verlust des eigenen Lebens. In *Die Lilie im Tal* kreiert Balzac ein adliges Ehepaar, bei dem beide Figuren in diesen Zeiten aufgewachsen sind und sich unheilvoll aneinanderbinden. Während der Graf – als Mann – direkt an den Veränderungen des politischen Systems scheitert, wird bei der Gräfin – als Frau – eine private Verstrickung als Bedingungsgefüge ihrer Persönlichkeit angeführt, nämlich ein Mutter-Tochter-Konflikt. Was das im Lebensverlauf sowohl für die jeweilige Psychodynamik als auch für die Prozesse im Familiensystem als Ganzes bedeutet, entwickelt Balzac in einer verblüffenden Tiefe.

Die Leiden in Kindheit und Jugend

Honoré de Balzac hat in seiner Kindheit nicht nur gelitten, er hat sich insbesondere unverstanden gefühlt. Daraus resultierte eine hohe Empathie für Menschen, von denen er glaubte, dass sie herausragende Eigenschaften oder Fähigkeiten hätten, diese jedoch von der sozialen Umgebung nicht gewürdigt, sondern verkannt, wenn nicht sogar belächelt würden. Das wird schon deutlich in der früh geschaffenen Figur des Louis Lambert (im gleichnamigen Roman), die in ihrer schulischen Bildung einige Ähnlichkeiten mit Balzacs Schulzeit aufweist – ich habe das oben dargestellt. Lambert geht an dieser Lebenslage zugrunde.

Ganz offen autobiografisch beginnt auch der Roman *Die Lilie im Tal,* in dem die Figur Felix de Vandenesse die eigene Erziehungs- und Bildungsgeschichte vorträgt und darin sogar reale Namen von Pädagogen und auch anderes aus Balzacs Biografie verwendet. Der Autor lässt aus dieser (fiktiven) Biografie seinen Erzähler ganz ausdrücklich (s)eine erzählerische Aufgabe ableiten: »Wer die Geschichte dieser armen Herzen einst erzählt, die von den Wesen ihrer Umgebung derartig unterdrückt werden, dass sich ihre Empfindsamkeit bis zum Übermaß entwickelt, wird meine Jugend wahrheitsgetreu darstellen. [...] Werden die Seufzer einer solchen Empfindsamkeit, die fortwährend zurückgestoßen wird, von einem Engel aufgefangen?«

Diese Sensibilität und diese Verletzlichkeit schreibt Vandenesse sich selbst zu und macht sie zur Fähigkeit, um in die Tiefe anderer Personen blicken und sie »verstehen« zu können. Er schreibt sich ein »Bewusstsein der Tiefe« da zu, wo man rein äußerlich lediglich auf einer Oberfläche umherginge. Er folgert, dass er in einer Seelenverwandtschaft mit der Gräfin de Mortsauf verbunden sei – aber dazu später.

Der sensible Beobachter Felix, der durch einen anfänglichen Zufall mit den Mortsaufs vertraut wird, erkennt im Verhalten und in den Handlungen der Figuren tiefere Bedeutungen, die von der sozialen Umgebung entweder anders gedeutet werden oder aber gänzlich unbemerkt bleiben. In *Die Lilie im Tal* kommt Balzac Phänomenen auf die Spur, die er vermutlich selbst nicht wahrgenommen hat: der Selbstinszenierung als Opfer, der Zementierung (›Chronifizierung‹) in Form von Depressivität sowie das, was heute als ›sekundärer Krankheitsgewinn‹ bezeichnet wird.

Der Vater – ein geschlagener Graf und Militär

Auf dem kleinen, unbedeutenden Landgut Clochegourde in der Nähe des Dorfes Saché in der Touraine lebt der fünfundvierzigjährige Graf de Mortsauf mit seiner fünfzehn Jahre jüngeren Gattin Blanche Henriette und den beiden Kindern Madeleine und Jacques. Der Graf gehört jenem Teil des alten Adels an, der nach dem Niedergang des Feudalsystems mit seiner Vorherr-

Das Gut Manoir de Vonnes (»Clochegourde«), das zwischen Saché und Pont-de-Ruan in der Touraine liegt und in dem der Großteil der Handlung von *Die Lilie im Tal* spielt; Hofansicht.

schaft von König und Adel nicht bereit ist, sich mit den daraus folgenden Änderungen zu arrangieren.

Zunächst in der Emigration, dann von Deutschland aus im Kampf gegen Revolution und Bonapartismus, muss Mortsauf schließlich erkennen, dass die politische Schlacht verloren ist. Die alte Ständeordnung ist ein für alle Mal vorbei, sie ist Geschichte. Er gehört in der Folge nicht einmal mehr zu jenen, die noch am weiteren gesellschaftspolitischen Fortgang interessiert sind, geschweige denn im Untergrund kräftig daran weiterarbeiten, Napoleon zu töten, um endlich das Königtum zu restituieren – die Handlung beginnt 1814, also in dem Jahr, in dem Napoleon zum ersten Mal verbannt wurde. Nein, ein Nachbar sagt über ihn: »Der Graf hat sich nach der Rückkehr aus der Emigration auf diesem Besitz niedergelassen. [...] Bis jetzt hat ihre [der Familie] Anhängerschaft an die Bourbonen ihre Einsamkeit rechtfertigen können, allein, ich bezweifle, dass die Rückkehr des Königs eine Wandlung ihrer Lebensgewohnheiten herbeiführt.« Graf de Mortsauf ist sich völlig bewusst, dass eine

Rückkehr ins alte System so oder so nicht mehr möglich sein wird, selbst Napoleons Sturz wird daran nichts ändern.

Balzac war sehr enttäuscht davon, wie sehr sich ein Teil des alten Adels aus gesellschaftlichen Belangen und Aufgaben zurückzog und wie wenig dieser daransetzte, wieder die Führungsrolle in der Gesellschaft zu übernehmen – für ihn hätte dies nämlich ein Ziel sein müssen. Dieser auf mehr oder weniger bescheidenen Gütern zurückgezogen lebende Adel ist von Balzac oft dargestellt worden. Im Grafen de Mortsauf hat er eine Figur geschaffen, die diesen Rückzug am weitesten treibt und in Resignation und Verhärmung vergeht.

Als Militär hatte der Graf zunächst gegen die Revolution gekämpft und sich dann, als die Niederlage absehbar und das eigene Leben bedroht war, in die deutschen Länder zurückgezogen, von wo aus der Widerstand neu gebündelt wurde (mit der Condé-Armee im Rheinland, besonders in Koblenz). Doch der Graf erkrankte während dieser Zeit und konnte erst nach zehn Jahren endlich wieder nach Frankreich zurückkehren, da Napoleon neue Gesetze und eine Amnestie für die Emigranten erlassen hatte.

In der ersten Begegnung nimmt der Erzähler den Grafen so wahr: »Er war erst fünfundvierzig Jahre alt, schien sich indessen der sechzig zu nähern, so schnell war er in dem großen Schiffbruch gealtert, der das achtzehnte Jahrhundert beendet hatte. Der helle Haarkranz, der wie bei einem Mönch die Hinterseite seines kahlen Kopfs umgab, hörte an den Ohren auf und zierte die Schläfen mit melierten Büscheln. Sein Gesicht glich irgendwie dem eines weißen Wolfs, der Blut an der Schnauze hat; denn seine Nase war entzündet wie die eines Menschen, dessen Dasein in den Grundfesten erschüttert worden und dessen Magen schwach war, dessen Stimmungen durch frühere Krankheiten beeinträchtigt waren. Seine flache, für das spitz endende Gesicht zu breite Stirn wies ungleichmäßige Querfalten auf und zeugte mehr vom Leben in freier Luft als von den Erschöpfungen durch geistige Arbeit, von der Last beständiger Missgeschicke und nicht von den Bemühungen, ihrer Herr zu werden.«

Mehr und mehr erhält Vandenesse Einblick ins eheliche Miteinander und zunehmend mehr in die Art, wie Streits zwischen den Eheleuten verlaufen:

»Er [der Graf] war sein eigener Arzt geworden; er schlug in medizinischen Büchern nach, glaubte die Krankheiten zu haben, deren Schilderungen er gelesen hatte, und traf für seine Gesundheit unerhörte, verschiedenartige, unmöglich vorauszusehende, mithin unmöglich zu befriedigende Vorkehrungen. Mal wollte er kein Geräusch, und wenn dann die Gräfin rings um ihn absolute Stille herrschen ließ, beschwerte er sich unvermittelt, es sei wie in einem Grab; er sagte, es gebe eine Mitte zwischen Keinen-Lärm-Machen und dem Nichts von La Trappe [eine besonders strenge Ordensabtei]. Mal bezeigte er völlige Gleichgültigkeit gegenüber irdischen Dingen, und das ganze Haus atmete auf; seine Kinder spielten; die häuslichen Arbeiten vollzogen sich ohne jedwede Krittelei; dann plötzlich, mitten in dem geräuschvollen Treiben, schrie er kläglich auf: ›Ihr wollt mich wohl umbringen!‹ – ›Liebste, wenn es sich um deine Kinder handelte, dann würdest du wohl erraten, was sie stört‹, sagte er zu seiner Frau und verschärfte die Ungerechtigkeit dieser Äußerung durch den bitteren, kalten Ton, den er mitschwingen ließ. Alle Augenblicke zog er sich an und aus, weil er die leichtesten Schwankungen der Atmosphäre sorglich beobachtete; nichts tat er, ohne einen fragenden Blick auf das Barometer zu werfen. Trotz der mütterlichen Sorgfalt seiner Frau fand er keine Speise nach seinem Geschmack; er behauptete nämlich, sein Magen sei zugrunde gerichtet; bei der Verdauung habe er Schmerzen, die ihn keinen Schlaf finden ließen; und dabei aß, trank, verdaute und schlief er mit einer Vollendung, die der gelehrteste Arzt bestaunt haben würde. Seine fortwährend wechselnden Wünsche verdrossen die Dienerschaft des Hauses; sie arbeiteten nach der Schablone wie alle Hausangestellten und waren außerstande, sich den Forderungen ständig gegenteiliger Systeme anzupassen. Der Graf befahl, die Fenster sollten offen bleiben, weil seine Gesundheit frischer Luft bedürfe; ein paar Tage später war die frische und entweder zu feuchte oder zu warme Luft ihm unerträglich; dann schimpfte er und brach einen Streit vom Zaun, und um recht zu behalten, stritt er häufig seine früheren Anordnungen einfach ab.«

Die hohe Unzufriedenheit mit seinem Leben in einer veränderten Gesellschaft lässt den Grafen in weitgehender Untätigkeit versinken, unterbrochen lediglich davon, gelegentlich noch zu den einzelnen Höfen seines Besitzes zu reisen. Weitgehend interesselos verbringt er seine Tage, er hat seine weiterreichenden Aufgaben verloren.

Der Erzähler erkennt dies und spekuliert über die fehlende Erwerbstätigkeit: »Vielleicht bestand heute seine Krankheit in dem Mangel an Beschäftigung«, früher »hatten die Sorgen um sein Vermögen, die Unternehmungen der Landwirtschaft, das bewegte Leben seinen Geist abgelenkt, gleichsam als Nahrung für seine Unruhe, da er für all diese Dinge beweglich sein musste«. Die Ländereien werden jetzt eben von anderen für ihn betrieben, eine Entscheidung, an der die Ehefrau nicht unbeteiligt war, sodass Vandenesse einmal anmerkt: »Henriette, haben Sie nicht unrecht gehabt, die Ländereien so in Ordnung zu bringen, dass der Graf nichts mehr zu tun findet?«

Sie aber antwortet, die andere Menschen lediglich vor ihrem Ehemann schützen zu wollen: »Merken Sie sich, mein Herr Beobachter [...], dass in der Jugend die schlechten Eigenschaften des Menschen durch die Welt unterdrückt, [...] durch die menschliche Achtung eingedämmt werden. Später zeigen sich in der Einsamkeit bei einem älteren Menschen die kleinen Fehler umso unangenehmer, als sie lange unterdrückt worden sind.« Die soziale Teilhabe zähmt die persönlichen Schwächen, aber über den einerseits auferlegten, andererseits selbst gewählten sozialen Rückzug verliert der Graf jede gesellschaftliche Funktion, seine ›Aufgabe‹, seine sozial erfahrene Wertschätzung und Anerkennung.

Bei aller missmutigen Querulanz, die daraus resultiert, stellt sich natürlich die Frage: Warum hält er an seiner Lebensführung fest, was ist sein ›Gewinn‹ daraus? Dieser liegt auf der einen Seite sicherlich darin, dass er seine Ideale aufrechterhält und demonstrieren kann, dass die neue Gesellschaft diese Ideale nie wird erreichen können, er mithin ›recht‹ behalten wird. Das verbietet eine aktive Mitarbeit an den neuen Strukturen. Auf der anderen Seite spielt eine eheliche Verstrickheit eine subtile

Rolle, die ohne die Ehefrau und Mutter seiner Kinder nicht zu beschreiben ist.

Die tugendhafte Mutter –
Leiden als Beweisführung

Gräfin de Mortsauf pflegt ebenfalls hohe Ideale, nämlich als Frau, Ehefrau und Mutter die absolute Tugend zu wahren. Mit ihren vermeintlich zurückhaltenden Verhaltensweisen, mit ihrer Keuschheit und mit der Aufopferung für den Ehemann und besonders für ihre Kinder *beweist* sie ihre ›Liebe‹. »Ich liebe Herrn Mortsauf weder aus Pflichtgefühl noch aus der Berechnung heraus, mir ewige Freuden zu verschaffen, sondern aus einem unwiderstehlichen Gefühl, mit dem alle Fasern meines Wesens an ihm hängen. Bin ich zu meiner Heirat gezwungen worden? Ich habe mich aus Mitgefühl für die Unglücklichen entschieden.«

Die Gräfin hat in ihrer Kindheit gelernt, dass es eine höchste Leistung ist, sich selbst anderen Menschen völlig unterzuordnen und es ihnen recht zu machen, insbesondere natürlich dem Ehemann. »Sollen nicht die Frauen die Leiden der Zeit wieder gutmachen, diejenigen trösten, die in die Schranken getreten und verwundet zurückgekehrt sind?« Dies bezeichnet sie als »Liebe«.

Außerordentlich bemerkenswert ist, dass der Erzähler dieser Figur eine kindliche Erfahrung mit der eigenen Mutter zuschreibt, die geradezu einem heutigen Psychotherapiehandbuch entnommen sein könnte:

»Ihre Mutter prahlte mit ihr und lobte sie, aber anderntags musste sie [die Tochter] die für den Ruhm der Lehrerin notwendigen Schmeicheleien teuer bezahlen [...]. Wenn sie glaubte, infolge von Gehorsam und Weichheit das Herz der Mutter erobert zu haben, und sich ihr öffnete, erschien wieder der Tyrann [in der Mutter], nun mit genau diesen Geständnissen bewaffnet. [...] Alle ihre Jungmädchenvergnügungen und -feste wurden von ihr teuer erkauft, da sie beschimpft wurde, glücklich gewesen zu sein, als habe sie einen Fehler begangen. Niemals wurden ihr die Lehren ihrer adligen Erziehung liebevoll erteilt, sondern mit kränkender Ironie.«

Es ist nicht nötig, hier eine übertriebene Diagnostik zu betreiben, aber diese Mutter trägt Anteile davon, was heute die Vermutung einer Borderline-Persönlichkeitsstörung naheлegen würde – eine Persönlichkeitsstruktur, wie sie die Moderne offenbar verstärkt hervorbringt. Es handelt sich um ein großes Schwanken zwischen idealisierter Überhöhung und abgrundtiefer Erniedrigung anderer, von intimer Nähe und plötzlicher Distanzierung sowie insgesamt von einer hohen emotionalen Instabilität mit dem inneren Erleben von Leere und persönlichem Unwert.

Die Reaktion der Tochter auf dieses mütterliche Verhalten wird ebenfalls geradezu lehrbuchtypisch beschrieben:

»Sie war ihrer Mutter keineswegs böse, sie warf sich selbst vor, für sie weniger Liebe als Schrecken zu empfinden. Vielleicht, dachte dieser Engel, ist diese Strenge notwendig, denn hatte sie sie nicht auf ihr jetziges Leben [als Ehefrau] vorbereitet?«

Was Balzac hier seine Figuren mutmaßen lässt, wird in der heutigen Psychologie ein ›Täter-Introjekt‹ genannt: Das Opfer eines solchen emotional instabilen elterlichen Verhaltens übernimmt die Abwertung auch als Selbstabwertung und glaubt, die Eltern hätten schon richtig gehandelt, weil es selbst es auch gar nicht besser verdient habe oder es aus anderen Gründen richtig sei. Damit wird eine idealisierte Vorstellung der väterlichen oder mütterlichen Zuwendung aufrechterhalten, um inmitten der kindlichen Abhängigkeit von den ›beschützenden‹ Eltern noch einen Rest von Verlässlichkeit voraussetzen zu können. Interessant ist auch die zeitliche Umkehrung, die die Gräfin betreibt, wenn sie meint, diese Erziehung habe sie gut auf ihre Ehe vorbereitet. Es wird nicht so konstruiert, dass die eigene Kindheit sie in diese schädigende Ehe hat geraten lassen im Sinne einer Wiederholung. Nein, sie setzt die gelernte Selbstabwertung aus Kindertagen in der Ehe fort.

Da die Mutter keine stabile Haltung vermittelt, kein stabiles Beziehungsangebot macht und zu keiner verlässlichen warmherzigen Zugewandtheit (›Liebe‹) fähig ist, wählt die

Tochter ihrerseits ein Tugendideal, das ihr die Orientierung gibt. Wer sich *immer* tugendhaft verhält, kann auf dieser moralischen Ebene nichts falsch machen. Das gibt Sicherheit, und zwar nicht nur moralisch-kognitiv, sondern auch als Maxime fürs Alltagshandeln. Gleichzeitig übt die Figur die Haltung ein, stets für andere Menschen da und ihnen hilfreich zu sein. Egoistische Anteile führen ja doch nur zu heftigen Kränkungen durch andere. Und wem das alles gelingt, der darf auch das Geliebtwerden vom anderen erwarten – ohne es zu fordern, versteht sich, denn alles muss unausgesprochen bleiben, damit es nicht gegen die Person verwendet werden kann.

Wird eine solche Lebenshaltung verabsolutiert, verbirgt sich darin eine Dynamik, die kaum zu stoppen ist, denn die Beweiskraft für die Tugendhaftigkeit steigert sich mit den Herausforderungen. Um das alles nun leichter ertragen zu können, wird die absolute Tugend ins Göttliche gehoben: »Das Wesen, das sich dem großen Richter mit einer grünen Palme [christliches Zeichen der heimkehrenden Sieger] in der Hand nähert und ihm diejenigen getröstet heranführt, die das Leben verfluchten, dieses Wesen hat seinen Schmerz in Freuden verwandelt. Wenn meine Leiden dem Glück der Familie dienen, sind es dann noch Leiden?«

Der Beobachter wird eingesaugt und ausgespuckt

Das Hinzukommen von Felix ins eheliche Leben der Mortsaufs tritt zwar zufällig durch die Vermittlung eines Nachbarn ein, doch stellt sich schnell heraus, dass die Gräfin und Felix eine Vorgeschichte haben. Kurz zuvor nämlich war Felix auf einem feierlichen Empfang gewesen, was so etwas wie seine ›gesellschaftliche Einführung‹ gewesen war. Dort war er völlig von Sinnen geraten ob all der weißen, nackten Damenschultern und ihrer Parfums um ihn herum, sodass er, sich plötzlich neben einer wunderschönen jungen Frau wiederfindend, hatte hinreißen lassen, sich vorzubeugen und dieser Dame auf die nackte Schulter zu küssen. Eigentlich ein Affront und Grund genug, dass ihn diese Dame hätte zur Rede stellen müssen, und sei es nur, um dem sozialen Ansehen gerecht zu werden, tritt etwas ganz anderes ein: Die Dame schweigt, zumal sich herausstellt, dass dieser Kuss in der Gesellschaft völlig unbemerkt geblieben ist.

Als Felix nun in Clochegourde vorgestellt wird, erkennt er diese junge Dame sofort wieder. Beide jedoch tun, als würden sie sich nicht kennen, und kehren mit keiner Silbe zu diesem Ereignis zurück. Eines aber ist gewiss, dass sich die Gräfin nämlich ihrer Wirkung auf Felix bewusst ist und sein Begehren kennt. Zwischen den beiden vollzieht sich in den folgenden Wochen ein diffiziles und höchst erotisches Umschmeicheln sowie eine immer größere Offenheit im Sprechen über das eigene Empfinden. Gleichwohl kommt es nie zu irgendeiner sexuellen Handlung, alles bleibt Schwärmerei.

Der Graf wiederum toleriert dieses Vertrautwerden der beiden, mehr noch: Den missmutigen Grafen gewinnt Felix durch seine empathische und wohlwollende Art ebenfalls für sich. Felix spiegelt beiden viel Verständnis zurück, ohne ihnen nur nach dem Mund zu reden. Das lässt ihn so authentisch erscheinen. Zudem ist er noch viel zu unsicher im Auftreten, als dass der Graf wohl auf die Idee käme, die beiden könnten hinter seinem Rücken ein sexuelles Verhältnis haben.

Zwischen der Gräfin und Felix wird das sexuelle Begehren dennoch heftiger. Während der junge Mann zumindest verbal drängend wird, zwingt sich die Gräfin, ihr eigenes körperliches Begehren streng zu beherrschen, bis sie ihn schließlich ganz entschieden von seinem Ansinnen abbringen muss: »Ja, ich hege eine Zuneigung für Sie, deren Ausmaß Sie niemals ahnen können.« Er solle sie aber dennoch nur lieben wie eine Mutter – womit sie eine intergenerationale Schranke einführt.

Das Vertrauen, das der Graf Felix gegenüber aufbringt, bleibt ebenfalls bestehen, auch wenn sich dies ganz anders ausdrückt: Der Graf macht Felix zum Vertrauten darüber, wie unglücklich und unverstanden er sich insgesamt fühlt. Häufiges Klagen (auch über seine Ehefrau) ist das Resultat, von dem sich der Graf Zuspruch von Felix erhofft. Das geht so weit, dass er kaum noch Hemmungen hat, mit seiner Frau sogar vor Felix zu streiten, und seine Zornesausbrüche kaum noch zurückhält.

Bemerkenswert ist, wie Balzac diese Figurenkonstellation systemisch anlegt. Mit dem Eintreten von Felix in die Ehe- und Familiendynamik sowie *dem* Irritationsmoment schlechthin, nämlich große intime Zugewandtheit und sexuelles Begehren auf zwei Seiten, tritt *keine* nennenswerte Störung des Systems ein, denn beide Ehepartner integrieren Felix auf ihre jeweilige Weise ins System. Felix wird schlichtweg eingesaugt, sodass er tragende Funktionen im System übernimmt. Sowohl der Graf als auch die Gräfin erhalten ihre imperativen Ideale aufrecht, das System ist absolut stabil und beinahe unveränderlich. Am Ende spuckt das System Felix wieder aus – er erzählt die Ereignisse rückblickend einer anderen Frau. An platonischer Liebesschwärmerei wird er nicht festhalten.

Konkurrenz um den Opferstatus

Der Graf und die Gräfin de Mortsauf haben ein Beziehungs und Familiensystem hergestellt, das von enormer Stabilität ist und Störmomente von außen ausgesprochen erfolgreich abwehrt. Auffällig ist dies auch deshalb, weil beide geradezu *demonstrativ* leiden. Veränderungen werden deshalb mit aller Kraft vermieden, weil dadurch einerseits die selbst gesteckten Ideale erhalten werden, um sich selbst auf einer moralisch erhobenen Position zu behaupten, andererseits aber auch der jeweils andere über dieses Leiden dominiert und gebunden wird. Damit stecken beide Ehepartner in der Opferfalle. Sie können ihr Beziehungs- und Familienleben gar nicht Richtung höherer Zufriedenheit aller öffnen, denn das würde mutmaßlich zum Auseinanderbrechen führen. Das Leiden ist damit nicht nur konstitutiv, es muss fortwährend aktualisiert werden.

Beide also leiden an ihrem ehelichen und häuslichen Zusammenleben, beide bestehen auf ihren hohen Idealen, beide sind innerlich unausgeglichen und dem anderen gegenüber vorwurfsvoll bis (verdeckt) aggressiv, beide sind extrem abhängig vom Verhaltensmuster des anderen, das auf fatale Weise zur Aufrechterhaltung des System beiträgt, und werden immer ohnmächtiger dem inneren Druck im System gegenüber – die depressive Stimmung breitet sich aus und lähmt. Es kann keine Verhaltensalternative mehr in Reichweite kommen.

Dieses destruktive Leben im Leerlauf führt zu einer Konkurrenz darin, wer das eigentliche oder das größere Opfer der Zustände ist. Beide nehmen das Opferhafte für sich in Anspruch, um dem anderen gegenüber die größere moralische Position zu gewinnen. Markant ist diese Szene:

»›Jacques‹, sagte er [der Graf], ›komm hierher!‹
Jacques machte Schwierigkeiten.

›Dein Vater hat dich gerufen, geh hin, mein Junge‹, sagte die Mutter, ihn vorwärtsschiebend.

›Sie lieben mich auf Befehl‹, fuhr der alte Mann [zu Felix gewandt] fort; manchmal durchschaute er seine Lage.

›Mein Herr‹, antwortete sie und ließ die Hand mehrmals über das Haar Madeleines gleiten, die nach dem Muster der schönen Hufschmiedin frisiert war, ›seien Sie nicht ungerecht gegen die armen Frauen; für sie ist das Leben nicht immer leicht zu ertragen, und vielleicht stellen die Kinder die Tugenden einer Mutter dar!‹

›Meine Liebe‹, entgegnete der Graf, der versuchte, logisch zu sein, ›was Sie da eben gesagt haben, bedeutet, dass ohne ihre Kinder die Frauen gegen die Tugend verstoßen und ihre Männer sitzenlassen würden.‹

Die Gräfin stand kurz entschlossen auf und führte Madeleine auf die Freitreppe.

›Das ist die Ehe, mein Lieber‹, sagte der Graf [zu Felix, sich dabei aber zur Treppe und zu seiner Frau wendend]. ›Haben Sie etwa, indem Sie hinausgingen, behaupten wollen, dass ich Unsinn schwatze?‹, schrie er, nahm seinen Sohn bei der Hand und trat auf die Freitreppe hinaus zu seiner Frau, der er wütende Blicke zuwarf.

›Im Gegenteil, mein Herr, Sie haben mich erschreckt. Ihre Bemerkung hat mir sehr wehgetan‹, sagte sie mit hohler Stimme und warf mir [Felix] den Blick einer Verbrecherin zu. ›Wenn die Tugend nicht darin besteht, sich für seine Kinder und seinen Mann aufzuopfern, was ist dann Tugend?‹

›Sich auf-zu-opfern!‹, entgegnete der Graf und machte aus jeder Silbe einen Hammerschlag auf das Herz seines Opfers. ›Was opfern Sie denn Ihren Kindern? Was opfern Sie denn mir? Wen? Was? Antworten Sie! Werden Sie wohl antworten? Was geht hier eigentlich vor? Was haben Sie sagen wollen?‹

›Würden Sie denn damit zufrieden sein‹, antwortete sie, ›aus Liebe zu Gott geliebt zu werden, oder zu wissen, Ihre Frau sei tugendhaft um der Tugend willen?‹

Diese Stelle ist auch vom Kommunikationsmuster der Ehepartner bemerkenswert, denn dass die Kinder den Vater nicht wirklich lieben, schreibt sich die Mutter als eigenes Scheitern zu, womit sie ihre Opferrolle bestätigt, aber auch die Kinder in Schutz nimmt. Die Rechtfertigung ihrem Mann gegenüber wird ihr allerdings zum Verhängnis, denn indem sie den Blick auf sich als Frau lenkt und ihre eigene Tugendhaftigkeit herausstellt, wird ihr Mann ungehalten und scheint auch eine Ahnung zu haben, dass hinter seinem Rücken etwas geschieht, von dem er nichts weiß. Das »Was geht hier eigentlich vor?« bezieht sich nicht nur auf die Aussageabsicht seiner Frau, sondern indirekt auch auf die große Nähe zwischen seiner Frau und Felix.

Um im Kampf um den Opferstatus nicht zu unterliegen, stellt er aggressiv infrage, dass sie überhaupt auf etwas verzichte, nicht einmal ihren Kindern zuliebe. Damit klingt unterschwellig vielleicht auch an, dass er ihr längst die intimen Gespräche mit Felix als ›Affäre‹ unterstellt, was nun wiederum sie massiv kränkt, eben weil sie auf die Affäre verzichtet. Damit haben beide ihren Opferstatus bekräftigt, die Ehefrau ist auf die Tugendhaftigkeit festgelegt, der Gatte als unverstandener Mann markiert – das System hat den homöostatischen Zustand wiederhergestellt.

Felix lenkt dann den Streit geschickt auf einen für beide Seite gehbaren, gesichtswahrenden Weg, indem er herausstellt: »Madame hat recht. [...] Ja, das schönste Vorrecht, das uns die Vernunft verliehen hat, besteht darin, unsere Tugenden jenen darbringen zu können, deren Glück unser Werk ist, und die wir weder aus Berechnung noch aus Verpflichtung glücklich machen, sondern allein aus unerschöpflicher freiwilliger Zuneigung.« Der Graf ist befriedet.

Balzac zeigt in diesem Roman ein Paar, das über eine tief verstrickte Lähmung nicht mehr in der Lage ist, Konflikte konstruktiv zu lösen, sich weitgehend mit Vorhaltungen und unterschwelligen Abwertungen begegnet und sich damit immer stärker in einer depressiven Spirale abwärts bewegt. Wenn dieses Verhalten der Figuren wenig ›erwachsen‹ oder ›reif‹ wirkt, dann findet auch das seinen expliziten Ausdruck im Text.

Zugeschriebene Kindlichkeit

Abgesehen von einigen Nebenfiguren, besteht die zentrale Figurenkonstellation des Textes aus Gräfin und Graf Mortsauf, den beiden Kindern Jacques und Madeleine sowie dem als enger Vertrauter hinzukommenden Felix de Vandenesse. Felix als Erzähler eröffnet den Text bereits mit Ausführungen über unverstandene Kinder und ihre Kindheit. Er fragt rhetorisch (denn er tut es nun selbst), welcher Dichter endlich die Geschichte solcher Kinder und ihrer Leiden erzählen werde. Ähnlich wie im 1832, vier Jahre vor der *Lilie im Tal*, in einer ersten Fassung erschienenen Text *Louis Lambert* greift Balzac wieder dieses Thema auf. Dass er selbst sich zu diesen unverstandenen Kindern rechnete, ist unzweifelhaft.

Zunächst stellt Felix seine Kindheitserfahrungen in Verbindung mit denen der Gräfin. Nachdem er ihr viel von sich berichtet hat, sagt sie: »Wir haben dieselbe Kindheit gehabt. [...] Ich muss also nicht allein leiden [...].« Aus diesem tiefen Gefühl, vom anderen verstanden zu werden und sich bei ihm so etwas wie aufgehoben zu fühlen, konstatiert Felix eine Seelenverwandtschaft. »Ein Hauch ihrer Seele lag zwischen den einzelnen Silben [...]. Ohne es zu wissen, verlieh sie auf diese Weise den Worten eine höhere Bedeutung, hob die Seele in eine übermenschliche Welt empor.« Über den Aufenthaltsort Clochegourde sagt er: »Dort blühte die unbekannte Pflanze, die meine Seele mit ihrem fruchtbaren Blütenstaub streifte [...]. [...] Ich wollte [dort] die Stille der Nacht, die Schwere des Lebens und die Hitze der Sonne zu Mitwissern haben, um den köstlichen Apfel auszukosten, in den ich gebissen hatte.« Aus der Seelenverwandtschaft wird an dieser Textstelle eine intime Vereinigung, ein symbolischer Liebesakt.

Diese gefühlte Nähe speist sich ganz besonders aus ähnlichen Kindheitserfahrungen. Aber die Kränkungen aus Kindertagen prägen natürlich weiterhin. Die Gräfin versucht sie auf ihre Weise zu bewältigen. Allerdings stellt sich für einen Menschen immer auch die Frage, ob frühe Kränkungserfahrungen vom Erwachsenen erfolgreich, konstruktiv bewältigt wurden oder ob die frühen Erfahrungen, die ›kindlichen Anteile‹, noch zu viel Macht haben und wie stark ein Erwachsener noch ›Kind‹ ist (also etwa eingeschränkt handlungsfähig oder problemlösend). Diese Dynamik der kindlichen Anteile aller zentralen Figuren ist im Text sehr stark akzentuiert.

Zunächst ist es Felix selbst, der als noch sehr kindlich erscheinend dargestellt wird. Er konstatiert, er habe mit einundzwanzig Jahren (so alt ist er zu Beginn des Textes) auch als gerade einmal vierzehn durchgehen können, sodass ihn die Gräfin zunächst wohl noch für ein Kind gehalten habe und beim neuerlichen Zusammentreffen auch vorgab, ihn wie ein Kind zu behandeln. Felix ist darüber alles andere als glücklich, räumt aber ein, in vielem noch sehr unsicher und »schüchtern wie ein Kind« gewesen zu sein.

Dass sie als verheiratete Frau mit zwei Kindern ihn tatsächlich lange wie ein Kind behandelt, ist für sie aber geradezu ein Schlupfloch, denn: »Aber seien Sie hier ganz und gar Kind, denn Sie sind noch ein Kind. Wenn es Ihre politische Klugheit erfordert, vor dem König ein Mann zu sein, dann müssen Sie wissen, mein Herr, dass hier Ihre Pflicht darin besteht, ein Kind zu bleiben. Als Kind werden Sie geliebt werden! Der Kraft des Mannes werde ich stets widerstehen, aber was könnte ich dem Kind abschlagen? Nichts; es kann nichts wollen, was ich nicht gewähren dürfte.« Solange er ihr gegenüber ein Kind bleibt, so lange kann sie ihm Dinge gewähren, die sonst sozial inakzeptabel wären. Aber: Es geht dann eben nur um all das, was ein *Kind* verlangen könnte! Ein sexuelles Verlangen ist damit ausgeschlossen. Zur Bekräftigung und Aktualisierung dieser Rolle spricht sie ihn gelegentlich auch mit »mein Kind« an.

Felix also bleibt auf diese Rolle festgelegt, und er wird der Vorgabe folgen. Auch auf die Rolle eines Bruders, den sie nie gehabt hat, wird sie ihn zwischendurch mal festlegen.

Sosehr sich die Gräfin auf die Rolle als Mutter bezieht, so werden auch an ihr die kindlichen Anteile mehrmals betont. So ist sie »rein wie ein Kind«. Und als sie gegen Ende des Textes schwer erkrankt, sieht er »in ihrer Stimme, in ihrer Haltung, in ihren Manieren, ihren Blicken, ihren Gedanken die naive Unerfahrenheit eines Kindes [...], kurz, alle jene Schwächen, durch die das Kind schutzbedürftig ist«, und stellt fest: »Ich ging mit ihr um wie eine Mutter mit ihrem Kind.« Fünf Jahre sind vergangen, die Rollen haben sich umgekehrt.

Als immerwährendes Kind wird in dem Text ganz besonders der Graf dargestellt. Seine Unreflektiertheit, seine Unkontrolliertheit und sein narzisstischer Wunsch nach ununterbrochener Zuwendung und nach dem Bedauertwerden lassen ihn kaum mal als erwachsenen Menschen, der seine Verantwortung übernimmt, erscheinen.

>»Sein Charakter war unerklärlich, weil er eifersüchtig war wie alle schwachen Menschen, aber sein Vertrauen in die Heiligkeit seiner Frau war grenzenlos; vielleicht erzeugten die Leiden seiner durch die Überlegenheit jener hohen Tugend verletzten Eigenliebe seinen beständigen Widerstand gegen die Wünsche der Gräfin, sodass er ihr trotzte, wie die Kinder ihren Lehrern oder ihren Müttern trotzen.«

Seine Gattin sagt über ihn: »Seine Liebe hat den naiven Egoismus, mit dem Kinder ihre Eltern lieben.«

Das geht so weit, dass er beleidigt-passiv dasitzt und mit den Kindern um die Zuneigung seiner Frau oder auch jedes anderen konkurriert. Als bei einem Besuch Felix einmal Geschenke für die Kinder mitbringt, die sich darüber sehr freuen und denen sich Felix soeben zuwenden will, heißt es:

>»Die Freude der beiden Kinder, die sich begeistert ihre Geschenke zeigten, schien den Grafen zu verärgern, der immer schlechter Laune war, wenn man sich nicht mit ihm beschäftigte. Ich gab Madeleine einen Wink und folgte dem Grafen, der mit mir von sich selbst sprechen wollte. Er führte mich zur Terrasse, aber wir hielten auf der Freitreppe bei jeder bedeutsamen Tatsache an, die er mir mittteilte.
›Mein armer Felix‹, sagte er, ›Sie sehen hier alle glücklich und wohlauf, nur ich werfe einen Schatten auf das Bild, ich habe ihre Leiden auf mich genommen und segne Gott, dass er sie mir aufgebürdet hat. Früher wusste ich nicht, was mir fehlte, aber jetzt ist es mir klar: Mein Pylorus [Magenausgang] ist angegriffen, ich kann nichts mehr verdauen.‹«

Jede Abwendung von ihm sorgt für Aggression und für kränkende Äußerungen besonders seiner Frau gegenüber: »Sie gewöhnte sich daran, ihn für das zu nehmen, was er war: ein Kind, und seine Beleidigungen still anzuhören.«

Seine körperlichen Leiden tragen starke Züge einer Somatisierung psychischer Insuffizienzen, auf jeden Fall ist der Graf
ein Mensch, der seine körperlichen Beeinträchtigungen unbewusst sozial zu funktionalisieren weiß. Wirklich lokalisieren
lassen sich seine Schmerzen nicht, das wird mehrfach betont.
Aber diese Schmerzen erfüllen mehrere Funktionen: Sie sichern
ihm eine gewisse Dominanz in der Familie, indem sich zumindest dann, wenn er unter ihnen ist, alle ihm anpassen müssen; er
wird geschont; er erhält als schwer Leidender Zuwendung; er
zeigt damit zudem, wie ihm die gesellschaftlichen Veränderungen zugesetzt haben: Er ist nichts anderes mehr als ein kranker
Mann, und das soll alle Welt auch wissen.

Sein hoher (gekränkter) Narzissmus drückt sich gegen Ende des Romans dadurch deutlich aus, dass der Graf nun auch
behauptet, er sei nicht nur geheilt (während es seiner Frau immer schlechter geht!), nein, einzig er selbst habe seine Heilung
bewirkt, und bezüglich der Erkrankung seiner Frau heißt es:

> »Seine Frau habe sich weder pflegen lassen wollen
> noch darauf gehört, wenn er ihr gute Ratschläge gege-
> ben habe. Er als Erster habe die Symptome der Krank-
> heit erkannt, denn er habe sie an sich selbst studiert,
> sie bekämpft und sich ganz allein von ihnen geheilt
> ohne andere Hilfe als die einer Diät und die Vermei-
> dung jeder starken Aufregung. Er hätte auch sehr gut
> die Gräfin heilen können, aber ein Ehemann könne
> nicht eine solche Verantwortung auf sich nehmen, be-
> sonders wenn er leider in jeder Hinsicht seine Erfah-
> rung verachtet sähe. Trotz seiner Vorstellungen habe
> die Gräfin als Arzt Origet genommen, Origet, der ihn
> damals so schlecht gepflegt habe und ihm nun die Frau
> töte.«

Neuerlich inszeniert sich der Graf als Opfer, während es seine
Gattin ist, die schwer erkrankt ist.

Auch die Persönlichkeit des Grafen stellt Balzac in einen
biografischen Kontext, denn als Heranwachsender des alten
Adels ist er dafür prädestiniert, Staatsfunktionen zu übernehmen und zu militärischen Ehren zu kommen. Über seine Erziehung lässt Balzac Felix berichten: »Seine erste Erziehung war,
wie bei den meisten Kindern der adligen Familien, unvollständig
und oberflächlich, sie sollte durch die Lehren der Welt, die Ge-

bräuche des Hofes, die Ausübung großer Hofämter oder der einflussreichen Stellungen in der Nähe des Königs ergänzt werden.«

Der qua Geburt privilegierte Sohn allerdings erfährt eine massive Kränkung, als diese Herausgehobenheit aus dem Volk innerhalb kürzester Zeit zusammenbricht. Die Revolution und die Folgen machen aus dem hohen Herrn einen ›Bürger‹, der aller Vorrangstellung beraubt wird und auch noch um sein Leben fürchten muss. Nun setzt er alles ein, um das neue Regime zu stürzen, aber wie beschrieben scheitert er, lebt als Emigrant im Ausland und kann erst durch Napoleons Gnaden überhaupt wieder sein Heimatland betreten. »Herr von Montsauf war genau zu jener Zeit ausgewandert, da seine zweite Erziehung anfangen sollte – folglich fehlte sie ihm.«

In der Gräfin und dem Grafen treffen zwei Figuren aufeinander, deren tiefe Kränkungen zu massiven psychischen Verunsicherungen führen und nun eine stabile Persönlichkeitsentwicklung blockieren. Beide glauben, ein rigides Lebens- und Beziehungsmodell zu brauchen, um Halt zu bekommen, verlieren dabei aber fast alle Lebensfreude und die Offenheit für zukünftige positive Entwicklungen. Während sich der Graf ›vor aller Welt‹ zum Leidenden macht, tut es die Gräfin still ›vor Gott‹. Ihre persönliche, ›reife‹ Weiterentwicklung verunmöglichen sie damit.

Was bedeutet das für ihre Kinder?

Die intergenerationale Weitergabe

Der Beobachter Balzac ist weit davon entfernt, Kinder lediglich als von Intentionen der Eltern oder von einer monokausalen Weitergabe von Eigenschaften geprägt sein zu lassen. Ihm ist völlig bewusst, dass eine sehr komplexe und manchmal sogar konträre Dynamik in der nachwachsenden Generation eintritt. Bei den Kindern des Ehepaars Mortsauf konstruiert Balzac eine sehr differenzierte Weiterentwicklung.

Während die Gräfin in ihrer Kindheit durch strukturelle und lange anhaltende Kränkungserfahrungen ein schwaches Selbstwertgefühl ausgebildet hat, verlor der Graf seine Stabilität durch ein einschneidendes Lebensereignis in seiner Jugend bzw.

in seinen frühen Erwachsenenjahren. Für beide beschreibt Balzac also soziale Bedingungsgefüge für deren Persönlichkeitsentwicklung. Dem Grafen schien die aristokratische Selbstbeschreibung automatisch eine Stabilität zu verleihen, auf schulische Bildung bei den Kindern musste nicht so stark geachtet werden, denn der Hof sorgte für sie. Die daraus resultierende Ungebildetheit des Grafen führt der Erzähler auch explizit aus. Das Bewusstsein, zur gesellschaftlichen Elite mit lebenslangen Privilegien zu gehören, brach mit der Revolution jedoch erbarmungslos ein.

Welche Muster werden von diesem Elternpaar an die Kinder vermittelt?

Jacques, der ältere der beiden Geschwister, wird von Beginn an als ein dem Tod geweihtes Kind bezeichnet. Er ist körperlich wenig robust und wird von einem zunehmenden Husten geplagt. Dem Grafen wird damit die Losung zugeschrieben, keine gesunden Söhne zeugen zu können – die zweitgeborene, kerngesunde Madeleine gilt als Beleg. »Sein für immer aussterbender Name [...] vollendete seine innere Zerstörung.« Mit der Schwächlichkeit von Jacques verbindet sich für alle Familienmitglieder, auf ihn achtgeben zu müssen, auch für die jüngere Schwester Madeleine.

Obwohl sich beide Kinder kaum aktiv am Vater orientieren und diesem oft eher auszuweichen versuchen, macht dieser abwertende Vater natürlich einen Teil der frühen Prägung aus: Jacques als Junge wird schwach wie der Vater gezeigt, aber sensibel wie die Mutter. Er ist bereits davon überzeugt, dass die Mutter sterben und er selbst ihr nicht viel später folgen werde. Zum Beweis hält er einmal Felix ein blutiges Taschentuch hin, nachdem er schwer hatte husten müssen. Er erwartet für sich nichts mehr, am allerwenigsten vom Vater, der ihn tatsächlich längst aufgegeben zu haben scheint. Gleichwohl bleibt Jacques der eher zurückhaltende, er übernimmt nicht das Rollenmuster des Tyrannen.

Beide Kinder verbringen viel Zeit mit der Mutter. Insbesondere das Verhältnis von Tochter und Mutter ist eng. »Obgleich Madeleine ihrer Mutter in nichts ähnlich war, schien sie doch ihre Seele zu haben, und diese Seele hielt sie aufrecht.«

Madeleine, wenn auch das jüngere der beiden Kinder, aber mit der engen Bindung zur Mutter, erlebt das Hinzukommen von Felix in die familiären Beziehungen offenbar als höchst ambivalent. Felix bringt vieles durcheinander und führt zu einer Gefühlsreaktion bei der Mutter, die die Tochter zutiefst irritiert. Hier lässt sich manches nur spekulieren: Die Tochter erlebt die Mutter im Umgang mit Felix anders als dem Vater gegenüber. Die Ablehnung des Vaters durch die Mutter wird damit überdeutlich. Das muss ein Kind dem eigenen, wenn auch als kränkend erlebten Elternteil gegenüber in eine Art Verteidigungshaltung bringen. Gleichzeitig tritt dem Mädchen vor Augen, wie anders das Familienleben sein könnte, würde die Mutter mit einem Mann zusammenleben, den sie wirklich liebt und der sie liebt. Diese Erkenntnis ist für die Tochter schmerzlich und führt zu einem Verlustgefühl darüber, wie es in ihrem Leben hätte sein können. Die im engeren Sinn narzisstische Kränkung besteht für Madeleine darin, dass sich die Mutter mit ihren Gefühlen eher an Felix richtet und nicht mehr so sehr an sie. Madame de Mortsauf gesteht ihm: »Sprachen meine Kinder Ihren Namen aus, erfüllte das mein Herz mit heißem Blut und rötete sofort mein Gesicht, und ich stellte meiner armen Madeleine Fallen, um sie Ihren Namen sagen zu lassen, so sehr liebte ich die Aufwallungen dieser Erregung.«

Zudem muss die Tochter erleben, dass die Mutter sie doppelt funktionalisiert hat, weshalb Madame de Mortsauf auch starke Gewissensbisse plagen. In einem Brief an Felix schreibt sie später über ihr Begehren:

> »Als ich fühlte, dass ich weniger Mutter, weniger ehrbare Frau war, nistete sich die Reue in meinem Herzen ein, und in der Furcht, meine Pflichten zu vernächlässigen, habe ich sie ständig übertrieben. Um nicht zu fallen, habe ich Madeleine zwischen Sie und mich gestellt, und ich habe sie beide füreinander bestimmt, um so Barrieren zwischen uns beide zu errichten. [...] Ich zog Madeleine Jacques vor, weil Madeleine Ihnen gehören sollte. Aber ich trat Sie meiner Tochter nicht ohne Kämpfe ab.«

Ein Romanautor, der sich an einem populären und traditionellen Erzählmuster orientiert, würde hier die Lösung wählen, die Tochter mit dem Geliebten zu verheiraten und damit eine späte ›Vereinigung‹ zu symbolisieren, um eine Art Happy End zu erreichen. Eine ähnliche, wenn auch anders funktionalisierte Konstellation hat Balzac mit dem Figurenpaar aus Delphine de

Nucingen und Eugène de Rastignac auch verwendet, indem Rastignac schließlich die Tochter des Ehepaares de Nucingen heiratet. In *Die Lilie im Tal* jedoch zeigt Balzac etwas ganz anderes.

Die Gräfin gesteht in einem Brief an Felix, die eigene Tochter, »um selbst nicht zu straucheln«, zwischen sich und Felix gestellt zu haben. Völlig von den Gefühlen zu Felix beherrscht, sucht die Gräfin eine Ausflucht, eine Schutzmauer, indem sie Madeleine hervorhebt, aber sie funktionalisiert, um dem eigenen Begehren zu entkommen.

»Ich zog Madeleine Jacques vor, weil Madeleine Ihnen gehören sollte.« Mit diesem Eingeständnis geht Madeleines Funktionalisierung so weit, dass sie irgendwann einmal die Ehefrau von Felix werden soll.

Was bedeutet das für Madeleine? Sie wird Jacques gegenüber bevorzugt und Stellvertreterin der Mutter. Diese Stellvertretung beinhaltet allerdings auch eine Abwertung, denn eine Autonomie wird ihr damit zu nehmen versucht. Sie soll die Sexualpartnerin jenes Mannes werden, den die Mutter zwar geliebt hat, dem sie sich aber nie hat ›hingeben‹ wollen. Darüber hinaus könnte ein Kind in dieser familiären Situation sogar – bei aller Ambivalenz – den tiefen Wunsch haben, die Mutter solle sich endlich vom tyrannischen Vater trennen und eine neue Ehe eingehen, weil das Leben dann schöner und harmonischer werde. Da sich die Mutter aber nie wird zu diesem Schritt entschließen können, nimmt sie den Kindern auch die Chance auf ein zufriedeneres Familienleben. Das wird für Madeleine die zweite tiefe Ambivalenz, und zwar sowohl der Mutter als auch Felix gegenüber, denn dieser ist in Madeleines Leben getreten und hat den Horizont eines harmonischen, liebevollen Familienlebens heraufscheinen lassen, um aber gleichzeitig diesen Silberstreif als unerreichbar zu verdeutlichen.

Wenn betont wird, dass Madeleine die Seele ihrer Mutter habe, dann handelt es sich dabei insbesondere um ihre Konsequenz. Diese Konsequenz nämlich ist es, mit der Madeleine am Ende des Romans Felix begegnet, aber eben nicht im Sinne eines Happy Ends. Felix wird bei einem Besuch der Familie Mortsauf bewusst, wie abweisend Madeleine ihm gegenüber ist und dass sie sich in bestimmten Situationen die Ironie und den Zynismus ihres Vaters abgeschaut hat. Sie behandelt Felix kalt und ausweichend. Als dieser, ziemlich verunsichert, das Gespräch mit ihr sucht und sogar eine mögliche Heirat anklingen lässt, lässt Balzac die inzwischen Fünfzehnjährige antworten:

>>Mein Herr‹, sagte sie mit vor Erregung zitternder Stimme, ›auch ich kenne alle Ihre Gedanken, aber ich würde mich lieber in den Indre werfen, als an Sie binden. Ich will nicht von mir sprechen, aber wenn der Name meiner Mutter noch Macht über Sie hat, so bitte ich Sie, niemals nach Clochegourde zu kommen, solange ich noch hier bin. Ihr Anblick allein verursacht mir eine unerklärliche Beunruhigung, die ich niemals überwinden werde.‹ – Sie grüßte mich voller Würde, ohne sich umzudrehen, unbeweglich wie ihre Mutter eines Tages gewesen war. Das hellseherische junge Mädchen hatte, obgleich spät, das ganze Herz ihrer Mutter erraten, und vielleicht war ihr Hass gegen einen Mann, der ihr verhängnisvoll schien, durch das Bedauern über ihre unschuldige Mitwisserschaft gesteigert. Madeleine hasste mich, ohne sich selbst klarmachen zu wollen, ob ich die Ursache oder das Opfer dieses Unglücks war. Sie hätte mich und ihre Mutter vielleicht ebenso gehasst, wenn wir glücklich gewesen wären.«

Die Persönlichkeit(-sstruktur) von Madeleine ist eine diffizile Verbindung der Eigenschaften ihres Vater und ihrer Mutter, vor der nun auch der eigene Vater erschrickt: »Er hatte Angst vor seiner Tochter, die nach seiner Aussage nicht die Weichheit der Mutter besaß. Der feste Charakter von Madeleine, die außer den liebenswürdigen Eigenschaften ihrer Mutter etwas Herrisches hatte, entsetzte den Grafen, der, an die Zärtlichkeiten gewöhnt, einen unbeugsamen Willen voraussahnte.«

Die Figur der Madeleine ist ein beeindruckendes Beispiel aus der *Menschlichen Komödie,* das eine komplexe Persönlichkeitsgestaltung aufgrund biografischer, soziodynamischer und psychodynamischer Komponenten zeigt. Madeleine nimmt Merkmale beider Eltern an und wird nun nicht eine jener weichen, anpassungswilligen Frauenfiguren, sondern eine autonom Person, die ihren eigenen Weg gehen wird, vielleicht schon früh ernüchtert und wenig romantisch, dafür entschlossen, das eigene Leben nicht in die Hände anderer zu geben.

Interessant zu sehen ist in der Begegnung von Felix mit Madeleine, dass hier beide Seiten nicht *agieren,* um zu einem Ziel zu kommen, sondern *kommunizieren,* den Konflikt ansprechen und im Gespräch Absichten offenlegen. Von Balzac'schen Texten wird oft behauptet, die Intrigen würden die Dynamik der Texte bestimmen; in manchem Text ist das so und von Balzac auch nicht anders intendiert, allerdings sollte dabei nicht übersehen werden, wie sehr die Beziehungs- und Handlungsdynamiken oft aus solchen biografischen Hintergründen, wie in *Die Lilie im Tal* zu sehen, resultieren. Zuweilen tritt das dann deutlich zutage, wenn man die inter- und transgenerationalen Verflechtungen der Figuren betrachtet. Von der Mutter der Gräfin bis zu Madeleine verläuft eine psychodynamische Linie, die auch beim heutigen Lesen nichts an ihrer Verständlichkeit und Plausibilität verloren hat.

Rückzug und Resignation

In der *Menschlichen Komödie* tauchen immer wieder Einzelfiguren oder ganze Familien auf, die aus dem alten Adel stammen und sich in den Jahrzehnten nach 1789 gesellschaftlich und politisch resigniert zurückziehen. Balzac leitet daraus sehr verschiedene Handlungsmuster ab. In *Der Ball von Sceaux* zeigt er die Arroganz einer jungen Frau, die sich im Elitebewusstsein der Vorgängergeneration von Eltern und Onkel aalt, sich aber damit bereits in jungen Jahren in eine soziale Position bringt, die wenig zukunftsfähig ist. In den beiden langen Erzählungen *Die alte Jungfer* und *Das Antiquitätenkabinett* bekämpft sich ein Provinzadel in absurden Händeln untereinander, geht aber auch Allianzen mit dem Bürgertum ein, um die Selbstbehauptung zu demonstrieren. In *Die Kehrseite der Geschichte unserer Zeit* schmieden hochbetagte Adlige und andere im Verborgenen Netzwerke, um sich gegenseitig zu unterstützen. Andere können nicht aufhören, die neue Gesellschaftsform und -struktur durch andauernden Terror zu destabilisieren, etwa in *Eine dunkle Begebenheit.*

Balzacs Enttäuschung darüber, wie sehr die Adelskreise zum resignativen Rückzug aus dem gesellschaftlichen Engagement neigten und zunehmend unsichtbar wurden, ist vielen dieser Texte anzumerken. Gleichzeitig war er ganz und gar kein Anhänger des neuen Adels (›Geldadel‹) nach dem Muster des Barons de Nucingen: ein über Leichen gehender Bankier und Investor. Hier wird die aufkommende Skrupellosigkeit des Bereicherns gezeigt. Es handelt sich um Figuren, die allein des Besitzes wegen auf Einfluss sinnen, dabei aber kaum politische Funktionen mit gesellschaftlichem Engagement anstreben, sich aber gern das Kreuz der Ehrenlegion ans Revers hängen lassen.

Sicherlich war der alte Adel der große Verlierer nach der Revolution, viele Menschen verloren ihr Leben, alle mindestens große Teile ihres Vermögens und der Besitzungen. Die Neuorientierung und die Akzeptanz des politischen und gesellschaftlich-kulturellen Wandels waren ihnen unmöglich. Wer flexibel war, suchte seine Chancen in den wirtschaftsliberalen Umwälzungen, zumal durch die Enteignungen unglaublich hohe Vermögenswerte in den wirtschaftlichen Kreislauf gerieten.

Etwas erfolgreicher als der Adel verhielt sich die katholische Kirche (›geistlicher Adel‹), die nach den Hinrichtungen jener, die sich dem neuen Eid auf die Verfassung verweigert hatten, nach den Enteignungen und nach der Rückkehr aus der Emigration wieder Fuß fasste. Dies resultierte nicht zuletzt daraus, dass die breite Bevölkerung noch nicht damit leben konnte, auf einen Gott und seine weltlichen Vertreter zu verzichten; den Priestern gegenüber herrschte mehr Erbarmen als dem weltlichen Adel gegenüber.

Der Graf de Mortsauf – ein Anpassungsverlierer aufgrund eines starken, rigiden, gleichfalls ich-syntonen Narzissmus – ist ein gutes Beispiel, um zu zeigen, dass die modernen Gesellschaften mit einer gewaltigen Umwälzung begannen, von der ausnahmslos jeder Mensch berührt wurde und die von jedem ein enormes Potenzial an Verhaltensflexibilität erforderte. Die Anpassungsleistungen an diese ständigen Veränderungen auch nach 1789 erzeugten so viel Bewegung, dass der Einzelne jederzeit aufmerksam sein musste, wo ihn ein wirtschaftlicher Abwärtssog womöglich mit sich ziehen konnte, genauso aber aufmerksam sein musste für Möglichkeiten zusätzlicher Einnahmen und einen entsprechenden Aufstieg. Der einsetzende Wirtschaftsliberalismus machte diese Umwälzungen (noch heute wird vom Einzelnen stets ›Flexibilität‹ gefordert) zum Prinzip, das mehr und mehr generalisiert wurde. ›Jeder ist seines Glückes Schmied.‹

Schuldgefühle

Das moderne Individuum ist voll von Schuldgefühlen. Wo die festgelegten Wege verschwunden sind, da nimmt die Gefahr von Fehltritten zu. In der Loslösung von eng strukturierten sozialen Verbünden ist jedes Individuum verantwortlich dafür, wie es sich anderen gegenüber und ob es sich moralisch integer, fair und ohne anderen Schaden zuzufügen verhält. Wer sich nicht mehr auf Standesregeln und ihm zugewiesene rechtliche Positionen beziehen kann, weil zunehmend mehr zur ›Verhandlungssache‹ wird, muss gleichzeitig selbst- *und* fremdverantwortlich handeln. Das europäische Individuum lernt mit Beginn der Moderne einen nächsten Schritt in seiner moralischen Entwicklung. Das ist verbunden mit immer neuen Entscheidungssituationen. Und wer vor einer Entscheidung steht, muss eigene gegen fremde Interessenlagen abwägen, moralische Grundhaltungen vertreten und schließlich eine Handlung setzen, die sich prospektiv bewähren können muss, das heißt: Sie kann immer auch falsch gewesen sein – und negative Konsequenzen nach sich ziehen.

Was also tun in einer Gesellschaft, in der viele traditionelle Regeln weggefallen sind und neue Regeln noch nicht viel Bestand haben, mehr noch: Regeln permanent revidiert werden? Vom Ende des revolutionären Jahrzehnts (1799) über das Kaiserreich bis zur Restauration (1815) sind es gerade einmal anderthalb Jahrzehnte. Keine Frage ist nach der Revolution mehr, dass sich ein Staat eine Verfassung geben muss, die auch die Reichen und Mächtigen bindet, aber die französischen Verfassungen werden ständig neu formuliert. Auch die nächsten fünfzehn Jahre bringen nur relative Ruhe, denn bereits im Sommer 1830 folgt eine erneute Revolution, der schon achtzehn Jahre später die nächste nachfolgt. Es ist nicht leicht, in diesen Jahrzehnten zu leben und sich als Individuum mit einer starken Persönlichkeit aufrechtzuhalten und eigene Lebensansprüche zu verwirklichen. Heute nennen wir das (beschönigend) ›Flexibilität‹, gleichzeitig muss das Individuum moralisch integer bleiben oder nach außen zumindest so erscheinen.

Die *Menschliche Komödie* blättert ein ganzes Spektrum moralisch scheiternder Figuren auf. Bei einem moralischen Versagen stellen sich dann drei Fragen: Wann nimmt das Individuum moralisches Scheitern als ein solches wahr? Wie wird der eigene Anteil an Schuld gesehen? Und schließlich: Wie fällt die eigene Reaktion darauf aus?

Wenn Soldaten im Kampf morden oder wenn Richter Todesurteile aussprechen oder Scharfrichter diese ausführen, haben sie in der Regel keine Schuldgefühle. Die ihrem Handeln übergeordneten ›begründenden‹ Systeme stützen sie nicht nur, sondern legitimieren völlig ihr Tun. Doch im Verlauf der Moderne stellt sich für den Einzelnen immer auch die Frage, warum er sich ausgerechnet dem jeweiligen System angeschlossen hat. Berufliche Entscheidungen sind heute weitgehend frei und unterliegen deshalb einer gewissen Verantwortungsübernahme.

Nicht ganz unähnlich ist es mit dem Streben nach wirtschaftlichem Erfolg. Das betrifft nicht nur Unternehmer selbst, sondern auch alle für sie Arbeitenden. Jemand entscheidet sich, für dieses Unternehmensziel und die damit verbundenen Handlungsweisen und Betriebsstrategien zu arbeiten, sich in deren Dienst zu stellen. Juristen beispielsweise sind damit befasst, den jeweiligen Klienten zur Durchsetzung ihrer Interessen zu verhelfen, und zwar völlig unberührt von den Fragen nach Gerechtigkeit, Fairness oder moralischer Integrität. Die in der *Menschlichen Komödie* gezeigten Unternehmer und die mit ihnen eng verbundenen Juristen sind moralisch oft weitgehend rücksichtslos, lassen aber kaum mal Schuldgefühle erkennen. Der Einzelne bleibt überwiegend ein Rollenträger, der Funktionen zu erfüllen hat, die er entlastend als Begründung anführen kann.

Scham, Schweigen, Rückzug – elterliche Schuldgefühle

Schuld ist abhängig vom jeweiligen gesellschaftlichen Subsystem und vom kulturellen Raum.

Im Alltagsvollzug des Menschen in der Moderne mit seinen hohen Freiheitsgraden und seiner Entscheidungskomplexität führt die hohe Funktionalität (beruflicher) Rollen aber nicht zu einem Weniger, sondern zu einen Mehr an moralischer Verantwortung. Daraus resultiert eine moralische Zerrissenheit. Wer etwa in der Familie versucht, hohen zwischenmenschlichen Kriterien gerecht zu werden, geht im beruflichen Aufgabenfeld womöglich völlig rücksichtslos vor.

Ein Schuldgefühl entsteht in einem zeitlichen Verlauf: Im Handlungsvollzug tut jemand etwas, was er im Weiteren – im mal kürzeren, mal längeren zeitlichen Abstand – als moralisch verwerflich erlebt. ›Ich hätte das nicht tun dürfen.‹ Aber es ist geschehen und lässt sich nicht mehr aus der Welt schaffen.

Im Lebensvollzug der Balzac'schen Figuren zeigen sich moralische Schuldgefühle vorrangig in familiären, sexuellen und auch in wirtschaftlichen Beziehungen. Im Rahmen familiärer Konflikte mit massiven Schuldgefühlen spielen die Settings der Erzählungen *Die Grenadière* und *Ein Drama am Ufer des Meeres*. Einmal ist es eine Mutter und einmal ein Vater, die tiefe Schuldgefühle ihren Kindern gegenüber haben.

Pierre Cambremer in *Ein Drama am Ufer des Meeres* hat auf grausame Weise seinen Sohn Jacques getötet, indem er ihn gefesselt und mit einem Stein beschwert und schließlich von seiner kleinen Barke aus ins Meer geworfen hat. Jacques hatte sich von Kinderzeiten an niederträchtig und brutal verhalten, er hat Menschen betrogen und grausamst verletzt, hat Tiere gequält und sich in ihrem Blut gewälzt und er hat sogar seine Eltern bestohlen und ihnen aufgehalst, unentwegt seine Schulden bezahlen zu müssen. Als er schließlich abermals der Mutter sogar ein Goldstück stiehlt, steht für den Vater fest, dass nun jedes Maß überschritten ist und der Sohn seiner Strafe nicht mehr entgehen wird. Er ruft einen Priester, der dem Sohn die Beichte des Diebstahls abnehmen soll. Der Sohn jedoch verweigert die Beichte, weil er die Bedrohung ahnt, dass ihn der Vater danach – durch die Beichte vor Gott gereinigt – töten will. Jacques ist sich sicher, dass er ohne Beichte nicht gefährdet ist, denn sein Vater ist gläubig. Doch er irrt. Während er im Tiefschlaf liegt, fesselt der Vater ihn.

Pierre Cambremer gilt als moralisch hoch integer. Er »war ein Mann, der imstande war, zwanzig Meilen zu machen, um jemandem zwei Sous zurückzugeben, die man ihm auf eine Rechnung zu viel bezahlt hatte«. Diese Ehrlichkeit und das damit verbundene Selbstverständnis des Vaters entbehrt aber nicht einer moralischen Rigidität, wie er überhaupt in allem absolut entschieden ist. Mag er aber auch gläubig sein, seine Vorstellung von Gerechtigkeit und gerechter Strafe ist völlig weltlich, denn weit davon entfernt, dem Sohn gegenüber gegebenenfalls auch jetzt noch gnädig und mit Vergebung zu reagieren, bestimmt er selbst, als Vater, dass nur die Todesstrafe noch gerecht ist – mehr noch, er ist sogar fähig, den Sohn eigenhändig zu töten. Er übergibt ihn nicht den Gendarmen und den Richtern, er betreibt Selbstjustiz.

Davon kann ihn auch seine Frau nicht abbringen, die fleht und bittet. Doch Cambremer antwortet nur: »Er ist gerichtet.« Cambremers eigene ›Bestrafung‹ folgt auf dem Fuße. Seine Frau – die allerdings zuvor auch von ihrem Sohn durch einen Messerstich verletzt worden war – ist so erschöpft von diesem Kampf um den Sohn, dass sie lethargisch zusammenbricht, nicht mehr aufzurichten ist und eine Woche später ebenfalls stirbt.

Für Pierre Cambremer ist dies nun wiederum Gottes Strafe für ihn und damit ein Zeichen dafür, dass Gott seine Tat nicht billigt. Er bricht psychisch völlig ein. Der Erzähler der Ereignisse berichtet: »Er wurde ganz verwirrt, er wusste nicht mehr, was er wollte; er schwankte beim Gehen wie ein Mann, der keinen Wein verträgt. Dann verreiste er für zehn Tage, und als er zurückkam, setzte er sich dorthin, wo Sie ihn gesehen haben [eine Höhlung direkt an der Küste], und seitdem er dort ist, hat er kein einziges Wort gesprochen.« Verwirrt und schwankend wird Pierre Cambremer lebensunfähig, er versteinert an der bretonischen Felsküste, wo er fortan in der Aushöhlung lebt. Und er starrt auf jene Stelle, an der er seinen Sohn ins Meer gestoßen hat.

Die Figur ist zerrissen zwischen drei Prinzipien: der religiösen, der moralischen und der juristischen Bestrafung von Straftaten. Cambremer, bis dahin sicher und entschieden in seinen Handlungen, verliert den Boden unter den Füßen. Der Tod seiner Frau erscheint ihm als göttliche Strafe für ihn. Die juristische Bestrafung seines Sohnes hat er umgangen, vielleicht weil ihm das sozial eine ewige Schmach gewesen wäre (mithin ein egoistisches Interesse). Gerichtet hat er selbst, sich damit beinahe gottesgleich machend. Doch tief in ihm zerfressen ihn die eigenen Schuldgefühle, weshalb er für den Rest seines Lebens nur noch wie gebannt auf jene Stelle blickt, die der Ort seiner schuldhaften Handlung war. Ein archaisches Prinzip steht hier im Kampf mit dem christlich-religiösen. Der moderne Ausweg, den Straftäter an ein richtendes System zu geben, um selbst nicht aus Rache schuldig zu werden, steht Pierre Cambremer noch nicht zur Verfügung. Er scheitert an den widerstreitenden Prinzipien. Seine Schuld scheint ihm nicht mehr tilgbar.

Einen anderen moralischen Fehltritt wirft sich Marie-Augusta Willemsen-Brandon (»Lady Brandon«) in *Die Grenadière* vor. Sie hat zwei außereheliche Söhne (Louis und Marie Gaston) und ist zudem weitgehend mittellos geworden, weil ihr Ehemann in große Schulden geriet. Ihr ist deshalb völlig bewusst, dass sie beide Söhne in eine Zukunft führt, in der sie sich ihren Wohlstand erst werden erarbeiten müssen. Sie wird ihnen nichts hinterlassen können.

Auf dem gegenüber der Stadt Tours gelegenen Hang jenseits der Loire lag das Grundstück La Grenadière, das Balzac mal erwerben wollte, weil es so idyllisch über dem Fluss lag. Heute befindet sich auf dem Gelände ein Reiterhof.

Getrieben von Schuldgefühlen, zieht sie in die Provinz, und zwar in die Nähe von Tours, wo sie nun alles tut, um ihre Söhne zu verwöhnen, ihnen aber auch mit guten Lehrern die nötige Bildung für spätere berufliche Karrieren zu vermitteln.

Das Verhältnis zu den beiden, insbesondere zum älteren Sohn Louis, nimmt zuweilen eine erotische Tönung an (siehe dazu auch das Kapitel ›Entgrenzte Sexualität und neue Tabus‹), worin eine letzte Befriedigung intimer Bedürfnisse gesehen werden kann. Ihr Ziel ist es, vor ihrem Sterben (sie ist am Ende, wenn sie stirbt, erst sechsunddreißig Jahre alt) den älteren Sohn hinaus in die Welt zu schicken und den jüngeren in einer sicheren Obhut (Internat) zu wissen. Sich selbst gönnt sie weiter nichts mehr und verzichtet auch auf jedes soziale Eingebundensein am neuen Wohnort. Eine Passage in *Die Lilie im Tal*, die eine Vernetzung beider Texte darstellt, könnte sogar so gedeutet werden, dass sich Lady Brandon selbst allmählich vergiftet hat und deshalb ihren Tod schließlich so präzise vorhersehen kann.

So oder so setzt Balzac hier einen tragischen Tod als ästhetisches Wirkungselement. Ob der Tod als bewusst selbst herbeigeführt gedeutet wird oder als allmähliche körperliche Auszehrung, die Figur kann mit ihren Schuldgefühlen nicht mehr leben. Auch hier scheitert das Individuum an sich verändernden, widerstreitenden Werthorizonten innerhalb einer sich wandelnden Gesellschaft. Die aristokratische Erwartung, die eigenen Kinder für ihre Zukunft mit einem hohen Vermögen auszustatten, ist nicht mehr erfüllbar. Gleichzeitig schafft die Perspektive, die Kinder einen (bürgerlichen) Beruf ergreifen zu lassen und sie dabei aktiv als alleinerziehende Mutter weiterhin zu unterstützen, keine psychische Entlastung.

Ihrem älteren Sohn bekennt sie kurz vor dessen vierzehnten Geburtstag:

> »**B**ald, mein geliebtes Kind, werdet ihr allein auf der Welt sein, ohne Stütze, ohne Schutz. [...] Liebe Kinder, wenn ihr mich nur nicht eines Tages verdammen werdet. [...] Eines Tages, mein armer Junge, [...] wirst du erkennen, dass ich unrecht gegen euch gehandelt habe. Ich werde euch zurücklassen, hier, ohne Vermögen, ohne ... [...] ohne einen Vater. [...] und du, du darfst die Ursache meines Todes niemals erfahren.‹«

Betrachtet man diesen Tod als (schleichenden) Suizid, dann handelt es sich nicht nur um eine Selbstbestrafung aufgrund massiver, subjektiv nicht bewältigbarer Schuldgefühle, sondern auch um die Verweigerung der weiteren Verantwortungsübernahme, denn die Mutter entzieht sich und lässt ihre Kinder lieber allein, als weiterhin mit dem eigenen moralischen Makel leben zu müssen und das eigene Leben aktiv in die Hand zu nehmen.

Lady Brandon hat sich in der sich sozial-kulturell öffnenden Gesellschaft Freiheiten zugestanden, die sie schließlich nicht mehr unter einem geschlossenen moralischen Wertekodex synthetisieren kann. Sie fühlt sich gescheitert vor ihren Kindern und vor der weiteren sozialen Umgebung, akzeptiert gleichzeitig nicht die bürgerliche Werthaltung, findet aber auch nicht in einer religiösen Position Halt, sonst schlösse sich zumindest ein Suizid aus.

Die Scham des Bloßgestelltseins

Ein breit dargestelltes Feld sozialen Verhaltens ist das der sexuellen Begegnungen. Es gehört zum kulturellen Erbe (nicht nur) der europäischen Gesellschaften, dass sexuelle Verhaltensweisen bei Männern und Frauen sehr unterschiedlich strukturiert sind und bewertet werden. In der *Menschlichen Komödie* wimmelt es von außerehelichen Verhältnissen und Parallelbeziehungen (siehe das Kapitel ›Entgrenzte Sexualität und neue Tabus‹). Auch wenn solche Beziehungen in der damaligen Zeit ganz anders betrachtet wurden als heute, so heißt das nicht, dass es hier nicht zu moralischen Regelbrüchen kam. Mehr noch, die bürgerlichen Vorstellungen von Liebesbeziehungen bewirkten eine Doppelmoral rigider Verbote bei gleichzeitig verheimlichten sexuellen Beziehungen.

Auch darin allerdings drücken sich geschlechtsspezifische Unterschiede aus. Zwar sind Außenverhältnisse und auch wechselnde Geliebte für beide Geschlechter insbesondere in adligen und großbürgerlichen Familien durchaus akzeptiert. Während dieses Verhalten allerdings für Frauen umschlagen kann in eine soziale Ablehnung und in persönliche Abwertung, führt es für Männer gemeinhin zur sozialen Anerkennung, zumindest in Männerkreisen. Entsprechend haben männliche Figuren kaum mal Ansätze eines schlechten Gewissens oder sogar Schuldgefühle, wenn ihr promiskes Verhalten offensichtlich wird.

Bei den weiblichen Figuren sieht das anders aus. Insbesondere jene jungen Frauen, die in kirchlichen Institutionen und auch familiär gläubig-rigide erzogen worden sind, befällt schnell ein Schuldgefühl, wenn sie sich sexuell auf einen anderen Mann als den Ehemann eingelassen haben. Und stark promiskes Verhalten bei Frauen kann ihnen ab einem bestimmten Punkt sogar völlig den Boden unter den Füßen wegziehen.

Eine Frau, die sich gänzlich bloßgestellt hat, ist die Herzogin Antoinette de Langeais, geborene de Navarra *(Die Herzogin von Langeais* in *Die Geschichte der Dreizehn)*. Sie und der Marquis de Montriveau, ein General, sind verliebt ineinander. Die Herzogin glaubt allerdings, über allzu offensichtliche Zurückweisungsgesten erst einmal Distanz zeigen zu müssen – zumal sie im gesellschaftlichen Ansehen weit über den de Montriveaus steht –, und kränkt dabei den General so sehr, dass dieser sie mit blanker Verachtung straft. Das wiederum hält nun sie nicht aus und beginnt, ihm ihre wirkliche Liebe zu versichern. Sie schreibt ihm Briefe, auf die er allerdings nicht antwortet. Vor lauter Begehren und Kränkung, die sein Schweigen für sie beinhaltet, verliert sie nun völlig den Kopf, sodass sie einmal sogar den Kutscher von morgens acht Uhr bis nachmittags fünfzehn Uhr mit leerem Wagen vor Montriveaus Haus stehen lässt, um öffentlich so zu tun, als bestünde zwischen ihnen eine Liebesbeziehung, und um ihn damit aus der Reserve zu locken. Doch Montriveau ist gar nicht zu Hause. Diese geradezu kindischen Verhaltensweisen (sie ist Mitte zwanzig) werden längst verspottet, sodass der Familienrat zusammenkommt, um ihr ins Gewissen zu reden.

Um endlich mit Montriveau sprechen zu können und ihn ihrer Liebe zu versichern, fährt sie schließlich selbst zu ihm. Abermals ist er nicht zu Hause, doch da es ihr gelingt, den Diener zu überreden, sie in sein Privatzimmer vorzulassen, muss sie erkennen, dass dort ihre Briefe ungeöffnet auf einem Haufen liegen. Diese Schmach, sich nicht nur vor aller Welt lächerlich gemacht, sondern sich – so erlebt sie es – vor diesem Mann auch noch erniedrigt zu haben, führt zu ihrer Entscheidung, heimlich aus Paris zu verschwinden und verschollen zu bleiben. Sie flüchtet sich in ein spanisches Kloster.

Was dieser Figur nicht gelingt und was ihr von der sozialen Umgebung auch vorgeworfen wird, das ist ihr Unvermögen, Begehren und öffentliches Ansehen auszubalancieren. Im Familienrat klingt das einmal so: »Liebe Kleine, [...] seien Sie glücklich, wenn Sie können; es geht nicht darum, Ihr Glück zu trüben, sondern darum, es mit den Sitten in Einklang zu bringen. Wir alle hier wissen, dass die Ehe eine mangelhafte Einrichtung ist und nur Liebe sie erträglich macht. Aber ist es denn nötig, wenn man sich einen Liebhaber nimmt, sein Bett auf dem [Place du] Carrousel [Platz vor dem Louvre] aufzustellen?«

Eine umfangreich dargestellte, sexuell sehr aktive Figur ist die Herzogin de Maufrigneuse, geborene Diane d'Uxelles. Ihre zahlreichen Liebhaber sind in den Pariser Zirkeln Legende (siehe *Das Antiquitätenkabinett, Glanz und Elend der Kurtisanen, Die Geheimnisse der Fürstin von Cadignan*). Ihr gesellschaftliches Leben wird schließlich so unerträglich, dass sie plötzlich ›aus der Gesellschaft‹ verschwindet, einige Zeit auf dem Land lebt und mit verändertem Namen (de Cadignan) wieder auftaucht. Zumindest jenen gegenüber, die sie zuvor nicht gekannt haben, kann sie nun ihr Leben neu erfinden, auch wenn die alten Bekannten von ihr mit Lästereien ganz und gar nicht zurückhaltend sind.

Diane de Maufrigneuse ist mit einem achtzehn Jahre älteren Herzog verheiratet, dessen vorherige Geliebte Dianes Mutter war – das Muster, dass der Mann irgendwann die Tochter der Geliebten heiratet, verwendet Balzac ebenfalls im Leben von Eugène de Rastignac. Ein größeres zwischenmenschliches Interesse an Diane hat er nicht, zeitweilig lebt er nicht einmal mit ihr in Paris. Er gesteht ihr alle Freiheiten zu, die sie ausgiebig nutzt. Dabei verlaufen einige ihrer Liebschaften turbulent und nicht ohne Risiko. Dem jugendlichen Lucien de Rubempré hat sie zahlreiche kompromittierende Liebesbriefe geschrieben, die sie vor seiner Verurteilung unbedingt zurückzubekommen versucht. Oder sie reist in Männerkleidung und allein in einer Kutsche nach Alençon, um den Geliebten Victurnien d'Esgrignon vor dem Schwurgericht zu bewahren.

Die Herzogin kokettiert sogar ganz offen mit all ihren Geliebten – auch in diesem Punkt also ›männlich‹ auftretend und die Rollenvorgaben sprengend, was ihr sogar beide Geschlechter übelnehmen. In *Die Geheimnisse der Fürstin von Cadignan* heißt es (und auch diese Passage hat Balzac mehrfach und gezielt zugespitzt):

»Auf ihrem Kamin sah man eine wundervolle Miniatur, das Bild Karls X. von Madame de Mirbel, unter dem die Worte eingraviert waren: ›Geschenkt vom

König‹; und als Gegenstück das Porträt von *Madame*
[Titel für Königstöchter, hier Schwiegertochter Herzogin de Berry], die sich ihr [also Diane de Maufrig-
neuse] gegenüber besonders liebenswürdig gezeigt
hatte. Auf einem Tisch prunkte ein Album von höchstem Wert, das auszulegen keine der Bürgerfrauen den
Mut hätte, die heutzutage in unserer geschäftigen und
lärmenden Gesellschaft regieren. Diese Verwegenheit
charakterisiert vortrefflich diese Frau. Das Album
enthielt Porträts, unter denen sich rund dreißig intime
Freunde befanden, die die Welt ihre Liebhaber genannt
hatte. Diese Zahl war eine Verleumdung, aber, meinte
die Marquise d'Espard, bei einem Dutzend wäre es
vielleicht eine schöne und gute Nachrede. Die Bilder
von Maxime de Trailles, von de Marsay, de Rastignac,
vom Marquis d'Esgrignon, vom General de Montriveau, von den Marquis de Ronquerolles und d'Ajuda-
Pinto, vom Prinzen Galathionne, von den jungen
Herzögen de Grandlieu, de Réthoré, vom schönen
Lucien de Rubempré, vom jungen Vicomte de Serizy
waren übrigens mit großer Schmeichelei von den be-
rühmtesten Künstlern ausgeführt. Da die Fürstin nur
noch zwei oder drei Personen dieser Sammlung emp-
fing, nannte sie das Buch scherzend die Sammlung ihrer Irrungen. Das Unglück hatte aus dieser Frau eine
gute Mutter gemacht. Während der fünfzehn Jahre der
Restauration hatte sie sich zu viel vergnügt, um an ihren Sohn zu denken; aber als sie sich nun in die Ver-
borgenheit flüchtete, bedachte diese illustre Egoistin,
dass das mütterliche Gefühl, ins Äußerste gesteigert,
als eine Absolution für ihr vergangenes Leben gelten
könnte, was gefühlvolle Menschen bestätigen mussten, die einer sorgsamen Mutter doch alles verzeihen.«

Ganz anders als Lady Brandon weiß Diane de Maufrigneuse den
Wandel der Werthaltungen zu nutzen, auch wenn sie selbst
ebenfalls ihrem Sohn nicht viel hinterlassen wird. Gleichwohl
hat auch sie sich einige Zeit aus der ›Gesellschaft‹ zurückziehen
müssen, um Gras über ihre Liebschaften wachsen zu lassen und
sich sozial zu häuten. Aber anschließend geht sie sehr souverän
mit den gesellschaftlichen Wandlungen um und restituiert sich,

indem sie sich von ihrer alten Zeit demonstrativ distanziert. Moralische Haltungen wandeln sich, und das Individuum muss fortan mit veränderten Erwartungen möglichst geschickt umzugehen wissen. Distanzierung von früheren Phasen im eigenen Leben sind ein Weg dazu.

Lügen und Betrügen führen in den Wahn

Eine Selbstanklage aufgrund tiefer Schuldgefühle oder Gewissensbisse kann aus sich heraus ins Krankhafte umschlagen und blockiert dann das weitere Leben.

Die Figuren, die in der *Menschlichen Komödie* zu Reichtum und damit auch gleich zu Ansehen gelangen, zeigt Balzac in aller Regel als skrupellose Machtmenschen, die keinerlei Probleme damit haben, andere in den Ruin zu treiben. Der Baron de Nucingen, Eugène de Rastignac, Charles Claparon, die Marquise d'Espard und viele andere haben keine Gewissensbisse, wenn sie mal wieder jemanden übervorteilt haben.

Eine Ausnahme macht da auch Jean-Frédéric Taillefer nicht, auch wenn ihm während eines Salons seine eigene Geschichte, von der ein anderer erzählt, ohne zu wissen, wer da mit am Tisch sitzt, den Schweiß auf die Stirn treibt und ihn nervös kränkeln lässt. Er hat im Oktober 1799 in Andernach am Rhein (siehe *Das rote Wirtshaus*, die einzige Geschichte des Zyklus, deren zentrale Handlung in Deutschland spielt) einen Kameraden ermordet, um dessen Geld zu stehlen. Er wird ein wohlhabender Kaufmann und verleumdet seine Tochter aus erster Ehe, um ihr möglichst wenig finanzielle Unterstützung angedeihen lassen zu müssen. Als 1819 allerdings sein Sohn bei einem Duell umkommt *(Vater Goriot)*, erkennt er sie an und macht sie somit zu einer reichen Erbin. Nach der Revolution von 1830 gehört er zu den wenigen, die einen betrügerischen Konkurs des Barons de Nucingen durchschauen. Geschickt folgt er den Winkelzügen des Barons, sodass er an der Börse große Gewinne einfahren kann *(Das Bankhaus Nucingen)*. Er ist von massiven Schuldgefühlen gequält – er hat eine chronische ›Krankheit‹, die den Ärzten Rätsel aufgibt –, aber weniger aus einem moralischen Kern heraus, sondern weil er die Aufklärung des Mordes fürchtet, die die Todesstrafe für ihn zur Folge hätte und für die Tochter dann vermutlich den finanziellen Ruin bedeuten würde *(Das rote Wirtshaus)*. Seine Krankheit sind nicht Schuldgefühle, es ist Angst.

Nein, es sind die ›kleinen Leute‹ und die naiven Gemüter, die von Schuldgefühlen geplagt werden, wenn sie in wirtschaftlichen Zusammenhängen betrogen haben. Der ehemalige Soldat und jetzige Kassierer Castanier arbeitet seit zehn Jahren im Bankhaus Nucingen *(Melmoth)*. Er genießt ein so absolutes Vertrauen des Barons, »dass er ihm auch die Buchführung in dem hinter der Kasse gelegenen Privatbüro übertragen hatte«. Sein Ansehen resultiert längst nicht mehr nur aus seiner Zuverlässigkeit auf dem Schlachtfeld unter Kaiser Napoleon. Und doch: Es kommt der Tag, da will Castanier einen ausgetüftelten Plan verwirklichen.

An einem Herbsttag gegen siebzehn Uhr arbeitet er wie immer allein. »Seiner Weisung entsprechend hatte der Pförtner seit vier Uhr phlegmatisch gesagt: ›Die Kasse ist geschlossen.‹ Seit dieser Stunde waren die Büros verlassen, die Post abgesandt, die Angestellten waren weggegangen, die Frauen der Chefs des Hauses warteten auf ihre Liebhaber, die beiden Bankiers aßen bei ihren Geliebten zu Abend. Alles war in Ordnung.« Castanier ist dabei, auf Wechselformularen die Unterschrift seines Chefs zu fälschen, um sich selbst eine hohe Summe zu ergaunern, und zwar nicht weniger als fünfhunderttausend Francs. Dann untersucht er die einzelnen Unterschriften, um die gelungenste auszuwählen – eine Vorsichtsmaßnahme, »einer dunklen Ahnung folgend, die in seinem Herzen gerufen hatte: ›Du bist nicht allein!‹.« Der Betrüger hat immer auch Angst, als solcher erkannt und überführt zu werden. In diesem Augenblick hebt Castanier den Kopf und ... sieht vor sich einen Fremden stehen. »Zum ersten Mal in seinem Leben empfand der ehemalige Offizier eine Angst [...].«

Dieser Fremde, in dem Castanier einen Engländer sieht, will noch ein Wechselgeschäft mit der Bank abschließen und fünfhunderttausend Francs einlösen. Danach ist der Fremde ebenso überraschend verschwunden, wie er gekommen war. Vermeintlich. Da der Fremde mit »John Melmoth« quittiert hat und weil Balzac ein großes Vergnügen am Lesen der (englischen und deutschen) Romantiker und Mystiker hatte, haben die Experten den Text vorrangig auch als mystische Geschichte betrachtet. Der Name Melmoth verweist auf den Roman *Mel-*

moth der Wanderer von Charles Robert Maturin und greift gleich mehrere traditionsreiche literarische Figuren auf: Satan, Faust, der ewig wandelnde Jude. Doch auch hier tut Balzac mehr, als lediglich der mystischen Tradition einen eigenen Text hinzuzufügen. Auch Castaniers Empfinden und Verhalten werden realpsychologisch geerdet.

Als Castanier das Gebäude verlässt, schimpft er mit dem Pförtner, er habe doch nach Kassenschließung niemanden mehr hereinlassen sollen. Doch dieser antwortet, es sei auch niemand mehr hineingegangen. Auf der Straße entwickelt Castanier körperliche Symptome, vor allem einen Brechreiz und ein Hitzegefühl, das »sich aus seiner Feder auf ihn übertragen hatte«. Und prompt steht er plötzlich wieder neben ihm und flüstert ihm etwas zu, der Engländer.

Von nun an wird Castanier diesen Melmoth nicht wieder los. Melmoth wird eine Wahngestalt, die immer dann auftritt, wenn Castanier Zweifel befallen, und die sich zunehmend (in seinem Kopf) verselbstständigt. Der Verfolgungswahn und die Vorstellung, andere seien es, die ihn hinters Licht und ins Verderben führen wollten, weiten sich aus. Immer neue Einflüsterungen Melmoths kommen auf.

Nachdem Castanier bei seiner Geliebten angekommen ist, weiten sich seine Zweifel sogar zu der Frage aus, ob die Geliebte ihn wirklich und nur ihn liebt. Er hat ihr noch gar nichts davon gesagt, dass sie mit ihm schon am folgenden Tag ins Ausland gehen soll. Ihm selbst wiederum hat diese »Madame de La Garde«, Aquilina, bisher nicht einmal ihren wahren Namen verraten. Castanier wird misstrauisch. »Du wirst nicht abreisen«, prophezeit prompt der Fremde (in ihm).

Castanier fährt mit seiner Geliebten ins Theater. In der Pause steht Melmoth plötzlich auch im dortigen Foyer neben ihm. Castanier will ihn loswerden, fühlt aber eine Lähmung, und der Fremde hakt sich bei ihm unter, sodass beide im Foyer auf- und abschreiten, »wie zwei Freunde«. Zurück in der Loge, stellt Castanier ihn seiner Geliebten vor. »Aquilina schien gar nicht überrascht von Melmoths Erscheinen.«

Warum ist Aquilina nicht überrascht? Weil sie Castanier als an diesem Tag völlig verändert empfindet? Weil er schon die ganze Zeit von Dingen redet, die unrealistisch sind? Gibt es vielleicht niemanden im Hintergrund der Loge?

Als ein weiteres Theaterstück nach der Pause beginnt, sieht Castanier als Handlung seine eigene Geschichte auf der Bühne. Einzelne Elemente des Stücks, etwa ein Schauspieler als Engländer, lassen ihn erstarren und seine Verfolgung durch die Gendarmen voraussehen. Während sich Aquilina herzhaft amüsiert und sich vor Lachen bald nicht mehr halten kann, friert Castanier immer mehr ein. Nachdem die Vorstellung zu Ende ist, betont Aquilina, Castanier sei »düster«, und sie fügt hinzu: »Jener Herr ist nicht mehr da.« Doch Melmoth flüstert Castanier kurz darauf etwas ins Ohr.

Zurück in Madames Wohnung, spielen sich weitere Szenen ab, bei denen unklar bleibt, wie sehr sie von der Wahrnehmung Castaniers durchdrungen sind. Melmoth erscheint, und Aquilina fühlt sich wie behext und kraftlos. Oder sieht sie nur ihren Geliebten, der umhergeht und den Raum wechselt und dabei spricht? Versucht sie, auf Castaniers Wahngestalt einzugehen, wenn sie fragt: »Was ist innerhalb so kurzer Zeit zwischen dir und diesem diabolischen Mann geschehen?« Und nun wird er zum Faust: »Ich habe ihm meine Seele verkauft.«

Schlagartig fühlt sich Castanier allmächtig, er hat vor nichts mehr Angst, mehr noch, nun wird er zu einem, der andere aburteilt. Prompt findet er in der Kleiderkammer den zweiten Geliebten von Aquilina, in dem er einen zum Tode Verurteilten erkennt, den er zur Guillotine führen will. Zunehmend jedoch empfindet er auch das Dämonische in sich. Immer wieder meldet sich sein Gewissen.

Einige Zeit später wird er mit dem Tod konfrontiert, denn in der Kirche Saint-Sulpice ist der verstorbene Melmoth aufgebahrt. Es folgt eine Hinwendung zum religiösen Glauben. Castanier sieht sich vor Gott stehen. Bewusst wird ihm dabei allerdings, dass er nur zu Gott ins Paradies kommt, wenn er fortan als guter Mensch lebt. Nun steht für ihn fest, dass er sein gestohlenes Geld loswerden muss, er will es nicht mehr bei sich haben. Klar ist aber auch, dass derjenige, der sich auf die Übernahme des Geldes einlässt, den Pakt mit dem Teufel übernehmen wird – es ist gestohlenes Geld. Wo also will er jemanden finden, der dieses Geld nimmt? Wo? An der Börse natürlich! Endlich ist er es los.

Castanier verliert nun seine Größenvorstellung wieder, seine Kraft schwindet und er weiß jetzt, dass er getrost sterben kann. Zu Beginn des Textes hatte Balzac ihn als »charactére mixte« mit »certaines intentions mixtes« beschrieben, was man mit einer ›labilen‹ oder, klinischer, ›multiplen‹ Persönlichkeit übersetzen könnte. Seine Stellung als Kassierer in einem Bankhaus, dessen Besitzer sich skrupellos an anderen Menschen bereichern, verleitet ihn dazu, Geld zu stehlen und ein leichtes Leben führen zu wollen. Zwar befallen ihn Gewissensqualen von Beginn an, doch spricht etwas in ihm, das ihn weiter zum Diebstahl treibt.

Am Ende hat Castanier seine Persönlichkeit klarer konturiert und stabilisiert. Er will sich wieder an moralische Überzeugungen halten, will weder Macht noch Reichtum. Allerdings schwindet damit auch sein Antrieb, der durch seine subjektive Größenvorstellung gespeist war (siehe auch das Kapitel zum manischen und monomanischen Arbeiten). Er verfällt körperlich zunehmend, wird wieder ein ›Sterblicher‹. Interessant zu sehen ist, dass Balzac am Ende des Textes durch eine weitere Figur das Thema nicht nur auf Macht und Reichtum bezieht, sondern auch auf monomanische Sexualität ausweitet.

Natürlich ist es nicht so, dass Schuldgefühle erst mit der Moderne aufgekommen sind, aber an den Figuren Balzacs, die mit Schuldgefühlen oder Gewissensbissen kämpfen, ist zu sehen, wie sich das moralische Koordinatensystem verändert: Gerade in Frankreich ist der Glaube an einen Gott bei den ›philosophisch‹ Gebildeten rapide gesunken. Eine überirdische Instanz, die nach dem Tod jeden Einzelnen richtet und über dessen Verbleiben in der Ewigkeit bestimmt, wird immer weniger handlungsleitend. Eine bürgerliche Moral, nach der man in jeder seiner Handlungen ›anständig‹ zu sein hat (wenn auch nicht unbedingt in einer beruflichen oder politischen Funktion), da man sonst zu einem verachtenswerten Individuum der Gesellschaft wird, hat aber längst noch nicht jene Wirksamkeit, die sie haben soll. Das handelnde Subjekt muss erst lernen und sich antrainieren, in welcher Weise, in welchem Ausmaß es moralisch sein will.

In besonderem Maß betrifft das auch die persönliche Gewaltanwendung, nachdem das Gewaltmonopol auf staatliche Instanzen übergegangen ist. Selbstjustiz und Rachemorde sind in der Welt der *Menschlichen Komödie* keineswegs selten, und oft genug werden diese Taten strafrechtlich nicht weiter verfolgt (siehe insbesondere die drei Erzählungen des Buches *Die Geschichte der Dreizehn*), vielleicht weil sie ›moralisch‹ noch viel zu sehr akzeptiert sind und weil das in einer Gesellschaft, in der noch die Todesstrafe möglich war, gar nicht so große Widerstände auslöste. Über die sogenannten Philanthropen, die die Todesstrafe abschaffen und durch lange bis lebenslängliche Haftstrafen ablösen wollten, machte man sich damals gerne lustig. Für ›humaner‹ als den Tod hielt man eine lebenslange Haft nicht. Und auf ›Besserung‹ statt Rache zielte der Strafvollzug noch nicht ab.

Ein illustres Beispiel hat Balzac seinem wiederkehrenden Figurenensemble mit Jacques Collin beigefügt. Diese Figur ist dem realen Eugène François Vidocq (1775–1857) nachgebildet, der sich zuerst als raffinierter und rücksichtsloser Krimineller seinen Lebensunterhalt beschaffte, dann aber sogar als Kommissar angestellt wurde, um als Direktor dem ersten Vorläufer der späteren Nationalpolizei vorzustehen. Anschließend gründete er noch eine private Detektei. Jacques Collin (auch als Priester Carlos Herrera aktiv sowie unter dem Namen Vautrin) ist eine Zentralgestalt in gleich mehreren der großen Romane des Zyklus: *Vater Goriot, Verlorene Illusionen, Glanz und Elend der Kurtisanen.* Seine Haltung drückt er Eugène de Rastignac gegenüber einmal in dieser Metapher aus: »Der Ofen ist heiß, der Teig geknetet, das Brot auf der Schaufel, morgen werden wir hineinbeißen, dass die Krümel nur so um unseren Kopf fliegen […]. Falls wir ein paar kleine Gewissensbisse haben, wird sie die Verdauung beseitigen.«

Dass ein Individuum auch Schuldgefühle haben kann, ohne an etwas schuldig geworden zu sein, zeigt das schon erwähnte Beispiel der Henriette de Mortsauf in *Die Lilie im Tal* (siehe das Kapitel ›Depressivität und die Selbstinszenierung als Opfer – psychisch überforderte Individuen‹).

Psychotische Dekompensationen

In Balzacs Romanen und Erzählungen befinden sich die zentralen Figuren sehr häufig in psychischen Extremsituationen. Solche psychischen Zustände resultieren bei ihm nicht aus einer essenzialistischen Determiniertheit, sondern sind bedingt durch die Erfahrungen in der gesamten Lebensgeschichte und durch die in der Gegenwart auf diese Figuren einstürzenden Ereignisse (›Life-Events‹, kritische Lebensereignisse). Nicht selten sind diese Erfahrungen hoch traumatisierend.

Zusammenbruch der psychischen Funktionen

Eine existenziell bedrohliche Handlung beschreibt Balzac in der Erzählung *Adieu* (deutsch auch *Leb wohl!*). In seiner Genese zeigt dieser Text eine aufschlussreiche Wandlung, denn er war zunächst in der Feuilletonveröffentlichung von 1830 als eine soldatische Erinnerung betitelt *(Souvenirs soldatesques / Adieu)*. Der Text enthielt noch für alle drei Teile jeweils eine eigene Überschrift. Als die Erzählung aber zwei Jahre später in der ersten Buchausgabe erneut erschien, war er ohne Zwischenüberschriften nur noch mit *Die Bürde einer Frau (Le Devoir d'une Femme)* überschrieben. Damit wird der Fokus weggelenkt von den Soldatenerfahrungen hin zu denen der Frau, die in einen Krieg involviert ist. Beim nächsten Erscheinen 1834 trug die Erzählung dann den endgültigen Titel *Adieu*, womit Balzac den Fokus auf den Abschied, auf eine Verlusterfahrung legt; das Soldatisch-Militärische tritt in den Hintergrund.

Für das Setting der Erzählung nutzte Balzac dramatische und brutale historische Ereignisse während des Rückzugs Napoleons 1812 aus dem Russlandfeldzug – diese Ereignisse liegen in der Erzählung acht Jahre zurück. Balzac verwendete beim Schreiben mehrere Bücher mit Darstellungen dieser Hintergründe: Die Soldaten müssen bei eisigem Wetter den Fluss Beresina überqueren und bauen an einer Behelfsbrücke, während sie gleichzeitig schon extrem ausgehungert und mit ihren Kräften am Ende sind. Der Überquerungsversuch wird dann zum blanken Desaster, es folgt ein Massensterben.

Stéphanie de Vandières (also adlig), so heißt die junge Frau, um die es im Text vorrangig geht, hat ihren Geliebten Philippe in den Krieg begleitet und erlebt bei diesem Rückzug eine völlige psychische Dekompensation. Die Szenen, die sie an den Flussufern mitverfolgen muss, sind brutal und psychisch absolut überfordernd. Am Ende bleibt ihr nur die Annahme, dass ihr Ehemann in dem gewaltigen Inferno zu Tode gekommen ist. Ihre psychischen Funktionen brechen daraufhin weitgehend zusammen. Sie gerät in einen Zustand, der sie hinausführt aus der Realität – und aus diesem Zustand findet sie nie wieder zurück. Sie lebt in einer anderen Wirklichkeit und spricht in den Folgejahren vermeintlich Unzusammenhängendes vor sich hin, in dem hin und wieder das Wort »Adieu!« vorkommt.

Die Ereignisse nach der Dekompensierung lassen sich so zusammenfassen: Von dem überlebenden Soldatentross wurde Stéphanie zunächst mitgenommen, was ihr zweifelsohne das Leben rettete. Nachdem sie aber von einem Grenadier, der sich um sie gekümmert hatte, getrennt worden war, wurde sie »ein Spielzeug für einen Haufen von Schurken«, wie ihr Onkel später erzählt. Damit dürfte ein langer Zeitraum (»zwei Jahre«) anhaltender Gruppenvergewaltigungen gemeint sein. Schließlich aber wurde sie von diesen Soldaten getrennt. Sie irrte obdachlos, hungernd, barfuß und schlecht gekleidet umher. Immer wieder zeigte sie sich in dieser Zeit (beinahe) nackt. Manchmal wurde sie in Krankenhäusern aufgenommen, dann wieder »wie ein Hund davongejagt«. Zusammen mit anderen »Irren« wurde sie schließlich – inzwischen in Deutschland – eingesperrt. Nachdem sie aus dem Gefängnis geflohen war, strandete sie in Straßburg, wo sie von genau jenem Grenadier wiedererkannt wurde, der sich am Anfang um sie gekümmert hatte und der sich nun abermals ihrer annahm.

Es ist beeindruckend, wie Balzac diese Figur gestaltet, nämlich ziemlich genau so, wie wir sie heute in so manchen Fallgeschichten psychisch kranker obdachloser Frauen finden.

Nachdem ein Onkel der jungen Frau, der sich zu jener Zeit ebenfalls in der Nähe Straßburgs aufhielt, von diesem umherirrenden Mädchen hörte, eilte er in die Stadt, um sich, als Arzt, dieses »wilde Mädchen« anzusehen – und er erkannte, wer sie war. Was der Arzt und Onkel nun tat, ist das, was wir einen frühen Vorläufer des psychiatrischen Soteria-Ansatzes nennen könnten: Er schafft einen ruhigen Aufenthaltsort, akzeptiert die ziemlich verrückte Lebensweise, ›begleitet‹ unterstützend die Erkrankte und versucht, ein Gehöft, eine Einsiedelei im Wald von L'Isle-Adam nördlich von Paris zu einem ›sicheren Ort‹ zu machen. Über Stéphanies Verletzlichkeit sagt er an einer Stelle im Text, einen Schuss in die Luft abzugeben füge ihr mehr Leid zu, als sie mit dem Schuss zu treffen, um damit das Ausmaß ihrer Angstreaktionen und der Folgen zu verdeutlichen. Zusätzlich zu Stéphanie nimmt er gleich noch eine zweite ›Verrückte‹ in dieses ländliche Idyll auf. Beide Frauen pflegen eine warme Beziehung miteinander und geben sich zusätzlichen Halt.

Ein bereits damals verfallenes und geschleiftes Gelände des Klosters der Bon-hommes-Brüderschaft – im tiefen Wald südlich von L'Île Adam gelegen – inspi-rierte Balzac dazu, hier die Einsiedelei der Erzählung *Adieu* zu verorten. Nur ein paar Mauerreste und dieses freistehende Tor zeugen noch von dem einstiegen Klostergut.

Des Arztes Blick auf Stéphanie fördert folgende Symptomatik zutage: Es ist für ihn auffällig, dass sich die Nichte oft nackt zeigt, anfangs sei lediglich der Grenadier in der Lage gewesen, sie dazu zu bringen, sich vollständig anzuziehen. Die zweite verrückte Frau (Geneviève, »eine Bäuerin«), die gerne das Haar von Stéphanie kämmt, ist oft etwas grob, sodass Stéphanie »erstickte Schreie« ausstößt, »die auf ein instinktiv empfundenes Lustgefühl« deuten. Schmerzerleben ist also mit einer Art Lustgewinn verbunden! Für den Arzt ist die Ursache dieses »Wahnsinns« ein »Gefühl«, wie er insgesamt davon ausgeht, dass schockartige Erlebnisse eine »Verletzung des Gehirns« nach sich ziehen. Stéphanie, die ihre Umwelt weitgehend verkennt und auf kleinste Abweichungen vom Gewohnten mit massiven Ängsten reagiert, kann sich zwar nach einer Phase des vorsichtigen Annäherns sehr wohl auf einen (auch körperlichen) Kontakt einlassen, aber nur dann, wenn sie selbst entscheidet, wann sie die Nähe herstellt und wann sie sie ablehnt; jeder aktiven Annäherung anderer Menschen weicht sie sofort aus.

Der Erzähler des Textes schildert Stéphanies Verhalten so:

> »Ihre Geste hatte übrigens wie die eines Tieres jene herrliche mechanische Sicherheit, deren Schnelle bei einer Frau als ein Wunder erscheinen konnte. Die beiden [sie beobachtenden] Jäger [einer davon ist Philippe, der nämlich doch überlebt hat] sahen sie zu ihrem Staunen auf den Ast eines Apfelbaums springen und sich dort mit der Leichtigkeit eines Vogels festhalten. Sie langte nach den Früchten und aß sie. Dann ließ sie sich mit der anmutigsten Geschmeidigkeit, die man bei den Eichhörnchen bestaunt, zu Boden fallen. Ihre Glieder waren so gelenkig, dass selbst ihre geringsten Bewegungen weder angestrengt noch mühsam wirkten. Sie spielte im Gras und wälzte sich, wie es ein Kind hätte tun können.«

Und später, als Stéphanie auf einer Bank im Garten eingeschlafen ist:

> »Plötzlich lief eine junge Ziege mit ein paar Sätzen auf die Bank zu und beschnupperte Stéphanie, die von dem Geräusch erwachte. Sie sprang leicht auf die Füße, ohne das launische Tier durch diese Bewegung zu erschrecken. Doch als sie Philippe sah, floh sie mit ih-

rer vierfüßigen Gefährtin bis zu einer Holunderhecke, dort stieß sie den leisen Schrei eines erschreckten Vogels aus [...].«

Diese Animalisierung des ›verrückten‹ Verhaltens erscheint im 21. Jahrhundert befremdlich, denn wir haben uns abgewöhnt, den psychotisch erkrankten Menschen mit einem Tier zu vergleichen, weil wir damit automatisch, zumal nach der Geschichte des 20. Jahrhunderts, eine Abwertung bis zur Vergegenständlichung verbinden. Allerdings ist für das 19. Jahrhundert ein ganz anderer Horizont für diese Animalisierung zu berücksichtigen, denn Balzac war sehr von den Ideen der Romantik beeinflusst, sodass seine Schilderungen vorrangig auf eine Zivilisationskritik hinauslaufen und die Verrückte hier im Text für die Rückkehr zu ›natürlich-kreatürlichen‹ Verhaltensweisen steht. So erscheinen dann militärische Feldzüge mit ihren Vernichtungspotenzialen als Abgründe der Zivilisation, und ›Verrücktheit‹ wäre dann nur die logische, *vernünftige* Reaktion darauf.

Dieser Kontext wird auch vom Arzt nahegelegt, indem er an einer Stelle vor sich hinsprechend an Stéphanie gerichtet murmelt: »Wir halten dich für unglücklich, weil du an unserem Elend keinen Anteil mehr nimmst, töricht, wie wir sind!« Versteht man das Wort »töricht« von seinem Ursprung her, dann sind *wir* ›Vernünftigen‹ hier die Toren, also die Verrückten, womit Balzac die Zuweisung von Vernunft versus Wahnsinn umkehrt. Der Nachsatz »töricht, wie wir sind« ist im Übrigen eine Hinzufügung von Balzac in der Überarbeitung des frühen Originalmanuskripts, woran man sehen kann, dass die Formulierung sehr bewusst vorgenommen wurde.

Die Gegenüberstellung von Vernunft und Irresein durchdringt den Text, sobald Philippe ins Idyll des Waldgrundstücks eindringt. Mit allen Mitteln will er Stéphanie wieder »zur Vernunft« zurückbringen, zu *seiner* Vernunft.

Depressiver Rückzug

Doch wie verlief Philippes Geschichte nach der Niederlage an der Beresina? Er war in russische Kriegsgefangenschaft gekommen und nach Sibirien gebracht worden. Nach seiner

Rückkehr nach Paris nahm er, eher unauffällig, wieder eine gesellschaftliche Position ein. Er stammt aus dem alten Adel und wurde wieder Offizier, ganz zweifellos habe er Zukunft, so hieß es über ihn. Er galt als liebenswürdig, freundlich und ausgeglichen. Die Frauen fanden ihn charmant und fragten sich, warum er nicht verheiratet sei.

Aber diese war nur jene Seite, die Philippe de Sucy in sozialer Gemeinschaft zeigte. Die andere Seite stellten depressive Einbrüche dar. Als er im Waldidyll erkennen muss, dass Stéphanie ihn nicht wiedererkennt und dass sie geistig beschränkt zu sein scheint wie ein Tier, befallen ihn Todesängste, gegen die ihm der Doktor Opium gibt.

Philippe versucht es zunächst mit Zuwendung und Geduld, aber selbst wenn sich Stéphanie peu à peu an ihn gewöhnt, die Erinnerung an ihn bleibt erloschen. Auf die Hoffnungslosigkeit Philippes folgt die Resignation, die ihn dazu bringt, einen erweiterten Suizid begehen zu wollen. Davon jedoch kann ihn der Arzt mit einer Lüge abbringen, indem er behauptet, Stéphanie habe in der Nacht im Schlaf Philippes Namen ausgesprochen, sodass dieser wieder neue Hoffnung schöpft, dass Stéphanie ihn schließlich doch noch erkennen werde. Dadurch beruhigt, verlässt er am Abend das Gehöft. Der Arzt-Onkel nimmt nun seine Nichte zur Seite:

>»Arme Kleine!‹, rief der Arzt, glücklich über den Erfolg, den sein Trug gehabt hatte. Er zog die Irre an seine Brust und sagte: ›Er hätte dich umgebracht, der Egoist! Er will dir das Leben nehmen, weil er leidet. Er versteht es nicht, dich um deiner selbst willen zu lieben, mein Kind!‹«

Dem Vorhaben des Onkels steht die Absicht Philippes diametral gegenüber. Dieser hat in der Folge die Hypothese, dass der Erkrankten geholfen werden kann, wenn sie mit den früheren Ereignissen konfrontiert werde. Was daraus folgt, dazu weiter unten.

Der Verlust sicher geglaubter Bindungen

Bevor ich mich Philippes weiterem Vorgehen zuwende, möchte ich noch auf die zweite verrückte Frau genauer eingehen. Geneviève heißt im Text meistens »die Bäuerin«, womit Balzac aufschlussreiche Erweiterungen gleich mehrerer Themen vornimmt.

Zunächst einmal sind beide Verrückte Frauen. Bemerkenswert ist, dass der (aus adligen Verhältnissen stammende) Arzt in dieses Waldidyll überhaupt eine (ebenfalls psychotische) Bäuerin aufnimmt – der Arzt ist, so ließe sich fachlich anmerken, offenbar ein Anhänger klinischer Spezialstationen. Damit wird eine Krankenbehandlung vorgenommen, die Standes- oder Milieuunterschiede überwindet. Da er bei seiner Nichte nicht jene »Methode anwenden kann, die leider nur reichen Leuten zur Verfügung steht«, wie er Philippe erklärt – woran auch immer Balzac gedacht haben mag –, hat er sich zusammen mit ihr und Geneviève weitgehend aus dem gesellschaftlichen Treiben zurückgezogen. Ebenso ist gesagt, dass solche psychischen Dekompensationen keineswegs entweder im ›einfachen Volk‹ allein entstehen, etwa aus Beschränktheit, noch dass es sich um eine besondere Überforderung in ›gehobenen‹, da eben mit gesellschaftlich herausragenden Aufgaben betrauten Schichten handelt. Nein, psychotische Reaktionen sind eine allgemein menschliche Möglichkeit, vielleicht sogar eine ›Fähigkeit‹.

Noch beeindruckender wird Balzacs Darstellung, wenn man betrachtet, wie er die Ursachen solcher Dekompensationen konstruiert, nämlich mit dem Verlust als sicher angenommener Bindungen. Hinter der Reaktion Stéphanies an der Beresina fällt erst einmal die massive, brutale Traumatisierung auf. Aber was ist mit dieser Traumatisierung verbunden? Der Verlust eines geliebten Menschen nämlich, mit dem sie das Leben so sehr hatte teilen wollen, dass sie ihn sogar in den Krieg begleitet hatte. Sie verliert diese Bindung, sie verliert ihre wichtigste Lebensperspektive. Das Verlusterleben wird von Balzac eben auch damit ausgedrückt, dass Stéphanie immer wieder das Wort »Adieu« ausspricht. Sie ist mit der militärischen Eskalation völlig überfordert und verliert, so erlebt sie es, alles.

Auch diese Erfahrung verallgemeinert Balzac mittels der Figur der Bäuerin. Diese ruft Stéphanie nämlich beim letzten

Abschied ebenfalls »Adieu!« nach. Und welchen biografischen Hintergrund gibt Balzac ihr? Er generalisiert die Verlusterfahrung, indem er die Bäuerin dekompensieren lässt, als jener Mann, den sie heiraten möchte und mit dem die Heirat längst als abgemacht gilt, sich völlig überraschend für eine andere Frau entscheidet, weil diese eine höhere Mitgift in die Ehe mitbringen wird. Die Bäuerin verliert daraufhin völlig den Halt. Sie steht nun einsam und verlassen da, schwer gekränkt obendrein. Das verkraftet sie nicht.

Balzac sieht den Rückzug aus der Realität in eine psychotische Weltwahrnehmung als Möglichkeit nach traumatischen Verlusterfahrungen. Beide Anlässe sind völlig unterschiedlich, in ihrer Dramatik auch gar nicht vergleichbar, aber den Verlust einer als sicher geglaubten Bindung verkraften beide Frauen und letztlich natürlich auch Philippe nicht. Balzac verneint hier, dass bei dieser psychischen Reaktion Standesunterschiede eine Rolle spielten. Er parallelisiert eine Adlige und eine Bäuerin, die sich in der Erfahrung einer solchen psychischen Reaktion zudem gegenseitigen Halt geben.

Dass solche Verlusterfahrungen an zwei Frauenfiguren gezeigt wird, verweist natürlich auf die klassische Verteilung der Geschlechterrollen mit ihren Implikationen. Es sind die Männer, die militärisch denken und handeln; es sind die Männer, die aktiv die Ehefrauen wählen, und sie tun dies nicht zuletzt nach wirtschaftlichen Erwägungen – nach den damaligen ›Sitten‹ übrigens sozial völlig zulässig. Beide Frauen befinden sich also in eher passiven Rollen, in denen sie die das Leid Tragenden sind und die sich entsprechend ihrer Rollenzuschreibungen nur begrenzt dagegen wehren können. Stéphanie bezahlt den Schutz des blanken Lebens während des militärischen Rückzugs mit dem Ertragenmüssen von Vergewaltigungen. Die Bäuerin wie auch die Adlige geben Beispiele für psychische Dekompensationen, wie sie aus weiblichen Lebensbedingungen resultieren. Wie völlig anders Balzac eine gar nicht unähnliche Kriegserfahrung bei einem Mann strukturiert, zeige ich weiter unten an der Erzählung *Oberst Chabert*.

Verdrängung und Wiederholung

Zwischenzeitlich hatte der Arzt also mittels einer Lüge Philippe von der Idee eines erweiterten Suizids abgehalten. Das, was der Arzt als Hoffnung machend behauptet, ist allerdings unwahr. Doch genau aus diesem behaupteten Indiz für die Besserung schöpft nun Philippe Hoffnung und will dieser Besserung endgültig zum Durchbruch verhelfen. Er entschließt sich zu einer maximalen Konfrontation, die sich so liest wie ein militärischer ›entscheidender Schlag‹. Abermals wird Stéphanie zum passiven Opfer anderer Menschen, von Männern.

Als Rückzugsort besitzt Philippe de Susy ein »Landgut« in der Nähe von Saint-Germain, inklusive eines Flusslaufs am Rande des Grundstücks. Es ist nicht bekannt, ob es schon immer zum Familienbesitz gehörte oder ob er es speziell für sich nach dem Krieg erworben hat, um sich zurückziehen zu können. Balzac gibt diesem Gelände eine hohe Ähnlichkeit mit dem Gebiet an der Beresina. Diese Ähnlichkeit des Geländes will Philippe nun für seine Konfrontation nutzen. Er gestaltet alles so um, dass es dem Übergang an der Beresina noch ähnlicher wird, lässt Zelte aufstellen und sogar abbrennen und engagiert die Bauern der Umgebung, um Soldaten zu mimen:

> »Tausende Bauern stießen ein furchtbares Geschrei aus, ähnlich dem Hurra der Verzweiflung, das die Russen schrecken sollte, als sich zwanzigtausend Nachzügler [an der Beresina] durch eigene Schuld dem Tode oder der Sklaverei ausgeliefert sahen. Bei diesem [zuvor gefallenen] Schuss und diesem Geschrei sprang die Gräfin [Stéphanie] aus dem Wagen und lief in rasender Angst über die Schneefläche, auf der sie die abgebrannten Zelte sah und unten das unglückselige Floß, das in eine gefrorene Beresina hinabgelassen wurde. Dort stand der Major Philippe und schwang den Degen gegen die Menge.«

Tatsächlich erkennt in einem völlig panischen Moment in all dem fingierten Gemetzel Stéphanie plötzlich Philippe wieder, doch das Ergebnis fällt anders aus als erhofft, denn Stéphanie verfällt in dieselbe Reaktion wie einst und glaubt, zurückversetzt an den Umschlagpunkt der damaligen psychotischen Reaktion, an dem sie nur noch die Chance hat, sich wirklich von Philippe trennen und sich endgültig von ihm verabschieden zu müssen. Sie sagt noch »Adieu« und erliegt einem Herzinfarkt.

Schon die Ähnlichkeit des Landsitzes mit dem Gebiet an der Beresina könnte auf eine Struktur der Wiederholung bei Philippe verweisen, sofern er das Grundstück erst nach dem Krieg erworben hat. Die Inszenierung der expositorischen Konfrontation verweist jedenfalls in Philippes innerer Dynamik auf die Wiederholung des traumatisch Erlebten. Seine konfrontative Exposition gegenüber Stéphanie resultiert also aus seiner eigenen unverarbeiteten Traumatisierung. Zwei Bewältigungsmuster stoßen aufeinander, bei denen sich derjenige durchsetzt, der über die nötige Macht verfügt, oder anders gesagt: dem die Macht dazu eingeräumt wird.

Die Konfrontation mit traumatischen Ereignissen ist keine grundsätzlich falsche Vorgehensweise, allein, die Brachialmethode des Grafen de Sucy führt zu dem, was wir heute eine ›Retraumatisierung in Behandlung‹ nennen. Ein solches Hervorholen eines traumatischen Erlebnisses geschieht erst einmal am besten rein symbolisch, also über Sprache, und nur äußerst behutsam. Das, was Fachleute heute eine ›Exposition‹ nennen, wäre jedenfalls, wenn überhaupt, ein viel späterer therapeutischer Schritt, nachdem die Symbolisierung gelungen ist und psychisch zu einer höheren Stabilität geführt hat.

Am Ende stirbt allerdings auch Philippe, denn er erschießt sich in der Folge dieses Ereignisses. Natürlich handelt es sich bei diesem Tod in erster Linie um eine literarische Formschließung und eine poetische Dramatisierung. Aber das ist nicht alles. Im Schlussabsatz heißt es:

> »Die große Welt unterhielt sich auf unterschiedliche Weise über dieses außergewöhnliche Ereignis, und jedermann suchte nach den Gründen. Je nach Geschmack des einzelnen Schwätzers wurden das Spiel, die Liebe, der Ehrgeiz und geheime Ausschweifungen als Erklärung für die Katastrophe angeführt, die nur die Schlussszene eines 1812 begonnenen Dramas war.«

Auch hier verweist der Autor ganz explizit auf die biografische Gewordenheit der psychischen Reaktionen, die eben nicht vorrangig aus einem ›Charakter‹ resultieren. Zwar ist die Konfrontation im Sinne Philippes gelungen, indem Stéphanie ihn erkennt und sich ihm ·noch einmal in die Arme wirft, doch die Begegnung führt zum Herzstillstand – als wolle sie einem neuerlichen Verlust entkommen. Der Versuch, die Patientin mit aller Gewalt aus ihrer psychotischen Weltwahrnehmung herauszuholen, tötet sie. Derjenige nun, der genau das zu verantworten hat und gleichzeitig sich selbst einen riesigen Verlust zufügt, hält dem psychisch ebenfalls nicht mehr stand und erschießt sich.

Während beide die Überquerung der Beresina überlebt haben, sterben sie nun gemeinsam am Umgang mit den Folgen. Der psychotische Weltrückzug der einen und die Suizidalität des anderen sind biografisch verstehbar als Folgen einer Traumatisierung.

Der Arzt

Schaut man das Verhalten des Arztes an, dann fällt zunächst seine hohe Akzeptanz der psychotischen Reaktion seiner Nichte auf sowie die Gelassenheit, mit der er den Genesungsweg beschreitet. Immerhin nimmt er die inzwischen eingetretenen Verbesserungen wahr, etwa dass sich Stéphanie nicht mehr völlig nackt zeigt. Aus seiner Berufsrolle als Mediziner heraus erkennt er mehr als nur eine psychisch-körperliche Degeneration, er sieht die Fortschritte und hat Hoffnung, geht aber von einer nur langsamen und zudem am Ende offenen Entwicklung aus. Er folgt weder einer festgelegten fachlichen Meinung noch den gängigen sozialen Erwartungen. Philippe de Sucy als Ehemann hingegen erliegt seiner starren Haltung, die »Vernunft« (oder den »Verstand«) zurückbringen zu müssen in seine Frau. Er hat nur wenig Geduld und will schließlich, recht militärisch gedacht und durchgeführt, in einer maximal konfrontativen Exposition, wie oben beschrieben, das psychische Abdriften seiner Frau zurückdrehen, um sie wieder als seine frühere Ehefrau zu gewinnen. Sie soll wieder so sein wie zuvor. Aber nach einer solchen Traumatisierung ist niemand mehr ›wie zuvor‹. Jetzt *in der Konfrontation*, sozusagen in der Behandlung, tritt die endgültige psychische Überforderung Stéphanies ein, was Balzac nur darstellen kann als einen Herzstillstand. Die Psychose hingegen – nun rückblickend betrachtet – stellte eine Überlebensfähigkeit dar.

Was sagt der letzte Schritt auf Philippes Anwesen über die Haltung des Arztes? Indem er die Behandlung aus den Händen gibt, hat er dem Ehemann zu viel Einfluss gegeben und die Rechte, die sich aus der Eheverbindung legitimieren, höher bewertet als den ärztlichen Rat. Anders gesagt: Er hätte sich viel stärker auch Philippes psychischen Reaktionen zuwenden und diesen in seiner Haltung zu Stéphanie ebenfalls fachlich begleiten müssen. Er sieht nicht Philippes Übertragungen auf Stéphanie, zumal Philippe als der Gesunde, als der »Vernünftige« gilt.

Ich werde im Abschlusskapitel noch einmal am Beispiel des Arztes Horace Bianchon zeigen, wie sehr der Arzt bei Balzac zu jemandem wird, der mehr sieht als leibliche Symptome und immer wieder auf soziale und psychodynamische Verstrickungen anderer Figuren hinweist. Ich zeige dort, dass der Arzt historisch den Priester abzulösen begonnen hat, dass die entscheidende Kraft eines Arztes aber eben darin liegt, die Lebensbedingungen und die psychodynamischen Auswirkungen in seine Analyse und in die Behandlung einzubeziehen.

Die den Menschen überfordernden Erfahrungen

Im vorletzten Satz der Erzählung *Adieu!* drückt Balzac seine ›Weisheit‹ bezüglich Philippe de Sucy aus, indem er schreibt: »Einzig zwei Menschen, ein Justizbeamter und ein alter Arzt, wussten, dass der Graf de Sucy einer jener starken Menschen war, denen Gott die unglückselige Kraft verleiht, jeden Tag als Sieger aus einem furchtbaren Kampf hervorzugehen, den sie einem unbekannten Monster liefern.« Im Text wird dieses Monster erst in der Fassung von 1834 zu einem »unbekannten«.

Honoré de Balzac war sicherlich kein tiefgläubiger Mensch, dennoch kommt er öfter in seinen Texten ohne eine Konstruktion ›Gott‹ nicht aus. Er scheint sich dabei eine Institution gedacht zu haben, die irgenwann irgendwo jedem Menschen eine Art Gerechtigkeit widerfahren lässt. Senken wir diese Konstruktion auf eine profane Ebene, dann ließe sich ›Gott‹ auch als ›Seele‹ bzw. ›Psyche‹ verstehen. Dann wiederum würde der Mensch in sich selbst einen ›Kampf‹ austragen, bei dem er zwar über große Kräfte verfügt (Resilienz), aber eben doch gegen ein *unbekanntes* Monster zu bestehen hat. Könnte es sich bei diesem Monster um unsere *unbewussten,* von massiven Kränkungen und Traumatisierungen gespeisten Insuffizienzen handeln, die oft eine konstruktive Bewältigung einschneidender Lebensereignisse verhindern?

Balzac hat für die Darstellung der Stéphanie auf ein schon älteres Buch zurückgegriffen, das erstmals 1761 erschienen war. Es handelt sich um einen Bericht über ein »wildes Mädchen« *(Histoire d'une fille sauvage trouvée dans les bois à l'age de dix ans).* Auf ausgesetzte Kinder, die in den Wäldern irgendwie überlebt hatten, war man vereinzelt im 18. Jahrhundert gestoßen. Bekannter als dieses Mädchen wurde etwas später der Junge ›Victor von Aveyron‹, weil der Arztes Jean Itard eine ausführliche Darstellung mit dem Titel *Mémoire et rapport sur Victor l'Aveyron* veröffentlicht hatte. Berühmt geworden ist diese Geschichte durch die Verfilmung von François Truffaut (deutsch *Der Wolfsjunge*).

Mit der Rückkehr Stéphanies in die soziale Gemeinschaft verbindet sich in der *Menschlichen Komödie* ein weiterer, ähnlich strukturierter Text: *Oberst Chabert.* Dieser Oberst ist im Krieg für tot gehalten worden und wurde in einem Massengrab mitverscharrt. Doch er lebte und grub sich wieder aus. Ebenfalls hoch traumatisiert, kehrte er in eine nachnapoleonische Gesellschaft zurück, in der ihm zuerst aberkannt wird, der zu sein, der er zu sein behauptet. Sein Fazit: »Ich war unter Toten begraben, nun bin ich's unter Lebenden.« Später erreicht er aber doch zumindest eine Teilrehabilitation.

Oberst Chabert hat als robuster Soldat zwar seine Kriegsverletzung und sogar das Verscharrtsein inmitten von Leichen überlebt, zur (zweiten und eigentlichen) traumatischen Erfahrung wird nun aber seine Rückkehr in die Gesellschaft. Man verweigert ihm die Anerkennung, dass er der ist, der er ist. Mal hält man ihn für einen Schwindler, mal für einen psychisch Kranken. »Schließlich noch das Fehlen jeder Körpererregung, jeder Wärme im Blick, verbunden mit einem gewissen Ausdruck traurigen Irreseins, mit allen erniedrigenden Anzeichen, durch die der Idiotismus charakterisiert ist, um aus der Erscheinung eines Mannes etwas Unheilvolles zu machen, das menschliche Worte auszudrücken zu schwach sind.« Und zwischenzeitlich haben ihm seine Frau und ihr neuer Mann sogar sein ganzes

Vermögen genommen. Mehr noch, die Frau bestreitet zunächst, dass es sich überhaupt um ihren ersten Ehemann handelt – denn sie will ihren sozialen Aufstieg nicht von diesem unansehnlichen und schrullig wirkenden Mann zunichte machen lassen.

Chabert ist damit ein Vorläufer jenes Beckmanns in Wolfgang Borcherts Theaterstück *Draußen vor der Tür* und auch jener Soldaten, wie sie etwa in den USA nach dem Ersten Weltkrieg als ›lost generation‹ bezeichnet wurden. Diese heimkehrenden und völlig deplatziert wirkenden und ausgegrenzten Soldaten mit ihren Traumatisierungen finden sich in einigen Texten von Ernest Hemingway, der selbst am Ersten Weltkrieg teilgenommen und nur schwer verletzt überlebt hatte, in E. E. Cummings *Der ungeheure Raum,* John Dos Passos' *Drei Soldaten* oder in William Faulkners *Soldatenlohn.*

Auch wenn Balzac also rein spekulativ zwei zudem weit auseinanderliegende historische Ereignisse ohne eigene Anschauung verwendet, ist sein Durchdringen und literarisches Gestalten dieser Konflikte erstaunlich und verblüffend. *Adieu!* zeigt, wie aufmerksam Balzac schon in jungen Jahren das zwischenmenschliche Treiben beobachtet hat und dass er in seinen über die verschiedenen Fassungen hinweg veränderten Formulierungen psychodynamische Aspekte immer wieder auch gezielt hervorgehoben hat. Selbst eine psychotische Dekompensation ist für ihn eine verstehbare und einfühlbare menschliche Reaktion auf brutale psychische Überforderung. Und mehr noch: Sie kann eine Überlebensstrategie sein. Realhistorisch wird es noch sehr lange dauern, bis die Psychiatrie zu dieser Erkenntnis gelangt.

Vom Pfarrer über den Arzt hin zum Psychotherapeuten – das überforderte Individuum sucht Hilfe

Honoré de Balzac hat die gesellschaftlichen, kulturellen und sozialen Veränderungen seiner Zeit ebenso genau beobachtet wie die daraus resultierenden Verhaltensänderungen der Menschen. Er hat dies – frührealistisch – in Szenen umzusetzen verstanden und dabei eine Vielzahl von Rückschlüssen auf die Psychodynamiken der Individuen ermöglicht. Der ›mentalitätsgeschichtliche‹ Prozess, der in die Moderne führte, die Veränderungen im Literatursystem mit neuen ästhetischen Ansätzen (Roman, Realismus etc.) und die insgesamt ›empirischer‹ werdenden wissenschaftlichen Betrachtungen des menschlichen Lebens haben den Blick auf individuelles Handeln und Verhalten neu ausgerichtet. Die Korrelation von alltagsweltlichem ›Mensch‹ und narrativ-fiktiver ›Figur‹ veränderte sich damit in der Literatur. Literarische Figuren wurden nicht mehr aus der rhetorischen Tradition heraus und typenhaft entwickelt, sondern stärker an die real beobachteten Menschen im Alltag angelehnt. Auf der Ebene der literarischen Wirkung wurde dadurch auch das Wiedererkennen der Lesenden von sich selbst im Text deutlich intensiviert.

Innerhalb dieser Entwicklungslinie liegt auch, dass religiöse Jenseitsvorstellungen an Plausibilität verloren. Seit den ›Philosophen‹, für die ganz besonders der Name Voltaire steht, gerieten Behauptungen in Abrede, es gebe einen Gott in einem jenseitigen Paradies (mit dem Fegefeuer als Zwischenstation und der Hölle als Ort ewiger Verdammnis), der nach dem Tod jeden Einzelnen im Sinn einer höheren Gerechtigkeit ›richte‹. Zudem war die Institution Kirche mit ihrer Macht und in ihrer Allianz mit den weltlichen Herrschern längst ihrer sowohl heuchlerischen als auch ausbeuterischen Struktur überführt worden. Ihre doppelzüngige Moral war durchschaut als Unterdrückungs- und Ruhigstellungselement gegenüber breiter Bevölkerungskreise.

Nicht nur, dass priesterliche Beschwichtigungen und ihre moralischen Ermahnungen ganz besonders in Krisen nicht mehr griffen, das moderne Individuum brauchte zudem fortan neue ›professionelle‹ Unterstützungsangebote für die psychische Stabilisierung. Es ist abermals Balzac, der auf bemerkenswerte Weise auch diese Wandlung beobachtet und narrativ umgesetzt hat. In *Die Frau von dreißig Jahren* markiert er diesen historischen Kipppunkt in verblüffender Präzision.

Das Scheitern des Priesters als Seelsorger

Im Oktober 1833 bot sich für Balzac die Gelegenheit, mit einer Verlegerin einen neuen Vertrag abzuschließen über die erstmals zwei Jahre zuvor erschienenen *Szenen aus dem Privatleben,* die er in dieser dritten Edition mit neuen Texten erweitern wollte. In einem Brief vom 16. April 1834 spricht er der Verlegerin gegenüber davon, die vier Teilbände dieser Szenen um weitere vier Druckbogen zu ergänzen. Im Vorwort vom März 1834 zu diesem *Même histoire* betitelten Buch, das später zu *Die Frau von dreißig Jahren* gehören wird, erwähnt er ausdrücklich, nun ein Fragment eingefügt zu haben, das er *Unbekannte Leiden* genannt habe. Es handelt sich um den zweiten Teil des späteren Romans. Mit Datum vom 26. August 1834, kurz vor dem Erscheinen des Buches, schreibt er seiner späteren Ehefrau Evelina von Hanska:

> »Sie werden es lesen, werden die *Unbekannten Leiden* lesen, an denen ich vier Monate geschrieben habe, es sind vierzig Seiten, und ich habe keine zwei Sätze pro Tag geschrieben. Es ist ein einziger furchtbarer Aufschrei, der keinen Anspruch auf dramatisches Pathos erhebt, keine stilistische Glanzprobe sein will, denn es sind der Gedanken zu viele darin, zu viel des Tragischen, um es auszudrücken. Aber da alles auf Wahrheit beruht, wirkt es erschütternd. Noch nie zuvor hat mich eine Arbeit so tief bewegt.«

Die Einfügung dieser Szene und die mit ihr verbundenen psychosozialen Beobachtungen sind in der Tat von kulturhistorischer Bedeutung. Balzac beschreibt in diesem Text die depressive Krise einer sechsundzwanzigjährigen Frau, deren Leben soeben in die Brüche gegangen ist und die sich weitgehend aus dem sozialen Leben zurückzieht. Sie ist aus Paris geradezu geflohen und lässt sich in der Provinz nieder. Ihr rücksichtsloser Ehemann hat kein besonderes Interesse mehr an ihr und behandelt sie zuweilen sehr abwertend und zutiefst kränkend. Die junge Frau hatte zwar einen Liebhaber, dem gegenüber sie tiefe Liebe empfunden hatte und ihre Gefühle von ihm auch bestätigt bekam, aber dieser Mann ist mit einem Suizid aus dem Leben gegangen, da er keine Chance mehr sah, eine legitime Verbindung mit der Geliebten eingehen zu können.

In der Folge empfindet Julie d'Aiglemont den Boden unter ihren Füßen schwanken, eine positive Zukunftsperspektive kommt ihr völlig abhanden, eine glückliche Wendung im Leben erwartet sie nicht mehr. Balzac schreibt:

»Die Frau war sechsundzwanzig Jahre alt. In diesem Alter will eine noch von poetischen Illusionen erfüllte Seele den Tod genießen, wenn er sie eine Wohltat dünkt. [...] Die Marquise litt tatsächlich zum ersten und vielleicht zum einzigen Mal in ihrem Leben. Ist es etwa nicht ein Irrtum, zu glauben, Gefühle würden sich wiederholen? Existieren sie nicht vielmehr für immer in der Herzenstiefe, wenn sie einmal erblüht sind? Dort beschwichtigen sie sich, erwachen aber wieder, je nach den Wechselfällen des Lebens; sie verharren dort, und ihr Verbleiben verändert, wie es nicht anders sein kann, die Seele. [...]
Warum hat dieses Unglück nie seinen Maler, seinen Dichter gefunden? Aber könnte es denn gemalt, könnte es besungen werden? Nein, die Natur der Schmerzen, die es erzeugt, entzieht sich der Analyse und den Farben der Kunst. Überdies werden diese Leiden nie jemandem anvertraut: Um eine Frau darüber hinwegzutrösten, müsste man sie zu erraten wissen, denn da sie stets voll Bitterkeit umschlungen und

fromm empfunden werden, bleiben sie in der Seele wie
eine Lawine, die, wenn sie zu Tal stürzt, alles zerstört,
ehe sie dort ihren Platz findet. [...]
Sie litt durch sich und für sich. So zu leiden, heißt das
nicht, den ersten Schritt in den Egoismus zu tun? So
glitten denn furchtbare Gedanken durch ihr Gewissen
und verwundeten es. Sie prüfte sich gewissenhaft und
fand in sich zwei Seelen. Eine Frau war in ihr, die
überlegte, und eine, die fühlte. [...]
Ihr inneres Ich hatte die Fähigkeit verloren, die Ein-
drücke in der köstlichen Neuheit zu genießen, die
dem Leben so viel Heiterkeit verleiht.«

Da die Ankunft der jungen, sehr attraktiven und gebildeten
Frau im Ort einige Aufmerksamkeit auf sich zieht, sprechen
nach und nach einige der Honoratioren bei ihr vor. Die örtliche
Elite wünscht, sie einzubeziehen und vielleicht auch für das eine
oder andere Vorhaben zu gewinnen. Unter jenen, die sich bei
ihr melden lassen, ist auch der Pfarrer. Julie ihrerseits ist sehr
aufklärerisch erzogen worden, und sie heißt den Priester zwar
willkommen, verbindet mit ihm aber keine besonderen Erwartungen, sondern setzt voraus, er wolle von ihr etwas Geld für
die Armen.

Der Pfarrer erschrickt über diese Dame, die doch noch so
jung, aber schon so desillusioniert, so verbittert und ohne
Hoffnung ist. Zwischen Julie und dem Pfarrer entspinnen sich
immer wieder Diskussionen, in denen eine weltliche und eine
religiöse Sicht auf das Leben um die Deutungshoheit und um
die Macht ringen. Über Julie heißt es:

»Die Marquise war ein Kind des achtzehnten Jahrhunderts, dessen philosophischer Glaube auch der ihres Vaters gewesen war. Sie nahm an keinen religiösen
Ritualen teil. Für sie war ein Priester ein öffentlicher
Beamter, dessen Nützlichkeit ihr als bestreitbar erschien. In der Lage, in der sie sich befand, konnte die
Stimme der Religion ihre Leiden nur noch verstärken;
außerdem glaubte sie weder an Dorfpfarrer noch an
deren Erleuchtungen.«

Der Pfarrer, der keine Almosen von Julie annehmen will und dennoch die Gespräche fortsetzen möchte, bleibt ebenfalls in seinem eigenen Deutungssystem. Er sieht Julies Seele vom Teufel bedroht, der sie auf die Seite des Bösen ziehen wolle. Doch der Priester muss zunehmend einsehen, dass sein Tun zum Scheitern verurteilt ist. Schließlich spricht er eine drohende Prophezeiung aus:

> »Madame, Sie werden sich nicht eher wieder Gott zuwenden, ehe nicht seine Hand schwer auf Ihnen lasten wird, und ich wünsche Ihnen, dass Sie genug Zeit haben mögen, Ihren Frieden mit ihm zu finden […]. Sie sind taub gegenüber der Stimme der Religion, wie es alle Kinder dieses Jahrhunderts ohne Glauben sind. Die Gelüste der Welt erzeugen nichts als Leiden […].«

Und nun kehrt Julie das religiöse Deutungsmuster des für die Menschen gestorbenen Jesus um und antwortet:

> »Ich werde Ihre Weissagung Lügen strafen […], ich werde dem treu bleiben, der für mich gestorben ist«, womit sie den ehemaligen Geliebten meint.

Zunehmend ist der Pfarrer mit seinem Latein am Ende. Diese philosophisch gebildete und wortgewandte junge Frau ist mit religiösen Mustern einer an einen jenseitigen Richter gebundenen Deutung nicht mehr zu überzeugen, mehr noch, auch nicht mehr zu erschrecken.

Der Priester resigniert schließlich, und die entsprechende Textpassage Balzacs ist beinahe prophetisch:

> »Trotzdem entfaltete er die Ausdauer eines Apostels und kam noch mehrmals wieder; stets führte ihn die Hoffnung her, diese so edle und stolze Seele Gott zuwenden zu können; aber er verlor den Mut an dem Tag, als er sich bewusst wurde, dass sich die Marquise nur deshalb so gern mit ihm unterhielt, weil es ihr guttat, von dem zu sprechen, der nicht mehr war. Er wollte sein heiliges Amt nicht herabwürdigen, indem er sich zum Kuppler einer Leidenschaft **machen**. Er hörte mit diesen Gesprächen auf und beschränkte sich

nach und nach in seiner Unterhaltung auf allgemeine Umgangsformen der Höflichkeit.«

Der Priester ist nicht in der Lage, zu erkennen, dass es das Sprechen selbst ist, das dieser depressiven Frau hilft. Er hat mehr Angst davor, sich selbst moralisch zu »beschmutzen«, indem er offen über Liebesverhältnisse spricht, als sich einem ›weltlichen‹ Thema zu stellen. Das Leiden, das Julie d'Aiglemont quält, ist kein moralisches, sondern ein psychodynamisches. Im Grunde glaubt sie sich moralisch sogar im Recht, denn es sind bloße gesellschaftliche Konventionen, die sie dafür verantwortlich hält, dass sie in eine solche Situation geraten ist. Als der Pfarrer einmal versucht, sie mittels ihrer sozialen Verantwortung von suizidalen Gedanken abzubringen, und auf ihre Pflichten als Mutter verweist, antwortet sie lebhaft:

»›Schon wieder Pflichten!‹, rief sie voller Ungeduld. ›Aber woher soll ich die Gefühle nehmen, die uns die Kraft geben, sie zu erfüllen? Mein Herr, von nichts kommt nichts und für nichts bekommt man nichts; das ist eines der gerechtesten Gesetze der Natur und der Moral und der Physik. Verlangen Sie etwa, dass die Bäume ihr Blattwerk ohne den Saft hervorbringen, der es sprießen lässt? Auch die Seele braucht ihren Saft! Bei mir ist der Saft schon in der Quelle versiegt.‹«

Balzac verweist hier mit seiner Protagonistin darauf, dass sich der Mensch der Moderne aus rigiden religiösen genauso wie sukzessive aus gesellschaftlichen Konventionen löst und individuell ein biopsychosoziales Balanceverhältnis herstellen muss. Damit zeigt sich aber auch, dass die gesellschaftliche Befreiung des Individuums immer auch Arbeit ist und jedem Einzelnen viel abverlangt. Ein bloßer Verweis auf einen egal ob gütigen oder strafenden Gott büßt alle Überzeugungskraft ein.

Diese Beobachtungen Balzacs lassen sich noch unterstreichen, wenn man sich die Genese dieser Textstellen ansieht. Das Manuskript dieses zweiten Romanteils ist mit dem 15. August 1834 datiert. Balzac hat also offenbar auch noch daran weitergeschrieben, als das Vorwort längst verfasst war. Das Konzept lag vor, an den Details feilte er noch.

Der Textschluss mit dem Rückzug des Priesters ist ebenfalls kurz vor der Veröffentlichung noch leicht bearbeitet worden. Dabei fällt ins Auge, dass Balzac gerade die Haltung des Pfarrers noch einmal konturiert hat. Im Manuskript steht noch der Satz:

»Der geduldige Priester kehrte mehrmals zurück, um sie [Julie] zu sehen, aber er hütete sich davor, zurückzukehren zur Konversation über ein so delikates Thema.«

Stattdessen fügte er die oben bereits zitierten Sätze ein:

[Er] »kam noch mehrmals wieder; stets führte ihn die Hoffnung her, diese so edle und stolze Seele Gott zuwenden zu können; aber er verlor den Mut an dem Tage, als er sich bewusst wurde, dass sich die Marquise nur deshalb so gern mit ihm unterhielt, weil es ihr guttat, von dem zu sprechen, der nicht mehr war. Er wollte sein heiliges Amt nicht herabwürdigen, indem er sich zum Kuppler einer Leidenschaft machte. Er hörte mit diesen Gesprächen auf und beschränkte sich nach und nach in seiner Unterhaltung auf allgemeine Umgangsformen der Höflichkeit.«

Es geht nun darum, nicht mehr zu einem »delikaten« Thema zurückzukehren, weil sich das nicht ziemt und das Priesteramt beschädigten könnte. Der Priester fühlt sich herabgewürdigt, ist gekränkt und zieht sich zurück. Er hat nicht erreicht, was *er* wollte, nun ist er beleidigt. Damit scheitert er nicht nur als ›Therapeut‹, sondern auch als *Seel*sorger. Das, was für die Frau hilfreich wäre, will und kann er nicht geben. Nicht nur sein Deutungsmuster, sondern auch sein interaktives Muster greift nicht mehr. Mehr noch, er muss einräumen, dieser Frau kommunikativ unterlegen zu sein. Die Wende zum Weltlichen überfordert ihn.

Wie sehr Balzac diese Dimension herausgearbeitet hat, lässt sich an weiteren Korrekturen ablesen (das kursiv Gesetzte ist später noch in der erschienenen 1834er-Fassung korrigiert worden):

»Madame, Sie werden sich nicht eher wieder Gott zuwenden, ehe nicht seine Hand schwer auf Ihnen lasten wird, *und ich wünsche Ihnen, dass Sie genug Zeit haben mögen, Ihren Frieden mit ihm zu finden [...].*«

Ebenso:

»Sie sind taub gegenüber der Stimme der Religion, *wie es alle Kinder dieses Jahrhunderts ohne Glauben sind.*«

In der endgültigen Fassung von 1842 macht Balzac einen weiteren längeren Zusatz, der markiert, dass der geduldige Apostel längst resigniert hat (siehe wieder das kursiv Markierte):

»Das Kraftvolle der Klagen, die die Marquise sich hatte entschlüpfen lassen, hatte ihn traurig gestimmt. *Da er das menschliche ›Ich‹ in seinen tausend Formen kannte, hielt er es für aussichtslos, dies Herz zu erweichen, das das Leid ausgedörrt hatte, anstatt es empfänglich zu machen; das Samenkorn des himmlischen Sämanns konnte darin nicht keimen, da seine milde Stimme von dem lauten, schrecklichen Lärm des Egoismus übertönt worden war.* Trotzdem entfaltete er die Ausdauer eines Apostels [...].«

Allerdings hatte der Pfarrer durchaus einen vielversprechenden Impuls gezeigt. Nachdem er der Marquise ausführlich davon erzählt hatte, was ihn selbst zum Glauben geführt hatte und welches Leid und welche Verluste er selbst hatte ertragen müssen, erscheint folgende Passage, in der der Priester nicht nur seine eigene Verletzlichkeit, sondern auch seine Demut als bescheidener Dorfpfarrer preisgibt:

»Kurze Zeit herrschte Schweigen. Die Marquise und der Pfarrer schauten durch das Fenster in die neblige Weite, als könnten sie dort die erblicken, die nicht mehr waren.

›Nicht Priester in einer Stadt, sondern schlichter Dorfpfarrer‹, fuhr er fort.

›In Saint-Langes‹, sagte sie und wischte sich die Augen.

›Ja.‹

Nie zuvor hatte sich die Majestät des Schmerzes Julie
größer dargestellt; und jenes ›Ja‹ fiel ihr schwer aufs
Herz, wie das Gewicht unendlichen Leids. Jene Stimme, die weich an ihr Ohr drang, wühlte sie bis ins In-
nerste auf. Ja, das war wirklich die Stimme des Un-
glücks, diese volle, ernste Stimme, die mit einem
durchdringenden Fluidum beladen schien.

›Monsieur‹, sagte die Marquise beinahe ehrfürchtig,
›wenn ich nicht sterbe, was soll dann aus mir werden?‹

›Haben Sie nicht ein Kind?‹

›Ja‹, sagte sie kalt.

Der Pfarrer warf auf diese Frau einen Blick gleich
dem, den ein Arzt auf einen in Gefahr befindlichen
Kranken lenkte; er beschloss, all seine Kräfte einzusetzen, um sie dem Geist des Bösen streitig zu machen, der schon die Hand nach ihr ausstreckte.

›Sehen Sie, Madame, wir müssen mit unseren Schmerzen leben, und einzig die Religion spendet uns wahren
Trost. Erlauben Sie mir wohl, wiederzukommen und
Sie die Stimme eines Mannes vernehmen zu lassen, der
alles Leid mitzufühlen weiß und der, wie ich glaube,
nicht gerade erschreckend wirkt?‹«

Hier herrscht der tiefste Moment zwischen beiden. Sie sind im
Leid vereinigt. Der Priester hat von sich erzählt und damit seine
Empathiefähigkeit belegen wollen. Jetzt entsteht eine zwischenmenschliche Wärme, die auch die Marquise erreicht. Sie
gestattet ihm, wiederzukommen. Aber es gelingt dem Priester
nicht, an diesen Moment anzuschließen. Warum nicht? Weil er
das Leid der jungen Frau dazu hernimmt, einen Kampf *um sie,*
aber nicht *für sie* zu führen. Er will stärker als der Teufel sein
und den Sieg davontragen. Es geht nicht um die Frau und ihr
Leiden, es geht allein um den Priester und *sein* Seelenheil, das er
sich von Gott verspricht und durch den Kampf gegen den Teufel zu verdienen hofft. Und dafür gibt es eben nur den ›einen,
richtigen‹ Weg. Sie soll tun, was er für sie für richtig und gut
hält, fromm werden nämlich. Als der Pfarrer nun merkt, dass er
verlieren wird, zieht er sich zurück und kümmert sich nicht

mehr um sie. Sie wird ihm egal. Er hat den kurzen Moment, in dem er sie innerlich erreicht hatte, auch schon wieder verspielt.

Die Fähigkeit, die Balzac beim Pfarrer kurz durchblicken lässt, lautet: »Der Pfarrer warf auf diese Frau einen Blick gleich dem, den ein Arzt auf einen in Gefahr befindlichen Kranken lenkte [...].« Ja, es werden Ärzte sein, die den Pfarrer in der Sorge um die Seelen der anderen ablösen werden.

Der Blick in den Kopf – Ärzte im Vormarsch

Der (angehende) Arzt Horace Bianchon gehört zu den am häufigsten auftretenden Figuren der *Menschlichen Komödie* und bekommt in *Vater Goriot* eine erste größere Rolle zugeschrieben. Er ist hier (1819) noch ein Medizinstudent und lebt in der etwas heruntergekommenen Pension Vauquer, in der er die Bekanntschaft mit Eugène de Rastignac macht – siehe auch die Erzählungen *Frauenstudie, Die Entmündigung, Das Bankhaus Nucingen,* um nur diese zu nennen. Die beiden bleiben Freunde. Sein erstes bedeutendes Eingreifen als angehender Arzt ist nicht, Goriot zu helfen, dessen Kräfte allmählich schwinden und den er schließlich sterben sieht, sondern dem Kriminellen Jacques Collin ein Brechmittel einzugeben und ihn körperlich zu untersuchen, wodurch letztlich dessen kriminelle Herkunft aufgrund der Sträflingstätowierung bekannt wird.

Bianchon ist sehr einfühlsam und zugewandt, allerdings geht es in seinen Auftritten kaum mal darum, ein medizinisches Hilfsmittel zu geben. Warum ist das so? Weil Balzac in seinem Blick auf menschliches Leiden ganz andere Zusammenhänge erkennt, nämlich dass es bei psychischen Störungen keiner medizinischen Maßnahmen wie Aderlass oder Tinkturen bedarf – bestenfalls kann mal ein Beruhigungstee helfen –, sondern dass die Figuren bei ihrem Leid eines menschlichen Zuspruchs bedürfen. Diesen Zuspruch können Priester nicht mehr geben, es ist der psychologisch sensible Mediziner, der fortan das Leiden wenn auch vielleicht nicht immer heilen, aber zumindest den Weg zur Bewältigung anleiten kann.

Diesen sensiblen Blick gibt Balzac seinen Arzt-Figuren mit, wie im vorherigen Kapitel bereits gezeigt. Und Horace Bianchon gibt er einen Lehrer, der diese Fähigkeit vorlebt und ihm vermittelt. Es handelt sich um die Figur des Chirurgen Desplein (siehe *Die Messe der Atheisten*). Diese Figur ist dem realen Baron Guillaume Dupuytren nachempfunden, der als ein ärztliches Genie seiner Zeit galt. Insgesamt war in der Familie Balzac das Interesse am medizinischen Wissen groß, Honorés Vater besaß eine Reihe medizinischer Handbücher und hatte ein sehr gutes Verhältnis zu dem Arzt Jean-Baptiste Nacquart, der sich um alle in der Familie kümmerte, auch noch um Honoré im Älterwerden.

Hatte sich das Rollenverständnis von Ärzten mit Philippe Pinel und Jean Étienne Dominique Esquirol und dann mit Jean Itard in der Salpêtrière bereits verändert hin zu einem empirischen Blick auf psychische Störungen und Geisteskrankheiten, so wurde in der zweiten Hälfte des 19. Jahrhunderts der Arzt zu einer bedeutenden sozialen Erscheinung. Auch als Politiker traten sie zunehmend auf, was zuweilen zu der Lästerei führte, eines Tages werde noch ein Arzt Präsident des Landes – da bis dahin nur Adlige einen Staat hatten führen können, war die Vorstellung eines Staatspräsidenten mit einem (bürgerlichen) Beruf eher amüsant.

Die französische Literatur des 19. Jahrhunderts spiegelt diese Bedeutung des Arztes. Sieben Jahre nach Balzacs Tod setzte Gustav Flaubert Charles Bovary als Arzt in Szene (*Madame Bovary*, 1857), zwar als schlecht gebildete und naiv-unbeholfene, wohl aber als menschlich warmherzige und zugewandte Figur. Im Jahr 1893 wird Émile Zola in *Doktor Pascal* einen Arzt den Schlusspunkt seines Rougon-Macquart-Zyklus setzen lassen. Pascal Rougon soll als Vertreter Zolas dessen eigene Haltung mit einer ›empirischen‹ Theorie der Vererbung und des Lebens überhaupt den Weg weisen in die fortschrittliche Medizin des 20. Jahrhunderts. Was Balzac mit seinem Blick erschlossen hatte, wird Zola mit seiner Vererbungshypothese allerdings wieder verstellen. Der biologistisch orientierte Arzt rennt in eine Sackgasse.

Im damals verfallenden Cour de Rohan erfährt der Chirurg Desplein *(Die Messe der Atheisten)* tiefe Solidarität inmitten existenzieller Armut. Das macht ihn in seinem Beruf später so empathisch, was er dann auch seinem Schüler Horace Bianchon vermittelt (Boulevard Saint-Germain im 6. Arrondissement in Paris).

Die Morgendämmerung der Psychoanalyse

Ein aufschlussreiches Beispiel für die (noch fehlende) Entwicklung hin zu neuen Methoden der Seelsorge bietet ein Text aus dem Jahr 1865, nämlich der Roman *Germinie Lacerteux* der Brüder Jules und Edmond de Goncourt.

Die Hauptfigur ist eine junge Frau aus armen Verhältnissen, die in Paris bei einer alten, unverheirateten Dame die Stelle eines Hausmädchens antritt. Insgesamt zuverlässig und loyal, hadert Germinie dennoch mit ihrem Leben. Sie fragt sich, was aus ihr werden wird, ob sie einmal heiraten kann und auch Kinder bekommen wird. Germinie ist zudem tief religiös, empfindet gleichwohl ein (sexuelles) Begehren, auch wenn sie im Kontakt mit Männern reichlich unsicher und unbeholfen ist (Übersetzung: Curt Noch).

»Als Germinie die Stellung bei Fräulein von Varandeuil angetreten hatte, verfiel sie in tiefe Frömmigkeit und hatte für nichts anderes als die Kirche etwas übrig. Sie gab sich allmählich ganz der Süßigkeit der Beichte hin, der halblauten, heiteren und gleichförmigen Stimme des Priesters, die aus dem Dunkel kam, den Befragungen, die einem Streicheln mit zärtlichen Worten glichen, von denen sie erfrischt, leicht, befreit und glücklich wegging, mit einem Gefühl von Wohligkeit und Erleichterung, als wären alle empfindlichen und schmerzhaften Wunden ihres Seins verbunden worden.«

Über den Priester heißt es:

»Der Priester war jung. Er war gut. Er hatte das Leben der Welt gelebt. Ein großer Kummer hatte ihn als völlig Gebrochenen das neue Gewand anziehen lassen, in das er sein Herzleid mitnahm. Er war im tiefsten Grunde Mensch geblieben und lauschte in trauerndem Mitleid dem Schlag eines unglücklichen Dienstmädchenherzens. Er begriff, dass Germinie ihn brauchte, dass er sie aufrechthielt, dass er sie stärkte, dass er sie vor sich selbst beschützte und vor den Versuchungen ihrer Natur bewahrte. Er fühlte in seinem Innern eine schwermütige Sympathie für diese zarte Seele, für dieses zugleich leidenschaftliche und weiche junge Mädchen, für diese Unglückliche, die, ihr selbst unbewusst, mit Seele und Leib zur Liebe bestimmt war und in ihrer ganzen Person ihre Veranlagung anklagte. Durch die Erfahrung seiner Jugend hellsichtig geworden, erstaunte und erschrak er zuweilen vor dem Leuchten, das von ihr ausging, vor der Glut, die beim inbrünstigen Gebet in ihren Augen aufloderte, vor dem Abgrund, an dem ihre Geständnisse entlangglitten, vor ihrem ständigen Zurückkommen auf die Vergewaltigungsszene, in der ihr durchaus aufrichtiger Abwehrwille dem Priester durch einen Taumel ihrer Sinne besiegt worden zu sein schien, der stärker gewesen war als sie.«

Das empathische Gespräch im Beichtstuhl hat Folgen:

»Bald wurde der Beichtstuhl im Denken Germinies der Ort eines verehrungswürdigen und heiligen Stelldicheins. Ihm galt alltäglich ihr erster Gedanke, ihr letztes Gebet. Den ganzen Tag lang kniete sie gleichsam in Gedanken dort, und auch während der Arbeit trat er ihr immer wieder vor Augen: sein Eichenholz mit dem vergoldeten Gitter, sein Giebel mit dem vergoldeten Engelskopf, sein grüner Vorhang mit den unbewegten Falten und der geheimnisvollen Schatten zu beiden Seiten. Es schien ihr, als ob jetzt ihr ganzes Sein dort gipfele und all ihre Stunden dorthin zielten. Sie lebte die Woche über nur für den einen, ersehnten, verheißenen, erflehten Tag.«

Doch auch dieser Priester, der zunächst bereit ist, sich den Erfahrungen, dem Begehren und den Erzählungen dieser jungen Frau zu stellen, kann schließlich nicht mehr anders: Er bricht den Kontakt in jenem Augenblick ab, in dem er selbst sich bewusst wird, dass sie ihre sexuellen Wünsche auf ihn überträgt:

»Ihren Blicken, ihrem Erröten, dem, was sie ihm nicht sagte, und dem, was sie erstmalig ihm zu sagen sich erkühnte, entnahm er, dass sich die Frömmigkeit seines Beichtkindes verirrte und in Selbsttäuschung erhitzte. Sie lauerte ihm nach Beendigung des Gottesdienstes auf, folgte ihm in die Sakristei, heftete sich an seine Fersen und lief ihm in der Kirche hinterher. Der Beichtvater suchte Germinie zu belehren und diese Liebesglut von sich abzuwenden. Er wurde zurückhaltender und bewaffnete sich mit Kälte. Über diesen Wandel und die Gleichgültigkeit verzweifelt, gestand ihm Germinie eines Tages, erbittert und verletzt, in der Beichte die Hassgefühle, die sie gegen zwei junge Mädchen, die Lieblingsbeichtkinder des Geistlichen, hege. Daraufhin schickte sie der Priester ohne Erklärung weg und verwies sie an einen anderen Beichtiger.«

Man kann in diesem jungen Mann, der sich erst aufgrund eigenen Kummers für das kirchliche Leben entschieden hat, einen Priester sehen, der sich zwar ›weltoffen‹ und lebensweltlich auch den innersten Problemen seiner Beichtkinder widmet, der aber dann den Rückschritt wählt, als ihn eine junge, hübsche, ehrliche Frau womöglich in die sexuelle Versuchung treibt. Da er sich für ein zölibatäres Leben entschieden hat, weicht er vor dieser Herausforderung zurück. Immerhin aber verweist er Germinie an einen Kollegen; trotzdem fühlt sie sich zurückgewiesen und verliert ihn.

Für das, was die obigen Zitate ausdrücken, wird die Psychoanalyse um die dann folgende Jahrhundertwende das Begriffspaar Übertragung – Gegenübertragung entwickeln und für die dahinterstehende Dynamik mehr und mehr ›heilend‹ einzusetzen wissen. Anders als in *Die Frau von dreißig Jahren* von Balzac ist der junge Priester der Goncourt-Brüder durchaus in der Lage, Germinies innere Wünsche anzuhören und zu tolerieren, was ihm aber nicht gelingt, ist, sich dem auch dann noch zu stellen, als Germinie ihr vorhandenes Begehren auf ihn zu übertragen beginnt. Hier muss er sie entschieden zurückweisen (seine Gegenübertragung, um sein eigenes Begehren unter Kontrolle zu behalten).

Die Erkenntnis dieser Übertragung-Gegenübertragung-Dynamik war auch in der Psychoanalyse nicht sofort in ihrem vollen Ausmaß durchschaut, geschweige denn gezielt und wir kungsvoll eingesetzt. Es ist ein Fallbeispiel aus der Arbeit von Josef Breuer in Wien, das in der Geschichte der Psychoanalyse prominent ist und eine Ähnlichkeit hat mit den priesterlichen Reaktionen bei Balzac und den Brüdern Goncourt.

Josef Breuer nahm im Jahr 1880 in Wien die Patientin Bertha Pappenheim auf (als Fallbeispiel als ›Anna O.‹ veröffentlicht). Zwischen den beiden entwickelte sich ein sehr vertrautes Verhältnis mit zeitweise täglichen und mehrstündigen Kontakten. Breuer war 38 Jahre alt und verheiratet, Bertha war 21 Jahre alt und noch nicht verheiratet. Die Sympathie und offenbar auch das gegenseitige Begehren wurden immer deutlicher. Eines Abends wurde Breuer ins Haus der Pappenheims gerufen, wo sich Bertha in fantasierten (psychogenen) Schwangerschaftsschmerzen im Bett wälzte. Die Situation wurde für Breuer heikel. Ist sie tatsächlich schwanger? Wollte sie so tun, als sei sie von ihm schwanger? Auch wenn sich herausstellte, dass sie gar nicht schwanger war, konnte Breuer mit der Situation nicht umgehen und beendete die Behandlung. Er bat einen Kollegen, die junge Frau in seinem Sanatorium (in einem anderen Ort) aufzunehmen.

Sigmund Freud war über Breuers Reaktion zutiefst verärgert und äußerte, die Erkenntnisse aus diesem Fall hätten die Psychoanalyse sehr viel früher zu entscheidenden Einsichten bringen können. Dass Patientinnen gelegentlich ihre Liebeswünsche auf den Arzt übertrügen, sei unter Medizinern lange bekannt; es gelte, heilend damit umzugehen.

Freud war ein Balzac-Leser (mutmaßlich besaß er vor der Emigration die komplette Ausgabe der Menschlichen Komödie des Insel Verlags aus den Jahren 1908–1911) und war besonders vom *Chagrinleder* angesprochen, in dem jede Wunscherfüllung des Protagonisten mit der Verkürzung des eigenen Lebens verbunden ist. Dass er in seinen Schriften eher auf Figuren aus der Antike (Ödipus etwa) zurückgriff, als sich die im hier vorliegenden Buch umrissenen Konflikte Balzac'scher Texte zunutze zu machen, kann überraschen.

In der *Menschlichen Komödie* hat Honoré de Balzac jedenfalls Merkmale seiner Epoche narrativ umzusetzen gewusst, die bleibend für die Entwicklung des Individuums in der modernen Gesellschaft wurden. Er hat das gesehen und erkannt, was noch für Jahrzehnte auch in den Wissenschaften unbeschrieben bleiben sollte und weder begrifflich noch konzeptuell gefasst wurde. Balzac hat Beschreibungen geliefert, die durch die medizinisch-naturwissenschaftliche Wende in der zweiten Hälfte des 19. Jahrhunderts leider wieder überdeckt wurden – was dann auch Émile Zola, der bewusst an Balzac anschließen wollte, mit seinem Rougon-Macquart-Zyklus in die naturwissenschaftlich verengte Sackgasse führte. Zola blieb blind für psychodynamische und psychosoziale Prozesse, seine Figuren handeln bewusst-instrumentell oder aber werden von ererbten Impulsen getrieben. Ihm blieb aufgrund seiner Arbeitshypothese verborgen, was Balzac erschlossen hatte. Balzacs Beobachtungen blieben im 19. Jahrhundert einzigartig und werden auch heute noch von vielen Autorinnen und Autoren aufgrund eher trivialpsychologischer Herangehensweisen nicht erreicht.

Literaturverzeichnis

Die folgende Literaturliste enthält deutschsprachige und ins
Deutsche übersetzte Veröffentlichungen zu Balzac ab Anfang
des 20. Jahrhunderts. Die im vorliegenden Buch angeführten Übersetzungen der
Texte aus der *Menschlichen Komödie* fußen auf den gängigen
deutschen Ausgaben, sind aber miteinander verglichen und
zuweilen verändert worden. Ein Abgleich fand zudem mit dem
französischen Original statt. Bei den französischen Zitaten
beziehe ich mich auf die zwölfbändige, detailliert kommentierte
Ausgabe der *Comédie Humaine* in der Reihe ›Bibliothèque de la
Pléiade‹ im Gallimard Verlag, Edition von 1977. Der komplette
Briefwechsel Balzacs – außer den ›Briefen an die Fremde‹ (seine
spätere Ehefrau) – liegt in eben dieser Reihe seit 2017 dreibän-
dig vor. Zusätzlich zu den deutschsprachigen Biografien (als
neueste die von Johannes Willms) verweise ich auf Roger Pier-
rots *Honoré de Balzac* von 1994. Pierrot hat auch eine Biografie
von Balzacs Ehefrau unter dem Titel *Eve de Balzac* (1999) veröffentlicht.

Im deutschsprachigen Raum hat es mehrere Gesammelte
Werke von Balzac gegeben. Es begann mit einer großen Ausgabe im Verlag Gottfried Basse (Quedlinburg) ab 1841, die auf 79
Bände ›Sämmtliche Werke‹ angelegt war. Diese Ausgabe orientierte sich nicht ausschließlich an der *Menschlichen Komödie*.
Unter diesem Namen firmierte dann erstmals in den Jahren
1908 bis 1911 eine von Hugo von Hofmannsthal herausgegebe-
ne und eingeleitete Ausgabe in 16 Bänden im Leipziger Insel
Verlag, die allerdings die *Menschliche Komödie* nicht vollständig
bot. Sie enthielt immerhin den von Balzac vorgesehenen Gesamtplan sowie ein kurzes Figurenregister.
Über diesen Rahmen hinaus ging dann die Ausgabe im
Rowohlt Verlag (Berlin) mit 46 Bänden in den Jahren 1923 bis
1926. Diese Ausgabe erschien nach dem Zweiten Weltkrieg
textlich unverändert neu und wurde in den 1970er-Jahren vom
Diogenes Verlag (Zürich) ins Taschenbuch übernommen – diese
Bücher sind sicherlich die heute verbreitetsten Ausgaben. Im

Insel Verlag Leipzig wurden ab 1950 verschiedene Texte der alten Ausgabe wieder neu herausgegeben, in der DDR startete dann im Aufbau Verlag (Berlin/Weimar) ab 1960 eine Neuausgabe mit zweiundzwanzig Bänden. Ebenfalls in der DDR hatte der Gustav Kiepenheuer Verlag (Weimar/Leipzig) die alten Insel-Übersetzungen als Taschenbücher herausgebracht, die nach 1989 im westdeutschen Insel Verlag (Frankfurt am Main) wiedererschienen.

Die einzig wirklich vollständige Ausgabe der *Menschlichen Komödie,* die es je im deutschen Sprachraum gegeben hat, ist allerdings die von Ernst Sander übersetzte und umfangreich mit Anmerkungen versehene Ausgabe im Münchner Goldmann Verlag (ab den 1960er-Jahren und bis heute), die dann auch im Bertelsmann Verlag erschien. Sander bezog den Text *Physiologie der Ehe* mit ein, der sonst ausgeklammert worden war, weil er kein erzählender Text ist.

Im folgenden Verzeichnis sind neben den Sekundärtiteln auch einige neuere Ausgaben von Balzac-Texten zusätzlich mit aufgenommen.

A

Adorno, Theodor W. (2017/1974): Balzac-Lektüre. In: ders., Noten zur Literatur (S. 139–157). Frankfurt a. M.

Althaus, Horst (1987): Zwischen alter und neuer besitzender Klasse. Stendhal – Balzac – Flaubert – Zola. Berlin.

Auerbach, Erich (2015/1946): Mimesis. Dargestellte Wirklichkeit in der abendländischen Literatur [zu Balzac: S. 437–448]. Tübingen.

Auerochs, Bernd (1994): Erzählte Gesellschaft – Theorie und Praxis des Gesellschaftsromans bei Brecht, Balzac und Uwe Johnson. München.

B

Balzac, Honoré de (1911): Briefe an die Fremde. Leipzig.

Balzac, Honoré de (1978): Beamte, Schulden, elegantes Leben – eine Auswahl aus den journalistischen Arbeiten. Frankfurt a. M.

Balzac, Honoré de (1993): Caffee, Thee, Tabac. Bremen.

Balzac, Honoré de (2018): Ein Abglanz meines Begehrens. Bericht einer Reise nach Russland 1847. Berlin.

Balzac, Honoré de (2019): Musikalische Gemälde. [Fünf Künstler-Erzählungen.] Berlin.

Balzac, Honoré de (2021): Traumreisen. China und die Chinesen. Reise von Paris nach Java. Berlin.

Barbéri, Pierre (1981): Balzacsche Mythen (I): *Le Médecine de Campagne*. In: Wolfzettel, Friedrich (Hg.), Der französische Sozialroman des 19. Jahrhunderts (S. 137–157). Darmstadt.

Barthes, Roland (1987): S/Z. Frankfurt a. M.

Beilharz, Richard (1979): Balzac. Darmstadt.

Benjamin, Walter (2012): Das Passagenwerk. Frankfurt a. M.

Bernheim, Pauline (1914): Balzac und Swedenborg. Berlin.

Britten, Uwe (2020): Das Paris des Honoré de Balzac. Berlin.

Brockmeier, Peter (1975): Ein Tendenzroman des Realismus: Balzacs *Paysans*. In: *Lendemains – Zeitschrift für Frankreichforschung und Französischstudium*, 1, 1, S. 65–82.

Brumm, Barbara (1982): Marxismus und Realismus am Beispiel Balzac. Eine kritische Auseinandersetzung mit Marx, Lukács und Barbéris. Frankfurt a. M.

Büchsenschütz, Heinz (1934): Balzac im Spiegel seines Briefwechsels. Berlin.

Buttke, Erika (1932): Balzac als Dichter des modernen Kapitalismus. Berlin.

C

Carl, Joachim (1979): Untersuchungen zur immanenten Poetik Balzacs. Heidelberg.

Citron, Pierre (1975): Zur neuen Ausgabe der ›Comédie humaine‹. In: *Lendemains – Zeitschrift für Frankreichforschung und Französischstudium*, 1, 1, S. 100–103.

Curtius, Ernst Robert (1985/1923): Balzac. Frankfurt a. M.

E

Engler, Winfried (1975): Zur Typisierung bei Balzac. In: *Lendemains – Zeitschrift für Frankreichforschung und Französischstudium*, 1, 1, S. 41–47.

Engler, Winfried (Hg.): Der französische Roman im 19. Jahrhundert. Darmstadt.

Engler, Winfried (1999): Honoré de Balzac, *Le Père Goriot* (1834) und *Illusions perdues* (1837–1844). In: Wolfzettel, Friedrich (Hg.), 19. Jahrhundert: Roman (S. 110–151). Tübingen.

F

Friedrich, Hugo (1950/1939): Drei Klassiker des französischen Romans: Stendhal, Balzac, Flaubert. Frankfurt a. M.

G

Gautier, Théophile (o. J.): Erinnerungen an Balzac. Auszüge abgedruckt in: Honoré de Balzac, Die Menschliche Komödie, herausgegeben und kommentiert von Ernst Sander, Band 1 (S. 85–112). Gütersloh.

Gozlan, Léon (2007): Balzac intim. Erinnerungen eines Zeitgenossen. Zürich.

Gumbrecht, Hans-Ulrich; Stierle, Karlheinz; Warning, Rainer (Hg.) (1980): Honoré de Balzac. München.

H

Heitmann, Klaus (1979): Der französische Realismus von Stendhal bis Flaubert. Wiesbaden.

Hofmannsthal, Hugo von (1902): Über Charaktere im Roman und im Drama. In: ders. (1959), Prosa II (S. 32–47). Frankfurt a. M.

Hofmannsthal, Hugo von (1905): *Das Mädchen mit den Goldaugen.* In: ders. (1959), Prosa II (S. 160–162). Frankfurt a. M.

Hofmannsthal, Hugo von (1908): Honoré de Balzac. In: ders. (1959), Prosa II (S. 328–345). Frankfurt a. M.

J

Jung, Willi (1983): Theorie und Praxis des Typischen bei Honoré de Balzac. Tübingen.

K

Kablitz, Andreas (1989): Erklärungsanspruch und Erklärungsdefizit im ›Avant-Propos‹ von Balzacs ›Comédie humaine‹. In: *Zeitschrift für französische Sprache und Literatur,* 99, S. 261–286.

Klose, Jutta (1987): Tafelfreud und Tafelleid in der Bourgeoisie. Essen und trinken bei Balzac, Flaubert und Zola. Frankfurt a. M.

Köhler, Erich (1966): Balzac und der Realismus. In: ders., Esprit und arkadische Freiheit – Aufsätze (S. 177–197). Frankfurt a. M.

Kortländer, Bernd; Siepe, Hans Theo (Hg.) (2012): Balzac und Deutschland – Deutschland und Balzac. Tübingen.

Küpper, Joachim (1986): Balzac und der effet de réel. Eine Untersuchung anhand der Textstufen des *Colonel Chabert* und des *Curé de Village.* Amsterdam.

L

Lukács, Georg (1956): Balzac und der französische Realismus. Neuwied.

M

Maurois, André (1985): Das Leben des Honoré de Balzac. Zürich.

Meißner, Emmy (1931): Die soziologische Fragestellung bei Balzac. Darmstadt.

Muhlstein, Anka (2012): Die Austern des Monsieur Balzac – eine delikate Biografie. Berlin.

Myrdal, Jan (1978): Balzac und der Realismus. Essay. Berlin.

N

Nerlich, Michael (1975): Zur Forschungssituation [Balzac in der deutschen Romanistik]. In: *Lendemains – Zeitschrift für Frankreichforschung und Französischstudium*, 1, 1, S. 36–41.

P

Peuckmann, Heinrich (2016): Die lange Reise des Herrn Balzac. Leipzig.

Pfeiffer, Helmut (1997): Balzacs Parasiten. Grenzen der Repräsentation in den *Parent Pauvres*. In: Wehinger, Brunhilde (Hg.), Konkurrierende Diskurse. Studien zur französischen Literatur des 19. Jahrhunderts (S. 239–256). Stuttgart.

Piketty, Thomas (2014): Das Kapital im 21. Jahrhundert. München.

Pohrt, Wolfgang (2012/1990): Honoré de Balzac. Der Geheimagent der Unzufriedenheit. Berlin.

Pollmann, Leo (1975): Honoré de Balzac, *Le Père Goriot*. In: Heitmann, Klaus (Hg.), Der französische Roman. Vom Mittelalter bis zur Gegenwart, I (S. 293–311). Düsseldorf.

Proust, Marcel (1997): Gegen Sainte-Beuve. Frankfurt a. M.

R

Richter, Elke; Struve, Karen; Ueckmann, Natascha (Hg.) (2011): Balzacs *Sarrasine* und die Literaturtheorie. Zwölf Modell-analysen. Stuttgart.

Riedel, Hans (1973): Struktur und Bedeutung des Zeitgerüstes im traditionellen französischen Roman (Balzac, Loisy). Frankfurt a. M.

Rothe, Arnold (1998): Zu Tisch bei Balzac. In: *Ruperto Carola. Forschungsmagazin der Universität Heidelberg*, 2, S. 16–22.

S

Sainte-Beuve, Charles-Augustin (1958): Balzac – die Suche nach dem Unbedingten. In: ders., Literarische Porträts (S. 251–302). Darmstadt und Leipzig.

Schalk, Fritz (1970): Über Historie und Roman im 19. Jahrhundert in Frankreich. In: Iser, Wolfgang; Schalk, Fritz (Hg.), Dargestellte Geschichte in der europäischen Literatur des 19. Jahrhunderts (S. 39–68). Frankfurt a. M.

Schmölders, Claudia (1977): Über Balzac. Zürich.

Schober, Rita (1976/1955): Zolas ästhetische Auseinandersetzung mit Balzac. In: Engler, Winfried (Hg.), Der französische Roman im 19. Jahrhundert (S. 427–472). Darmstadt.

Schoch, Gisela (1966): Die Herausbildung der Erzähltechniken bei Balzac unter besonderer Berücksichtigung der Erzählperspektive. Dissertation an der Universität Kiel.

Schramke, Jürgen (1975): César Birotteau: das Schicksal und die Ökonomie. In: *Lendemains – Zeitschrift für Frankreichforschung und Französischstudium*, 1, 1, S. 82–100.

Schrammen, Gerd (1975): Zur Darstellung der Bauern in Balzacs *Paysans*. In: *Lendemains – Zeitschrift für Frankreichforschung und Französischstudium*, 1, 1, S. 47–64.

Schulz-Buschhaus, Ulrich (1979): Balzacs Traktat vom eleganten Leben. Zur Rezeption aristokratischer Normen in der bürgerlichen Gesellschaft. In: *Germanisch-romanistische Monatsschrift*, 29, S. 443–456.

Schulz-Buschhaus, Ulrich (1982a): Stendhal, Balzac, Flaubert. In: Brockmeier, Peter; Wetzel, Hermann Hubert (Hg.), Französische Literatur in Einzeldarstellungen, Bd. 2 (S. 7–71). Stuttgart.

Schulz-Buschhaus, Ulrich (1982b): Die Normalität des Berufsbürgers und das heroisch-komische Register im realistischen Roman. Zu Balzacs *César Birotteau*. In: Lämmert, Eberhart (Hg.), Erzählforschung. Ein Symposion (S. 457–469). Stuttgart.

Serres, Michel (1989/2015): Der Hermaphrodit. Frankfurt a. M.

Stierle, Karlheinz (1993): Tableau de Paris und das Drama der Stadt: Balzac. In: ders., Der Mythos von Paris. Zeichen und Bewußtsein der Stadt (S. 339–519). München.

Strosetzki, Christoph (1985): Balzacs Rhetorik und die Literatur der Physiologien. Stuttgart.

Sulzer, Elisabeth (1930): Natur und Mensch im Werke Honoré de Balzacs. Zürich.

Surville, Laure de (1989): Mein Bruder Honoré de Balzac. Köln.

T

Taine, Hippolyte (1913): Honoré de Balzac. Essay. Leipzig.

Trost, Sigrid (1969): Die Persönlichkeit im Umschwung der politischen Macht nach Balzacs *Comédie Humaine*. Bern.

W

Wais, Kurt (1958a): Erlebnisnovelle und tragische Epik: Balzacs Arbeit an seiner *Frau von dreißig Jahren*. In: ders., Französische Marksteine. Von Racine bis Saint-John Perse (S. 129–160). Berlin.

Wais, Kurt (1958b): Balzacs *Vater Goriot*. In: ders., Französische Marksteine. Von Racine bis Saint-John Perse (S. 161–190). Berlin.

Weinrich, Harald (1971): Ein Roman in der Provinz. Zu Balzacs *Le Curé de Village*. In: ders., Literatur für Leser. Essays und Aufsätze zur Literaturwissenschaft (S. 77–84). Stuttgart.

Wiese, Gerhard (1980): Honoré de Balzac. Reihe ›Literatur der Welt in Bildern, Texten, Daten‹. Salzburg.

Willms, Johannes (2007): Balzac. Eine Biografie. Zürich.

Wolfzettel, Friedrich (1978): Balzac-Forschung 1967–1977. In: *Romanistische Zeitschrift für Literaturgeschichte*, 3, S. 350–382.

Wolfzettel, Friedrich (1979): Honoré de Balzac. In: Lange, Wolf-Dieter (Hg.), Französische Literatur des 19. Jahrhunderts. Band 1: Romantik und Realismus (S. 217–243). Heidelberg.

Wolfzettel, Friedrich (1981): Der französische Sozialroman im 19. Jahrhundert. Darmstadt.

Wolfzettel, Friedrich (Hg.) (1999): 19. Jahrhundert. Roman. Tübingen.

Z

Zweig, Stefan (2008/1946): Balzac. Frankfurt a. M.

Internetadressen

Maison Balzac in Paris: maisondebalzac.paris.fr

Musée Balzac in Saché: musee-balzac.fr

Société des Amis d'Honoré de Balzac: lesamisdebalzac.org

Zeitschrift *L'Année Balzacienne:* puf.com

Die französischen Texte sind in einer Ausgabe von 1877 verfügbar unter: gutenberg.org (nicht enthalten sind die Änderungen

›letzter Hand‹, die Balzac in den gedruckten Bänden der Furne-Ausgabe der 1840er-Jahre vorgenommen hat).

Werkeverzeichnis

Der Autor

Uwe Britten, Jahrgang 1961, studierte Philosophie und Literaturwissenschaft. Er arbeitet als Lektor, Herausgeber und Publizist in den Bereichen Psychologie, Psychotherapie und Psychiatrie. Er ist Autor zahlreicher Bücher, unter anderem des Buches *Das Paris des Honoré de Balzac* (mit Fotografien von Angelika Fischer) sowie des noch unveröffentlichten Bühnenstücks *Auftritt Balzac*.